한국어 '있다'와 중국어 '在', '有'의 인지언어학적 대조 연구

이림용

박문사

목차

1. 서론

1.1. 연구 목적 및 대상

한국어 '있다'와 중국어 '在', '有'는 공통적으로 '존재'를 나타내는 표현이다. '무엇이 존재하다'라는 의미는 범언어적으로 사용되며 인간들이 외부 세계를 인식하는 기초로서 '존재'에 대한 철학적, 언어적 연구는 활발하게 진행되고 있다.

한국어 '있다'는 매우 다양한 의미와 용법을 보여주고 있다. 『표준국어대사전』에[1] 수록된 '있다'의 의미 양상은 '사람, 동물, 물체 따위가 실제로 존재하는 상태이다', '재물이 넉넉하거나 많다', '사람이나 동물이 어느 곳에 머무르거나 사는 상태이다' 등 23개가 있다. 과연 이 많은 의미들이 서로 다른 것인지, 아니면 그들 사이에 연관성이 있는지, 연관성이 있다면 어떤 방식으로 연관되어 있는지에 대한 문제들은 언어 사용자의 신체적 경험, 사고방식, 모어의 언어적 특징과 밀접한 관계가 있다.

한국어 '있다'와 같이, 중국어 '在'와 '有'도 많은 의미와 용법으로 활용되고 있다. 『现代汉语词典』에[2] 수록된 중국어 '在'의 의미 양상은 기본적으로 '존재하다', '사람이나 사물의 위치', '머무르다' 등의 의미를 기지며, '有'의 의미 양상은 기본적으로 '소유하다', '존재하다', '출현, 발생' 등의 의미를 갖는다. 이와 같이, 한국어 '있다'와 중국어 '在', '有' 간에는 의미상 많은 유사점을 가지고 있다. 물론 한국어와 중국어에는 '존재'를 의미하는 다양한 언어 표현이 있지만 언어 유형, 모어 화자의 사고방식과 인지 특징이 서로 다르다. 이런 차이가 다시 언어 표현에 반영될 수 있다. 언어 표현에 반영되는 인지적 차이를

---

1) 『표준국어대사전』, web사전: https://stdict.korean.go.kr/main/main.do
2) 中国社会科学院语言研究所词典编辑室(2016), 『现代汉语词典(第7版)』, 商务印书馆。

분석하는 데는 인지언어학이 유용한 배경 이론으로 활용될 수 있다.

따라서 본 연구는 인지언어학의 관점에서 한국어 '있다'와 중국어 '在', '有'의 의미 양상을 분석하고 인지적 특징을 밝혀 각각 의미들 간에 연관성을 찾아보고자 한다. 이를 통해 이들의 대응 관계를 고찰하여 공통점과 차이점을 밝혀내는 것을 궁극적인 목적으로 한다.

인지언어학은 언어의 구조가 인간의 개념적 지식, 신체적 경험, 담화의 의사소통 기능 등과 관련되어 있으며 그러한 요인들에 의해서 동기화되어 있다고 본다(Gibbs, 1996: 27, 임지룡, 2017: 11). 인지언어학자들은 인간의 일상적 경험을 구성하고 있는 다양한 인지모형, 영상 도식, 방사상 모형 등으로 경험적 탐색을 계속하고 있다. Langacker(1987/1991)에 의해서 제시된 '인지문법(Cognitive Grammar)'은 언어를 인지의 필수적인 면으로 간주하고, 문법을 본래 의미를 가지는 것으로 파악한다. 인지문법(CG)은 또한 언어학적 의미론에 대한 개념론적 설명을 전제한다. 개념론적 설명은 동일한 상황을 여러 가지로 해석하는 능력을 인정한다. 모든 문법적인 요소는 개념적인 의미를 부여받기 때문에, 문법은 본질에 있어서 상징적인 것으로 간주된다. 따라서 문법은 개념적 내용을 구조화하고 상징화하는 것으로 인식될 수 있다. 이런 맥락에서 기본적으로 문장의 서술어로 쓰이고 있는 한국어 '있다'와 중국어 '在', '有'는 어떤 개념적 내용을 상징화 하는지, 서로 어떤 대응관계를 갖고 있는지에 대한 문제를 제기하여, 범언어적으로 인지되는 보편성의 문제와 개별 언어의 특수성을 동시에 파악하는 연구가 필요하다.

지금까지 언어학자들이 한국어 '있다'와 중국어 '在', '有'에 대하여 주로 의미 구조, 문장 구조, 문장 제약 등 의미·통사적인 측면에서 연구를 많이 해왔다. 그러나 인지언어학적인 관점에서 한국어 '있다'와 중국어 '在', '有'를 접근한 연구를 살펴보면 주로 한 언어 안에서 일어나는 의미 확장 양상, 문법화 과정에 국한된 학술지 논문 몇 편밖에 없다.

따라서 본 연구는 인지언어학의 관점에서 인지문법(CG), 인지의미론의 이론을 이용하여 한국어 '있다'와 중국어 '在', '有'를 분석함으로써 다음과 같은 목표를 달성하고자 한다.

첫째, 한국어 '있다'와 중국어 '在', '有'의 가장 원형적인 의미를 알아보고 원형의미에서 어떤 의미들로 확장되어 나가는지, 또한 기본적인 용법에서 상(aspect)적 의미를 어떻게 갖게 되는지 등을 분석하고자 한다.

둘째, 한국어 '있다'와 중국어 '在', '有'의 원형의미에서 확장의미로 확장되는 과정은 도식적으로 어떻게 표시될 수 있는지, 또 확장 방식은 무엇인지를 밝혀 서로 대응 관계를 찾는다.

셋째, 한국어 '있다'와 중국어 '在', '有'의 의미와 문법화 양상의 대조 분석을 통하여 공통점과 차이점을 밝혀내고자 한다.

이러한 연구는 한국어 교육과 학습을 위해서 꼭 필요하다. 현재, 한국어를 공부하는 중국인 학습자와 중국어를 공부하는 한국인 학습자가 목표어의 어휘 학습 과정에서 많은 어려움을 겪고 있고, 특히 '있다'와 같은 많은 쓰임을 가지고 있는 다의어를 학습할 때 모국어의 영향으로 많은 오류가 빈번하게 발생하고 있다. 따라서 한국어 '있다'와 중국어 '在', '有'에 대한 인지적인 분석 방식이 필요하며, 이러한 연구 방식은 한국어 기초 어휘의 교육과 학습에도 널리 활용될 수 있을 것이다.

본 연구는 현대 한국어 '있다'와 현대 중국어 '在', '有'를 연구대상으로 삼는다. 한국어 '있다'는 '존재하다', '소유하다', '위치하다' 등 의미를 나타낼 수 있고 중국어 '在'는 기본적으로 '존재하다', '위치하다'의 의미를 나타낼 수 있으며 중국어 '有'는 기본적으로 '존재하다', '소유하다'의 의미를 나타낼 수 있다.

(1)   가. 책상위에 책이 있다.

             나. 책은 책상위에 있다.

다. 나에게 1000원이 있다.

(2)   가. 桌子上有(一本)书。
        나. 书在桌子上。
        다. 我有一千元。

  (1)은 한국어 '있다'의 기본적인 용법으로 (1가)에서 '있다'는 '책'의 존재함을 나타낸다. 그리고 (1나)는 '책'의 위치를 설명하며, (1다)에서는 '나'와 '1000원'의 소속 관계를 나타낸다. (2)는 중국어에서 '있다'의 용법과 대응할 수 있는 '在'와 '有'의 구문들이다. (2가)에서 '有'는 '书(책)'의 존재함을 나타내며, 중국어의 경우 '书(책)' 앞에 '수사+양사'를 붙이는 것이 더 자연스럽다. (2나)는 '书(책)'에 대한 위치 정보를 설명해주고, (2다)는 '我(나)'와 '一千元(천원)'의 소속 관계를 설명한다.

  이를 통하여 한국어 '있다'와 중국어 '在'와 '有'의 기본 의미가 유사하는 것을 알 수 있다. 그러나 의미 뒤에 숨겨져 있는 인지적 특징도 의미처럼 높은 유사성을 갖고 있는가, 이를 확인하기 위하여 본 연구는 의미 측면뿐만 아니라 인지언어학의 이론을 활용하여 인지 특징 또한, 사고방식의 측면에서 한국어 '있다'와 중국어 '在'와 '有'가 원형적인 의미에서 더 많은 의미로 확장하는 과정과 의미들 간에 서로 어떤 대응 관계를 이루고 있는지에 대하여 밝혀 보고자 한다.

  한편, 사전에 수록된 의미 양상과 용법 중에는 본 연구의 대상에서 제외되는 것도 있다. 이런 의미 양상과 용법을 제시하면 다음과 같다.

  한국어 '있다'의 경우에는 『표준국어대사전』에 수록된 '-ㄹ 수 있다', '있잖아, 있지' 등이 있는데 본 연구에서는 다루지 않을 것이다.

(3) 가. 나는 무엇이든지 잘할 수 있다.

  나. 그 사람 있잖아, 엄청난 부자래.

(3가)는 '어떤 일을 이루거나 어떤 일이 발생하는 것이 가능함'을 나타내고, (3나)는 구어체로 많이 쓰여 '어떤 대상이나 사실을 강조, 혹은 확인하는 뜻'을 나타낸다. 여기서 '있다'는 관용적인 구성을 이루는데, 이는 순수한 '있-'의 의미로 볼 수 없는 것으로 판단되기 때문에 본 연구에서는 다루지 않는다.

그리고 『现代汉语词典』에 수록된 '在', '有'의 용법 중에 '在'는 '所'와 결합하여 '在所'로 사용되는 표현이 있다. '有'의 경우는 어떤 동사 앞에 쓰여 '인사, 겸손'을 나타내는 말로 사용되는 표현이 있고, 또한 문어체에서 '왕조의 이름' 앞에서 쓰이는 표현이 있다.

(4) 가. 在所不辞

  나. 有请 / 有劳

  다. 有夏 / 有宋

(4가)에서 '在所'는 강조를 나타낸다. 뒤에 항상 '不'와 같이 사용된다. (4나)에서 '有'는 동사 '请', '劳'와 같이 쓰여 '인사, 겸손'을 나타낸다. (4다)에서 '有'는 '왕조의 이름' 앞에서 쓰인다. 그리고 '有'는 사람의 성씨로도 쓰인다. 이러한 '在'와 '有'는 실재적인 의미가 없거나 고대 문어에서 사용된 용법이므로 본문의 연구 대상으로 삼지 않는다.

1.2. 선행 연구

1.2.1. '있다'에 대한 선행 연구

한국어 '있다'에 대한 연구는 구조적으로는 품사 분류, 의미 기능, 구문 구조 등의 내용을 다룬 연구가 많고, 인지적으로는 주로 의미 양상, 의미 확장, 문법화 등의 주제를 다룬 연구가 많다. 본 연구는 '있다'를 인지언어학적으로 살펴볼 것이며, 주로 의미 확장 양상과 문법화 과정을 중심으로 살펴보게 될 것이다.

박양규(1972)는 '있다' 의미를 '존재사실', '종류', '분리 불가능 소유', '분리 가능 소유', '소재' 등 다섯 개 부류로 나누었다. 그리고 박양규(1975)에서는 '있다'는 '소유'와 '소재' 두 가지 의미로 사용된다고 제시하고 '소유'와 '소재'의 두 표현에 모두 '있다'가 사용된다고 하는 사실은 필연적으로 모호성(模糊性, ambiguity)의 문제를 제기하게 된다고 하였다.

성광수(1976)에서는 '있다'를 존재동사로 보면서 '존재사' 설정의 필요성과 타당성을 제시하였다. 그리고 본용언 '있다'의 의미를 '존재'와 '소유'로 보고 보조용언 '있다'의 의미는 '동작 진행'과 '상태 지속'으로 보았다.

김차균(1982)에서는 '있'의 기본적인 의미를 '존재 상태'로 보았다. 이러한 의미를 그대로 나타내는 경우는 물리적인 장소(또는 위치나 공간)에 물리적인 물체가 존재하는 경우라고 하였다. '있'은 심리적(또는 정신적이거나 주관적)인 장소에 역시 심리적인 사물이 존재하는 것을 표현하기도 하고, 또한 사물 가운데 어느 한 쪽만 물리적인 경우에도 존재를 표현하기 위하여 쓰인다고 보았다. 그리고 '-고 있다1'과 '-어 있다', '-고 있다2'가 각각 '진행의 지속'과 '상태의 지속'을 나타내는 것은 '었'이 가리키는 시점을 기준으로 '있다'가 '존재 상태'의 의미를 가지고 있기 때문에 자동적으로 유도되는 귀결이라고 하였다.

이수련(1986)은 통어·의미론적인 이론을 통해 '있다'의 의미와 상적 분류를 제시하였다. '있다'는 '장소', '소유', '전체-부분', '사건 발생'의 의미를 가지며, 상적으로 [+상태성]을 가지는 경우와 [+동작성]을 가지는 경우가 있다고 하였다.

정태구(1994)에서는 '-어 있다' 구문에서 나타나는 동사의 의미가 '동작·과정'의 완료에서 결과 되는 상태를 나타내는 분포 제약을 '한계제약'이라고 부르고, '-어 있다' 구문에 나타나는 동사는 자동사이어야만 하고 타동사는 안 되는 제약을 '타동사제약'이라고 지칭하였다.

김영미(1995)에서는 '있다'가 언어상황에 따라 '위치하다', '살다', '근무하다', '발생하다', '머무르다', '가지다', '계속되다', '가능하다' 등등 변이 의미들을 지니고, 이러한 변이 의미들은 '있다'의 기본의미 '존재하다'와 다의 관계에 놓여 있다고 보았다. 그리고 '-어 있다', '-고 있다'에 대하여 이들을 선택하는 문제는 명제를 바라보는 화자의 태도와 담화 환경에 의존한다고 하였고, '-어 있다'는 소극적, 비의지적, 정태적, 피동적인 상태를 나타내고, '-고 있다'는 적극적, 역동적, 긍정적, 의지적, 현장성의 상태를 나타낸다고 밝혔다.

고석주(1996)는 '있다'의 구문 의미를 여덟 개로 나누어 논의하였고 '소유'라는 의미는 '있다'의 내재된 의미가 아니라 명사 간 관계에 의하여 만들어지는 것이며, 이중주어 구문은 부사어의 주제화라고 보았다. 그리고 고석주(2007)는 '있다'의 의미는 구문에서 함께 쓰이는 표현들에 의한 것으로 보면서, 보조용언으로서의 의미를 고찰하였다.

이춘근(1997)에서는 '있다'의 의미에 대하여 검토하였다. '있다'는 '존재 상태', '소유 상태', '존재 행위'를 나타낸다고 하였고, '있다'의 의미역은 두 가지 부류가 있는데 하나는 [상태주, 위치], 하나는 [행위주, 위치]라고 보았다. 또한, 존재 표현과 소유 표현의 '있다'는 동일 의미역틀을 가진 하나의 어휘로 간주하였다.

전영철(2000)에서는 '존재문'에 대하여 논의하였다. 존재문의 기본적인 기능은 담화의 영역 속으로 새로운 개체를 고립하는 것인 까닭에 존재문에 대한 화자/청자의 이해는 성공적인 의사소통의 선행조건이라고 보면서, 한국어 존재문의 구성은 '처소구+명사구+존재동사' 구조라고 밝혔다.

신선경(2002)은 '있다'의 의미를 '존재'와 '소유'로 구분하여 설명하였다. '존재'는 또 다시 '존재론적 존재', '사건적 존재', '유형론적 존재', '처소적 존재' 등 네 가지를 세분화하고, '소유'는 '양도성 소유'와 '비 양도성 소유'로 나누어 각 구문 유형을 논의하였다.

이수련(2000)에서는 '소유'는 추상적인 개념으로서, 더 구체적인 장소나 존재 표현에서 출발한 것으로 추정해볼 수 있다고 보았다. 그리고 풀이소유월은 소유상태 풀이씨와 소유이동 풀이씨로 나눌 수 있는데, 전자는 '있다, 가지다' 와 같은 상태풀이씨로, 후자는 '주다, 받다'와 같은 이동풀이씨로 실현된다고 하였다. 또한, 상태풀이 소유월은 장소 도식, 존재 도식, 소유 도식으로 나눌 수 있고, 이동 도식은 도달 도식, 출발 도식으로 나눌 수 있다고 보았다.

이수련(2001)에서는 '소유의 개념화'에 대하여 검토하였다. 소유 표현을 소유자 중심 표현과 소유물 중심 표현으로 나누었다. 전자는 소유자와 소유물이 모두 윤곽으로 드러나지만, 후자는 소유물만 윤곽으로 드러난다고 보았다. 또한, 이수련(2002)에서는 'X에 Z가 있다'를 중심으로 '양도·비양도성 소유 표현'에 대하여 살펴보았다. 양도 가능한 소유 표현은 소유자와 소유물의 관계가 비제한적이고, 예측 불가능하다. 양도 불가능한 표현은 둘의 관계가 제한적이어서 어느 정도 예측 가능하다는 점에서 둘은 구별된다고 밝혔다.

이수련(2003)은 부산 방언을 대상으로 '있다'의 문법화 과정이 어떻게 번져나갔는가, 또한 어떤 원리에 의해서 번져나갔는가를 논의한 바가 있다.[3] 거시

---

3) 정리하면 다음과 같다.
　　A는 존재개념, B는 공간개념, C는 소유개념, D는 시간개념, E는 인식적 서법을 대신한 약호로 쓴다.
　　　　거시적인 관점: 존재의 은유화
　　　　미시적인 관점: 환유, 비범주화와 다양화, 주관화
　　　　　　가. 환유에 의한 문법화
　　　　　　　　공간적 환유 [A]>[A·B]>[B·C]
　　　　　　　　시간적 환유[A]>[AD]
　　　　　　나. 비범주화와 다양화에 의한 문법화
　　　　　　　　비범주화 [A·B·C·D>D]
　　　　　　　　다양화 [D>D1>D2>D3>D4…]

적인 관점과 미시적인 관점으로 나누어 설명하였는데 거시적인 관점은 존재의 은유화에 의하여 문법화가 진행되는 것이고 미시적인 관점은 환유, 비범주화와 다양화, 주관화에 의하여 문법화가 진행된다고 하였다.

장미라(2005)는 인지적 입장에서 본용언 '있다'의 의미를 중심으로 한 다의어 관계에 대하여 검토하였다. '있다' 구문에서 '존재하다', '발생하다', '위치하다', '살다', '근무하다', '머무르다' 등 10가지 의미로 구분하여 제시하였고, 가장 중심적인 의미를 '위치하다'로 보았다. 또한, '있다'는 공간(NP1)과 대상(NP2)간의 의미 관계가 어떻게 설정되는가에 따라 다양한 의미를 나타낸다고 하였다.

정태구(2007)에서는 '있다'를 존재동사로서 그 보어동사에 존재적 의미 제약을 부과하여, 정적상태의 지속적 존재를 요구한다고 보았다. 또한 이러한 존재조건은 존재동사 '있다'가 요구하는 어휘 제약으로 보았다.

고석주(2007)에서는 기존의 연구들과 사전 등에서 제시한 '있다'의 다양한 의미와 기능들을 통하여 '있다'의 의미를 '소재/존재'로 보았다. 어휘개념구조 표상을 사용하여 동사적 쓰임의 '있다'와 형용사적 쓰임의 '있다', 그리고 보조용언적 쓰임의 '있다'의 의미가 모두 동일한 어휘개념구조로 표상될 수 있다고 하였다.

서정수(2013)에서는 '있다'의 가장 기본의미를 '존재'라고 보고 '있다'의 통사론적 특성을 검토하였다. 존재사와 부정부사, 명령법/청유법/약속법, 의도 표시 형태들 등 네 가지 측면으로 '있다'의 '동사 성격'을 증명하였다.

박종후(2016)는 본용언의 개념구조와의 관계를 중심으로 보조용언 '있다'의 결합제약과 상적 의미의 해석 양상을 분석하였다. 보조용언 '있다'가 본용언이

다. 주과화에 의한 문법화
　　인식적 서법 [D>E1, E2, E3···]
　　담화표지 [D>∅]

반영하는 사태를 초점화하고 거기에 관심상을 부여하는 기능을 가진다고 보면서, 이때 본용언과의 결합 제약은 본용언이 반영하는 사태의 유형과 연결어미 '-고'와 '-어'의 의미적 기능에 따라 성립하는 것으로 기술하였다.

이상희(2017)에서는 '있다'가 존재동사 '있다1'과 소유동사 '있다2'로 나뉠 수 있다고 보았다. '있다1'을 다의어로 보고 그것의 중심의미를 '존재'로 보았다. 또한, 중심의미에서 의미가 확장됨에 따라 다섯 가지 확장 양상을 설명하였다. '있다2'의 중심의미를 '소유'로 보았고 '있다2' 구문이 가지는 의미 특성이 소유의 의미 특성에 어떻게 부합하는지에 대하여 검토하였다.

김미영·김진수(2018)는 인지의미론적 관점에서 한국어 반의어 '있다/없다'의 기본의미, 확장의미, 의미 확장의 방향을 검토하였다. 확장경로의 불일치로 인한 비대칭성까지 논의하였다.

이 외에 인지언어학적으로 '시간', '공간', '장면', '다의관계', '주관화' 등을 중심으로 삼은 선행 연구는 주로 임지룡(1980/1998/2004/2009), 이수련(2010) 등이 있다.

임지룡(1980)에서는 '시간'과 '공간'의 의미 분석과 전이관계를 살펴보았다. 언어적 시간은 어휘적 장치에 의해 객관적 거리와 주관적 거리로 나타나며, 통사적 장치로 시제와 상으로 규정하였다. 언어적 공간은 어휘적 장치에 의해 절대적 공간과 절대적 공간과 상대적 공간으로 구분되며, 통사적 장치로 공제를 실정할 수 있는데 그 기능은 '이, 그, 저', '어느'가 담당한다고 제시하였다.

임지룡(1998)은 다의어의 비대칭성을 구조적, 빈도적, 인지적인 측면에서 검토하였다. 다의관계 구성원의 작용방식에 대하여 다의어는 평면적이며 대칭적으로 파악하고 있는 반면, 동음어는 입체적이며 비대칭적인 것으로 가정한다. 이러한 비대칭성은 다의어를 처리해 가는 인간의 인지 과정과 긴밀히 동기화되어 있다고 주장하였다.

임지룡(2004)에서는 장면의 인지적 해석을 살펴보았다. 언어적 '해석'은 인지적 원리의 일환으로서 시각적 지각과 매우 유사한 정신적 과정이므로 지각의 관점에서 '해석'의 성격을 기술할 수 있다고 하면서 장면의 의미란 객관적 대상의 개념적 내용에 국한되는 것이 아니라 개념적 내용과 그에 대한 개념화자의 인지적 해석을 망라한 것이라고 보았다.

임지룡(2009)에서는 다의어의 판정 기준과 다의어의 의미 확장의 분류 기준을 인지언어학의 원형이론과 용법의존 모형의 관점에서 논의하였다.

이수련(2010)에서는 주관화에 대하여 살펴보았다. 개념화자의 위치와 관점에 따라서 의미 파악 방식과 주과성의 정도성이 달라진다고 볼 수 있기 때문에 의미를 파악하기 위한 요소 가운데 중심 요소인 개념화자를 중심으로 논의를 전개하는데, '개념화자의 위치', '개념화자의 관점', '개념화자의 심적 경로', '탄도체의 역할 변화'에 초점을 맞추었다.

1.2.2. '在'에 대한 선행 연구

현대중국어 '在'는 사용 빈도가 높은 어휘이다.[4] '在'는 하나의 품사 부류에 국한되지 않고 '동사', '개사(介词)', '부사'의 성격을 갖고 있어 광범위하게 사용되고 있다.

马建忠(1898)에서는 "'在'字, 言人物所处之境, 同动也('在'는 사람이 위치하는 처소를 나타내고 동사의 성격을 갖고 있다)'라고 하였다. '在'의 성격과 문장에서 나타내는 의미를 설명하였다.

黎锦熙(1924)에서는 개사에 대한 설명에서 개사 '在'는 장소, 시간의 범위를 나타내기 때문에 명사 뒤에 위치하고 일반적으로 방위사 '상(上)', '하(下)', '앞(前)', '뒤(后)', '안(内)', '속(里)', '밖(外)', '옆(旁边)' 등과 함께 출현한

---

4) '国家语言委员会现代汉语预料库(중국국가 언어위원회 현대중국어 코퍼스)'에 따르면 중국어 '在'는 1.2434%의 사용 빈도로 3번째 순위를 차지한다.

다. 문장에서 개사구는 동사 앞, 뒤에 위치할 수 있고 위치 차이는 동사의 성격과 관련이 있다고 제시하였다.

王还(1957)에서는 개사 '在'의 분포와 의미에 대하여 논의하였다. '在' 개사구는 'VP' 앞에 있는 경우 발생하거나 어떠한 상태가 존재하는 장소로서의 의미를 지니고, 'VP' 뒤에 있는 경우 동작의 발생에 따른 도달점으로서의 의미를 나타낸다고 밝혔다.

朱德熙(1981)에서는 개사 '在'의 상이한 분포는 동사의 의미자질 '부착(附着)', '흔적 남김(遺留状态)', '연속성(延续状态)'에 기인한 것으로 분석하였다.

俞咏梅(1999)에서는 시간 순서 원칙과 참조점 우선 원칙을 동시에 사용하여 개사 '在'의 분포에 대하여 분석하였고 중국어 어순은 개념, 경험구조와 동일하다고 밝혔다.

陈月明(1999)에서는 주로 시간부사로서의 '在'와 '着1'의 차이점에 주목하였는데, '在'는 동작이 진행되고 있는 중이라는 뜻을 표시하는 반면, '着1'은 동작의 지속을 나타내는 것으로 구분하였다. 나아가 '在'는 주로 동사구에 영향을 주지만, '着1'는 동사에만 영향을 준다고 주장하였다.

胡建刚(2001)에서는 '有', '是', '在'는 존재구문에서 사용될 수 있다고 하였다. 처소사나 방위사가 주어의 자리를 차지하면 서술어는 '有', '是'이고, '사물명사', '명사구'가 주어이면 존재 구문의 서술어의 위치에 '在'만 올 수 있다고 제시하였다.

喻遂生(2004)에서는 갑골문(甲骨文)에 나타낸 개사 '在'의 용법을 살펴보았다. 한(漢)나라 이후에 동사가 허화 되어 개사 '在'의 용법이 나타나기 시작했다는 관점이 있는데 갑골문에서 개사 '在'를 보이고 동사 '在'와 개사 '在'의 전환은 상(商)나라 시기에 형성된다고 밝혔다.

김현희(2006)는 '在'가 지니고 있는 원형적 의미와 주변 각 의미들의 상관성에 대하여 공시적, 통시적인 관점에서 논의하였다. '在'의 각 통사 범주의 의미 양상들은 하나의 큰 범주에 의하여 인식되며 의미 양상들은 서로 유사성을 통하여 원형의미를 중심으로 확장되었다고 주장하였다. 또한, 개사 '在'는 문장에서의 위치에 따른 인지적, 의미적 특징도 살펴보았고, '在+NP'구문이 'VP' 앞에 분포하면 행위 실현의 배경 정보의 역할이 된다. 반면 '在+NP'구문이 'VP' 뒤에 분포하게 되면 행위 실현의 결과 정보의 역할이 된다고 제시하였다.

申敬善(2006)은 '在'의 구문 유형을 성분과 층차(成分和層次)에 따라 여섯 개 구문 유형으로 분류하여 설명하였고 동사 '在'의 뒤에 있는 성분은 일정한 의미 역할을 담당하고 있다고 제시하였다. 구문, 의미, 화용에서의 '在'에 대해서 살펴보았다.

정윤철(2007)에서는 '在+장소명사' 구조는 출현위치에 따라 문법적, 의미적 가능이 다르다고 하였다. '술어선행' 구조는 '발생 위치'를 나타내고 '술어후행' 구조는 '결과 위치'를 나타내는 것으로 보았다. 그리고 '발생 위치'는 다시 발생의 대상이 무엇인지에 따라 '사건의 발생 위치'와 '동작이나 상태의 발생 위치'로 세분화할 수 있다고 밝혔다.

冯雪东(2009)은 '시간부사'로서의 '在'의 역사 변천 과정에 대하여 논의하였고, '시간부사'로서의 '在'는 '5·4운동(五·四運動)' 이후에 광범위하게 사용되기 시작하여 이후 '正在', '正/在'로 변화하고 발전해 오고 있다고 밝혔다.

何瑛(2010)에서는 '존재'를 나타내는 동사 '在'에서 부사 '在'까지, 그리고 '正在'의 형성 과정에 대하여 살펴보았다. '正'은 시간을 강조하고 '在'는 상태를 강조한다고 밝혔다.

李航(2016)에서는 '형식의미론'을 이용하여 '在' 구문의 논리의미를 분석하였다. '在'는 동사, 개사, 부사의 성격을 갖고 있는데 조사의 역할도 담당할 수 있다고 제시하였다. 또한, '在' 구문의 다섯 개 구문의 의미와 구조를 살펴보았다.

王烨婷(2018)에서는 개사 '在'의 공간적 도식에 대하여 분석하였다. 공간과 시간이 공통적인 근원에서 발전해온 것으로 개사 '在'에서 나타난 '범위'라는 의미는 처소 의미에서 추상화 하여 나타내는 것이라고 제시하였다.

于立昌(2018)에서는 '在'의 문법화 과성을 살펴보았다. 선진(先秦)시기 '존재'를 나타내는 동사 '在'는 '在+VP' 구조에서 출현한 것으로 보았다. 'VP'에서 동사의 위치 때문에 '在'가 동사의 특징을 잃어 개사의 특징을 나타낸 것으로 보았다. 또한 '은유'라는 기제가 작용하여 '在'는 공간 의미에서 시간 의미로 변천하기 시작하여 부사 '在'의 출현을 유발하였다고 한다.

刘海洋 · 吕明臣(2019)에서는 '존재'에 대한 도식을 설명하였다. '존재'라는 사건에서 '존재 주체', '존재 공간', '존재 방식', '존재 시간'을 포함한다. '존재'의 의미 영역은 '정태성(靜態性)', '지속성(持續性)', '부착성(附着性)' 등 특징을 갖고 있다고 밝혔다.

1.2.3. '有'에 대한 선행 연구

현대중국어 '有' 또한 사용 빈도가 높은 어휘이다.[5] '有'는 동사, 부사 등의 성격을 갖고 있는데 동사로서 '존재', '소유' 등의 기본적인 의미로 사용되고 있다.

马建忠(1898)에서 '有'에 대한 연구가 시작되었고 吕叔湘(1942)에서 '有' 구문에[6] 대한 연구가 본격적으로 시작되었다. 그 후에 '有'의 문형, 범위 및 품사, 의미 양상의 논쟁이 끊임없이 이어지고 있다.

瞻开第(1981)에서 연구범위는 동사 '有'와 부정형 '没有'를 포함하며, 동사

---

5) '国家语言委员会现代汉语预料库(중국국가 언어위원회 현대중국어 코퍼스)'에 따르면 중국어 '有'는 0.5604%의 사용빈도로 8번째 순위를 차지한다.
6) '有' 구문은 일반적으로 '有'를 술어 동사로 취하는 문장을 가리킨다. 중국어 학계에서는 '有' 구문에 대하여 협의(狹義)와 광의(廣義)의 '有' 구문을 나눈다. 협의의 '有' 구문은 '有(没有)'가 술어 혹은 술어 중심으로 쓰이는 문장을 가리키는데 광의적 '有' 구문은 '有'를 포함하고 있는 문장을 가리킨다. 吕叔湘(1942) 등은 '有' 구문을 협의적으로 보았고, 詹开第(1981) 등은 '有' 구문을 광의적으로 보았다.

'有' 앞뒤에 출현하는 명사, 동사, 형용사, 수량구 등을 분석하였고 이들 간에 어떤 의미관계를 갖고 있는지에 대한 초보적인 고찰을 하였다.

易正中(1994)에서는 '有'는 특수한 동사로 행위동작을 나타내지 않고 사물의 모종 관계를 나타내며 존재나 평가의 의미를 지닌다고 하였다. '有'가 특수한 이유는 '有' 구문이 다양한 구조와 의미를 나타내기 때문이라고 설명하였다.

張豫峰(1998)에서는 '有' 구문을 협의의 '有' 구문과 광의의 '有' 구문 두 가지로 나누어 분석하였다. 협의의 '有' 구문을 연구대상으로 삼아 '有'가 '소유', '존재', '추측', '비교', '출현', '발생' 등 의미를 나타낸다는 것을 분석하였고 통사구조를 고찰하였다.

張豫峰(1999)에서는 '有'의 앞부분과 뒷부분의 의미관계를 통하여 '有'의 의미를 제시하였다. '有'의 의미를 '영속(領屬)', '소유(所有)', '존재(存在)', '소유 장식'과 '존재 방식', '발생(發生)', '추측(估量)' 여섯 가지로 분류하였다. 또한, '有' 구문의 의미구조를 분석하였고 '很+有+목적어' 구조의 의미를 논의하였다.

尹钟宏(2001)에서는 '有'의 성격, 의미, 인지 기초 등을 살펴보았다. 중국어 존재 구문은 사물의 '존재 관계(즉, 사물과 공간의 관계)'를 나타내는 것이고 '사물의 존재성'이나 '사물의 존재 관계'를 표현하는 것은 '有' 구문의 인지 기초라고 밝혔다.

蔡玮(2003)에서는 '有'의 뒤에 위치하는 특정한 한정어는 문장의 초점(focus)이 간주되고 읽을 때 경음으로 나타난다고 하였고 한정된 부분은 문장의 함의된 부분이고 발화 참여자가 파악한 정보라고 밝혔다.

손경옥(2004)에서는 Bybee(1994) 등은 세계 여러 언어를 대상으로 한 연구결과인 많은 언어에서 '소유' 동사가 완료상 표지로 발전하는 현상이 있다는 것을 바탕으로 중국어 '有'는 소유 의미를 가진 동사에서 매개동사를 거쳐 상표지 조동사로의 문법화 과정을 살펴보았다.

송병우(2004)는 『三國史記』, 『三國遺事』에 나타나는 존재 표현과 소유 표현으로서의 '有'의 의미 기능을 살펴보았다. 존재 표현은 '존재론적 표현', '처소적 존재', '유형론적 존재'로 나누어 제시하였다. 소유 표현은 또 다시 분리 가능한 소유와 분리 불가능한 소유로 나누었다.

박기현(2005)은 다의어의 의미구조 분석의 틀로 Langacker(1987)의 의미망 모형에 기초하여 중국어 동사 '有'의 의미망을 그려보았고, 동사 '有'의 의미는 '소유'에서 시작하여 '存在', '出現', '发生', '到达', '包括' 등 의미들은 수평 확장과 수직 도식을 통하여 의미망이 만들어진다고 하였다.

朱霞(2008)에서는 '有'의 허화 과정에 대하여 분석하였다. '有'의 허화 과정은 '소유'에서 시작하여 '존재'까지 가는데 또 다시 두 가지 방향으로 변천하였다. 하나는 '존재'에서 '열거', '영 의미'까지, 다른 하나는 '존재'에서 '추측', '비교'까지라고 밝혔다.

최신혜(2012)에서는 '有'의 자형을 통하여 원형의미는 '소유'이라고 하였고, 'A有B'는 '소유자'와 '소유물'이라는 두 개념을 필요로 하는 '소유' 의미를 실현하는 적합한 표현형식이라고 하였다. 'A有B' 구문에서 'A'의 의미역이 장소(공간)로 바뀌면서 '有'의 의미가 '소유'에서 '존재'로 전이되었다고 제시하였다. 그리고 다의어 '有'의 여러 의미 가운데 '有点', '(很)[有N]', '有+NP+VP', '有人', '有一次' 등 표현의 형성 동기와 각 표현에서의 '有'의 구체적인 의미 및 기능에 대하여 제시하였다.

王勇, 周迎芳(2012)에서는 '有'의 핵심의미를 '존재'로 보고 '존재'에서 '소유'로 확장되어 '존재'와 같이 '有'의 기본의미로서 '열거', '추측', '완료', '비교' 등 의미를 나타내는 기초가 된다고 제시하였다. 이러한 확장은 방사 형식으로 나타나고 기본의미와 확장의미는 서로 연결되며 독립된 것으로 보았다.

홍연옥(2013)은 '有'의 의미와 통사적으로 본 '有'와 결합하는 목적어의 특징들이 '有'의 문법화에 어떤 영향을 끼쳤는지를 살펴보았다. '有'는 문법화 초기에 목적어로서 명사나 명사구과만 결합하여 소유의 원형의미에서 은유를 통하여 확장된 의미들을 나타냈고 후기 문법화 과정에서 나타나는 '有+VP' 형식에서 '有'의 목적어는 동사나 동사구를 취할 수 있다고 말했다. '有'의 목적어는 '특정성'과 '지칭성'을 갖는데 이 점은 '有'가 '강조'의 기능을 하는 것과 연관되어 있다고 하였다. 또한, '有+VP' 형식은 '有'가 동사적 성격을 유지하고 있는지의 여부에 따라 '有+VP1' 형식과 '有+VP2' 형식으로 분류된다. '有+VP1' 형식은 문법화 진행 단계의 초기 모습을 보인다고 볼 수 있으며, 이는 문법화가 완전하게 이루어진 '有+VP2' 형식의 전단계의 모습이라고 할 수 있다고 밝혔다.

김혜경(2014)은 현대중국어의 '有+NP+VP'구조에서 '有'의 문법적 위치를 확정하기 위하여 '有'의 고유의미인 '존재'와 '소유'의 개념적 이해와 이들 의미가 통사적으로 실현되는 양상을 살펴보았다. '有'의 본래 개념을 '존재'로 상징하고, 이 의미가 최초로 구현되는 원형 구조는 '有X'라고 가정하였다. 그리고 이 원형에서 구문이 확장되는 과정에서 동일주어 삭제 원칙에 의해 '有+NP+VP'가 탄생한다고 하였다. 이는 언어의 경제성 원리가 작용한 것으로 밝혀졌다.

1.2.4. '있다'와 '在', '有'의 대조에 관한 선행 연구

한국어 '있다'와 중국어 '在', '有'에 대한 대조 연구가 21세기 이후에 활발해졌는데, 주로 한·중 존재구문을 대상으로 한 대조 연구가 많다.

金櫻(2009)에서는 한국어와 중국어에서 '존재'를 나타내는 동사 간의 대조 관계를 제시하였다. 또한, 외국어 학습자가 한·중 존재구문의 학습 과정에서 보이는 오류에서 출발하여 교육 방안을 밝혔다. 贾真珠(2012)에서는 '통사', '의미', '화용' 등의 각도에서 한·중 존재 구문에 대하여 살펴보았다. 金明艳(2013)에서는 한·중 존재 구문의 유사성을 통하여 인류의 공통성을 밝히고 차이점에 대하여 분석을 하였다. 이 중에 한국어 '있다', '이다'의 품사 성격은 '존재사'로 보고 '-고 있다', '-어 있다'는 보조형용사로 보았다. 또한 한국어와 중국어 존재 구문의 구조 차이, 의미 지향에 대하여 살펴보았다.

한국어 '있다'에 대응하는 중국어 표현에 대한 논문은 유효홍(2009), 왕위(2012), 이문화(2014) 등을 들 수 있고, 한국어 '있다'와 중국어 '在'의 대조 분석에 대한 논문으로는 한경숙(2015), 이림용(2017) 등이 있으며, 한국어 '-고 있다', '-어 있다'와 대응하는 중국어 표현에 대한 연구는 진려하(2014), 손정정(2019) 등이 있다.

이상으로 한국어 '있다', 중국어 '在', '有'에 대한 연구 경향을 검토하였다. 한국어는 주로 '있다'의 의미에 대한 연구, 보조용언의 의미에 대한 연구가 주를 이룬다. 중국어는 주로 개사 '在'의 의미 지향, 부사 '在'의 문법화 과정, 그리고 '有'의 의미 양상, 존재구문의 의미와 통사 특징 등의 연구가 주를 이룬다. 선행 연구들도 상당한 의의가 있으나 다음과 같은 몇 가지 문제점도 남아 있다.

첫째, 한국어 '있다'의 의미를 다루는 연구들을 살펴보면 학자마다 '있다'의 기본의미에 대한 견해가 서로 다름을 알 수 있다. 김차균(1982), 김영미(1995), 서정수(2013) 등은 '있다'의 기본의미를 '존재'로 보았고, 박양규(1972), 고석주(2007) 등은 '있다'의 기본의미를 '소재'로 보았다. 그리고 이수련(2000)은 '있다'의 기본의미를 '소유'로 보았다.

이처럼 학자마다 근거를 제시하고 있지만 통일된 견해를 확인하기는 힘들다. 선행 연구들은 주로 문장 구조의 측면에서 의미를 분석하였으므로 의미의 근원을 찾기 힘들었다. 또 기본의미를 확정하지 못하였기 때문에 확장의미의 양상과 문법화 과정을 다룰 때도 어려움을 겪어 왔다.

둘째, 중국어 동사 '在'의 용법은 비교적 안정적이기 때문에 학자들이 '在'의 개사 용법에 초점을 두고 하는 연구가 많은 편이다. 이런 이유로 '在'가 갖고 있는 근본적인 의미 특징은 쉽게 간과될 수 있고 '在'의 기본의미와 확장의미의 연관성에 대한 문제는 중시를 받지 못했다. 개사 '在'는 발화 참여자의 인지 순서에 따라 언어적으로 많은 변동이 발생할 수 있으므로 단지 구문 측면에서 살피는 것은 타당하지 않다.

셋째, 중국어 '有'에 대한 연구에도 한국어 '있다'와 같은 기본의미의 확정 문제가 존재한다. 손경옥(2004), 박기현(2005), 朱霞(2008), 최신혜(2012), 홍연옥(2014) 등은 '有'의 기본의미를 '소유'로 보았고, 易正中(1994), 王勇, 周迎芳(2012) 등은 '有'의 기본의미를 '존재'로 보았다. 이는 문장 구조 측면에서만 의미를 다루어 한계성이 확실하게 느껴질 수 있다. 그리고 선행 연구에서는 '有'의 의미들 간의 연관성이 도외시되었다.

넷째, 선행 연구들은 한국어 보조용언 '-고 있다', '-어 있다'와 중국어 개사 '在', 부사 '在', 부사 '有'의 용법을 분석할 때 각각을 독립적인 유형으로 보고 구조적으로 연구를 많이 해왔다. 그것의 근원어휘인 본용언 '있다'와 동사 '在', '有'의 의미와 결합시킨 인지적인 분석은 많지 않은 편이다.

다섯째, 한국어 '있다'와 중국어 '在', '有'의 의미상 유사점과 차이점은 많이 분석되었지만 의미에 대한 인지적 분석은 아직 부족한 실정이다.

따라서 한국어 '있다'와 중국어 '在', '有'에 대하여 인지언어학적 방법론으로 대조 분석하는 연구가 필요하다고 생각한다. 인지언어학의 이론을 활용하면 의미 측면, 한 언어를 사용하는 사람들의 사고방식 인지 특징까지 탐색할 수 있는 장점이 있기 때문에 본 연구는 앞서 제시된 선행 연구의 성과들을 기반으로 하여, 인지문법(CG)의 기제와 인지 모형을 활용해서 한국어 '있다'와 중국어 '在', '有' 각각의 의미 양상들과 확장 방식을 살펴보고 의미에 반영되는 인지적인 차이와 대응 관계를 밝혀보고자 한다.

1.3. 연구 방법 및 구성

'존재'라는 개념은 범언어적으로 사용되고 있으며 그것으로부터 많은 확장의 의미를 만들어냈다. 또한, '존재'를 나타내는 언어적 표현들은 문법화를 통하여 많은 용법이 생성되기도 했다. 한국어 '있다'와 중국어 '在', '有'는 공통적으로 '존재'의 의미를 갖고 있고 '존재'의 의미로부터 확장된 의미와 용법도 다양하다. 본 연구는 이들의 의미와 용법 간에 어떤 대응 관계 그리고 인지적 공통성 및 차이성을 갖고 있는지에 대하여 인지언어학의 관점에서 살펴보고자 한다.

인지문법(CG)은 생성문법과 달리 문법도 의미를 갖고 있다고 주장한다. 인지문법(CG)에서는 의미를 인지 과정(즉, 개념화)과 동일하게 본다. 인지문법(CG)은 인지 과정에서 일어나는 사고방식, 범주화 과정과 같은 추상적인 것에 대하여 구조 분석과 명시화 과정을 시도한다. Langacker(1987)에서는 언어를 인간의 사고와 생각을 표현하는 도구로 보며 나아가 언어는 상징(symbol)을 통하여 사고와 생각을 부호화하고 그것에 형체를 부여한다고 본다. 또한 인간들이 형태를 가진 사고와 언어를 이용하여 의사소통을 하면서 언어가 진화되며 의미가 확장된다고 본다.

인지문법(CG)은 문법 단위가 언어 사용으로부터 도출된다고 주장한다. 이것은 추상(abstraction)과 도식화(schematisation) 과정에 의하여 발생할 수 있다. 추상은 언어 사용의 실례들 전체에서 패턴들을 일반화한 결과로 발생되는 과정이다. 도식화는 추상의 특수한 종류로서, 실제 발화보다 그다지 상세하지 않은 표상을 초래한다. 도식화 과정은 도식(schema)을 초래한다. 따라서 도식은 선개념(先概念)적인 존재로 볼 수 있다.

문법은 특정한 패턴을 인가(sanction)하여 언어 사용에 반영된다. 이런 패턴은 그에 상응하는 도식의 실례로 간주된다. 실례화(instantiation)는 도식적 표상으로부터 특정한 실례가 생겨나는 과정이다. 실례는 도식의 특징을 계승하여 도식을 더 상세하게 구체화해준다. 도식에서 실례로, 또 실례에서 도식으로 순환을 하면서 더 많은 확장이 일어날 수 있다. 상위 도식에 확장이 일어나면서 다양한 정도의 일반적인 도식에서는 여러 층위의 도식성을 보여주고 복합적인 의미망 조직을 연상할 수 있다.

본 연구는 이러한 학문적 내용을 갖는 인지언어학의 관점으로부터 출발하여 한국어 '있다'와 중국어 '在'와 '有' 간의 인지적 공통성 및 차이성을 살펴보려 한다.

본 연구는 먼저 한·중 사전에 기술된 한국어 '있다'와 중국어 '在'와 '有'의 의미 양상을 살펴본 뒤 도식적 표상을 찾아보고자 한다. 다시, 사전과 말뭉치 자료를 활용하여 한국어 '있다'와 중국어 '在', '有'의 의미와 사용 양상을 귀납할 것이다. 다음으로 인지문법의 기제와 전형적 사건모형을 활용하여 그것들의 도식적 표상, 원형의미, 확장의미, 확장 방식, 그리고 문법화 현상을 살펴볼 것이다. 마지막으로 한국어 '있다'와 중국어 '在', '有'의 의미를 대조할 것이고, 실제 언어 환경에서 쓰이는 용례를 살펴보고 사전에 수록되지 않은 의미 양상을 밝혀서 그것들의 대응 관계와 차이를 인지적으로 밝힌 뒤 결론을 내리고자 한다. 본 연구에서 활용한 언어 자료를 정리하면 〈표 1〉과 같다.

〈표 1〉 한·중 언어 자료

자료	한국어	중국어
사전류	표준국어대사전(web 사전)(약칭: 표준)	现代汉语词典(2016)(약칭: 现汉)
	고려대한국어대사전(2009)(약칭: 고려)	现代汉语大词典(2000)(약칭:大词典)
	연세한국어대사전(1998)(약칭: 연세)	新华大字典(2017)(약칭: 新华)
말뭉치	언어정보나눔터 말뭉치(약칭: 세종)	BCC汉语语料库(약칭: BCC)
	〈물결 21〉 코퍼스(약칭: 물결 21)	CCL汉语语料库(약칭: CCL)

본 연구는 전체를 7장으로 구성한다. 각 장에서 논의할 내용을 간략하게 제시하면 다음과 같다.

제1장은 서론 부분이다. 연구 목적 및 대상, 선행 연구, 연구 방법 및 구성을 제시한다.

제2장은 이론적 배경이다. 먼저 인지문법(CG)의 기본이론과 의미 분석 시 사용되는 여러 기제들을 살펴볼 것이다. 그리고 전형적 사건모형, 의미망 조직 모형, 원근법, 의미 확장 양상 등에 대하여 정리한다.

제3장은 한국어 '있다'의 의미 양상을 분석하고자 한다. 먼저 본용언 '있다'의 사전 의미를 살펴보고 귀납한 뒤 도식적 표상을 도출해서 원형의미, 확장의미, 실례화 양상과 확장 요인을 밝혀서 '있다'의 의미망 조직을 그려본다. 그리고 보조용언 '있다'의 상(aspect)적 의미, 도식적 표상과 문법화 현상을 살펴보고자 한다.

제4장은 중국어 '在'의 의미 양상을 분석하고자 한다. 먼저 동사 '在'의 사전 의미를 살펴보고 귀납한 뒤 도식적 표상을 도출해서 원형의미, 확장의미, 실례화 양상과 확장 요인을 밝혀서 '在'의 의미망 조직을 그려본다. 그리고 개사 '在'의 인지적 역할, 부사 '在'의 상(aspect)적 의미, 도식적 표상과 '在'의 문법화 현상을 살펴보고자 한다.

제5장은 중국어 '有'의 의미 양상을 분석하고자 한다. 먼저 동사 '有'의 사전 의미를 살펴보고 귀납한 뒤 도식적 표상을 도출해서 원형의미, 확장의미, 실례화 양상과 확장 요인을 밝혀서 '有'의 의미망 조직을 그려본다. 그리고 부사 '有'의 인지적 역할, 상(aspect)적 의미와 '有'의 문법화 현상을 살펴보고자 한다.

제6장에서는 3장, 4장, 5장에서 분석한 한국어 '있다'와 중국어 '在', '有'의 도식적 표상, 원형의미, 확장의미, 확장 요인, 다른 용법의 양상 등 측면에서 대조 분석을 하고자 한다.

제7장은 본 연구의 결론으로서, 6장에서 대조 분석한 결과를 정리하여 본 연구가 활용될 수 있는 방향을 제시하고자 한다.

2. 이론적 배경

'인지(cognition)'는 '인지심리학(cognitive psychology)'에서 유래된 말이다. 1970년대 중반 이후 언어를 인지적 관점에서 연구하려는 '인지언어학 (Cognitive Linguistics)' 이론이 등장하였다.[7] 인지언어학은 언어의 구조가 인간의 개념적 지식, 신체적 경험, 담화의 의사소통 기능 등과 관련되어 있다고 본다.[8]

Langacker(1987/1991)에 의해서 제시된 '인지문법(Cognitive Grammar)'은 언어를 인지의 필수적인 면으로 간주하고, 문법은 원래 의미를 가지는 것으로 파악한다.[9] 인지문법(CG)은 또한 언어학적 의미론에 대한 개념론적 설명을 전제하는데, 개념론적 설명이란 동일한 상황을 여러 가지로 해석하는 능력을 인정한다. 모든 문법적인 요소는 개념적인 의미를 부여받기 때문에, 문법은 본질에 있어서 상징적인 것으로 간주된다.

따라서 문법은 개념적 내용을 구조화하고 상징화하는 것으로 인식할 수 있다. 〈그림 1〉과 같이 상징(symbolization)은 의미구조와[10] 음운구조 사이의

---

7) '인지언어학'은 Lakoff(1987a)의 'Women, Fire and dangerous Things: What Categories Reveal About the Mind' 및 Langacker(1987)의 'Foundations of Cognitive Grammar(Vol.1)'의 출간으로 그 토대가 구축되었다. 1989년 Dirven에 의해 독일 디스버그에서 제1차 '국제인지언어학대회(International Cognitive Linguistics Conference, ICLC)'가 개최되고, 이 학술대회에서 '국제인지언어학회(International Cognitive Linguistics Associatio, ICLA)'가 결성되었으며, 1990년에 학회지 『Cognitive Linguistics』의 창간호가 간행됨으로써 그 체계가 정립되었다.(임지룡, 2017: 11)

8) 인지언어학자들은 언어 현상을 분석하기 위하여 심리학이나 인류학과 같은 관련 분야의 견해를 수용할 뿐만 아니라 인간의 개념적 지식에 대한 실질적 내용에 관해서도 경험적 탐색을 계속하고 있다. 인간의 일상적 경험을 구성하고 있는 다양한 인지모형, 영상도식, 방사상 모형 등을 예로 들 수 있다.

9) 이 주장을 두 가지 측면에서 해석하면, 문법요소는 어휘 항목처럼 의미를 지니고 있다는 것과 다음으로 구나 절, 문장과 같은 문법요소들은 정교한 의미를 구축하고 상징하는 것이라는 설명이다. 이 해석에 따르면 문법은 개념적 장치의 본질 양상이자 독립적인 것으로 볼 수 있다. 또 문법은 완비된 인지체계라기보다 인지의 한 통합적 부분이다. 그러므로 우리는 이 장치를 통해 세계를 인식하고 이해할 수 있다.

상징적 연결 고리에 의해서 기술될 수 있다.

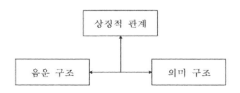

〈그림 1〉 언어 표현의 세 가지 요소(음운, 의미, 상징)

이러한 근거는 몇 가지 기본 개념에 바탕을 두고 있다(임지룡, 2017: 34).

첫째, 의미는 개념화로 환원된다.

둘째, 자주 쓰이는 표현은 서로 관련된 의미망을 이룬다.

셋째, 의미 구조는 인지 영역에 관련하여 특징지어진다.

넷째, 의미 구조는 '바탕'에 '윤곽'을 부과함으로써 구조의 값을 끌어낸다.

다섯째, 의미 구조는 관습적 영상을 포함한다.

2.1. 바탕(base)과 윤곽(profile)

서술은 항상 어떤 범위를 가지고 그 범위 내에서 어떤 특정한 하위 구조를 지시한다.[11] Langacker(1987)는 서술의 규모와 지시 대상을 각각 바탕(base)

---

10) 인지언어학적 관점에서 의미는 표현을 만들어내는 것이며 화자의 마음이나 정신에 있다고 본다. 플라톤적 견해(플라톤적 견해는 언어를 국지화될 수 없는 추상적이고 탈신체화된 개체로 취급하며, 기하학적 개념이나 법칙과 같이, 언어적 의미를 마음과 인간의 노력과는 독립적으로 존재하는 초월적인 것으로 본다)와 달리, 인지언어학자들이 생각하는 인지는 지각과 신체적 경험에 바탕을 두고 있어서 고립적이지 않다. 정신적 성장은 사회적 상호작용의 자극과 안내를 받기 때문에 습득된 지식은 사회문화적 환경의 영향을 받는다. 우리가 가지고 있는 개념화는 정신적이지만, 세계의 어떤 양상에 대한 개념화라는 것은 뇌의 범위를 넘어선다. 대화할 때 우리는 이야기하는 대상뿐만 아니라 대화상대방의 지식과 의도에 대한 우리의 평가를 비롯한 모든 차원의 맥락까지도 개념화한다.
11) 서술 내에서 어떤 개체를 특별한 수준으로 도드라지게 만드는 즉, 특징 규명되는 것을

과 윤곽(profile)으로 설명한다.12) 한 표현의 의미 값은 바탕이나 윤곽에만 있는 것이 아니고 오히려 그 둘의 결합에 있다. 의미 값은 더 큰 형상 내의 위치에 의해서 식별되고 특징이 규명된 개체의 지시로부터 유도된다. 바탕과 윤곽의 개념은 예를 통해서 설명하도록 한다.

직각삼각형에서 가장 긴 변이자 직각과 마주보고 있는 변을 빗변이라고 한다.13) 그러면 빗변이라는 것이 상징화하는 의미단위는 어떻게 묘사되는가?

우선 직각삼각형이라는 개념이 있다. 그리고 삼각형의 한 변을 빗변이라고 한다. 사람은 빗변을 이해하기 위하여 직각삼각형의 개념을 먼저 이해해야 한다. 단순히 보면 빗변은 직선이다. 그런데 이 직선은 빗변이 윤곽 부여한 것으로 다른 일반적인 직선들과는 구분된다. 이 직선은 직각삼각형의 한 변으로 기능한다. 직각삼각형은 바탕을 구성한다. 삼각형 그 자체는 윤곽이 부여되지 않는다. 윤곽은 바탕의 한 국면을 선택해서 그것을 두드러지게 한다.

〈그림 2〉 직각삼각형의 빗변

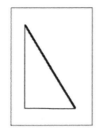

지시(designation)라고 한다. 지시 표현은 언어 사용자에 의해 개념화되며, 실제로 세계에 있는 사물을 지시하는 것이 아니라, 정신공간에 있는 사물을 지시하는 것이다. 술어부류들이 지시한 개체의 본질에 따라 명사서술은 물체를 지시하고, 관계 서술은 시간적 관계(과정) 혹은 비시간적 관계를 지시한다.
12) Langacker(1987), 김종도 옮김(1999a: 194)는 '서술은 항상 어떤 범위를 가지며 그 범위 내에서 특별한 하부 구조를 지시를 위해서 선택한다. 지시된 요소가 특별하게 두드러지는 것을 알리기 위해서 나(Langacker)는 서술의 규모와 지시 대상을 각각 바탕(base)과 윤곽(profile)이라 부른다.'라고 하였다.
13) '빗변'이라는 예는 Fillmore(1985)와 Langacker(1988)에서도 사용하였다.

굵은 선은 윤곽을 나타내며, 직각삼각형은 바탕이다. 빗변이 직선이기는 하지만 이 개념은 적절한 바탕을 배경으로 한 윤곽에 관한 지식을 핵심 부분으로 가진다. 윤곽 부여가 없다면 그 구조는 직각삼각형의 구조일 뿐이다. 바탕이 없다면 윤곽이 된 형상은 직선으로 식별될 수 있을 뿐이다. 이로써 빗변의 개념은 그 둘이 서로 결합하여 해석되어 나타난다는 것을 알 수 있다.

실제 물체를 가리키는 명사뿐만 아니라 '존재'라는 개념의 상징화 단위에도 '윤곽/바탕'으로 조직되어 있다. '존재'는 기본적으로 '대상'이 존재하는 사실을 묘사한다. '존재'를 표현하려면 '대상'과 '존재하는 장소'가 필요하다. 여기서 말하는 장소는 '지구', '세계', '구체적인 장소' 혹은 '시간'이나 '추상적인 장소' 모두 가능하다. '대상'이 존재하는 사실을 한정하는 위치 정보는 '바탕'이 된다. '윤곽'은 '대상'과 '바탕'의 관계로 식별된다. 만약 '윤곽'이 없다면 '대상'과 '바탕'은 서로 관계가 없는 독립된 개체다. '바탕'이 없다면 '대상'의 존재성도 인식될 수 없다. '존재'의 상징화 단위는 '대상'과 '바탕'의 결합이다.

모든 개념은 독립적으로 존재하는 것이 아니라 내부 요소의 상호작용에 의하여 상징화된다. 인간이 한 개념을 이해할 때도 잠재적으로 내부 요소의 관계부터 이해하는데, 이것은 바로 우리가 신체적 체험과 경험으로부터 키우는 인지능력이다.

그러면 언어 표현과 앞에서 언급한 의미 구조, 음운 구조, 상징화 그리고 윤곽/바탕의 간에 서로 어떻게 상호작용하는지 〈그림 3〉을 통하여 알아보고자 한다.

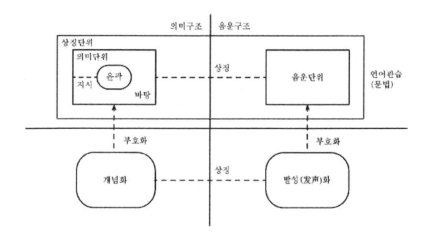

부호화(coding)는 음운 단위와 의미 단위에서 언어 단위와 활용사건 사이의 관계를 가리킨다. 상징화(symbolization)는 의미 구조와 음운 구조 사이의 대응관계가 단위지위를 가지고 있는지 여부에 관계없이 그 두 사이의 관계이다. 상징화(symbolization)는 음운 구조와 의미 구조 전체를 관계 짓게 하는데 특정적으로 음운 구조와 연관시키거나 혹은 윤곽과만 연관시키는 것이 아니다. 이는 상징적 표현의 의미 값은 바탕과 윤곽이 함께 부여하기 때문이다. 지시(designation)는 바탕 전체와 윤곽으로 선택된 어떤 하부 구조 사이에 성립되는 의미 구조 내의 내적 관계이다(Langacker, 1987, 김종도 옮김, 1999a: 198).

2.1.1. 관계 서술

언어 서술은 명사적이거나 관계적이다. 명사 서술은 물체를 지시하고 명사의 의미구조 기능을 한다. 관계 서술은 시간적 관계(과정)와 비시간적 관계를 지시한다. Langacker(1987)의 정의에 따르면 '명사'는 명사적 윤곽을 가지고 있다. 즉, 명사는 사물에 윤곽 부여한다. 반면, '동사', '전치사', '형용사', '부사' 등 다른 종류의 낱말은 관계에 윤곽 부여한다.

모든 관계 서술에서 부각된 참여자들은 서로 비대칭성이 존재하는데, 그 중 하나를 '탄도체(trajector)'라고 한다. 탄도체는 어떤 관계의 개념화에서 더 현저한 실체이다. 관계서술에서 다른 좀 덜 현저한 개체들은 '지표(landmark)'라고 부른다. 인지문법(CG)은 주어 기능을 수행하는 표현의 의미 구조는 '탄도체'로 간주되며, 목적어 기능을 수행하는 표현의 의미 구조는 지표로 간주된다. '지표'는 탄도체의 위치를 잡아주고 참조점을 제공하는 역할을 하는데, 지표 실체는 이차적 초점을 가진다.

2.1.2. 관계적 윤곽

관계적 윤곽을 이해하기 위하여 영어 전치사 'above'를 예로 든다.[14] 영어 전치사 'above'는 관계에 윤곽 부여한다. 'the picture above the sofa'에서 above라는 낱말이 나타낸 관계적 윤곽을 〈그림 4〉로 표현할 수 있다.

〈그림 4〉 전치사 'above'의 관계적 윤곽

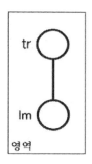

---

14) Taylor(2002), 임지룡·김동환 옮김(2005: 227)는 관계적 윤곽은 관계뿐만 아니라 관련된 실체를 포함한다는 것에 주목한다. 전치사 'above'의 경우에 이것은 그 낱말이 수직 관계뿐만 아니라 그 관계에 참여하는 실체를 지시한다는 것을 의미한다고 하였다.

사물은 '원'의 형태로 탄도체(tr)와 지표(lm)를 나타내고, 두 원을 연결하는 선은 탄도체와 지표 사이의 관계를 나타낸다. 둘러싸고 있는 사각형은 관계적 윤곽의 개념적 영역을 표시하며, 윤곽 부여된 실체는 굵게 표시된다. 관계적 윤곽은 관계뿐만 아니라 관련된 실체를 포함한다는 것에 주목한다. 전치사 above의 경우에 수식 관계뿐만 아니라 관계에 참여하는 실체를 지시해주는 역할을 한다. 전치사는 탄도체와 지표에 개념적 내용을 제공해 주는 표현과 공기(共起)할 필요가 있다. 'the picture'와 'sofa'는 전치사의 도식적 탄도체와 지표의 실례(instances)로 간주할 수 있다.

'the picture above the sofa'와 대응하는 중국어 표현은 '画在沙发上(그림이 소파 위에 있다)'이다. 영어와 달리 중국어 문장에서는 다른 서술 동사가 없는 경우에 '在'는 '서술 동사로 본다. 따라서 동사 '在'는 '画(그림)'의 존재함을 보여주고 방위사(方位詞) '上(위)'는 '画(그림)'과 '沙发(소파)'의 위치 관계를 보여준다. 이러한 위치 관계에서 '画(그림)'은 더 현저한 개체로서 탄도체가 되고 '沙发(소파)'는 좀 덜 현저한 개체로서 지표가 된다. 서술 동사 '在'의 개념적 내용은 영어 전치사 'above'와 같이 탄도체와 지표의 공기(共起)를 요구한다.

한편, 'the picture above the sofa'라는 표현 전체는 관계를 지시하는 것이 아니라, 'the picture'라는 사물을 지시한다. 이 문장에 대해서 우리가 알 수 있는 진술은 'the picture'에 관한 진술이다. 'the picture above the sofa'의 윤곽 표시는 〈그림 5〉와 같다.

〈그림 5〉 명사 'the picture'의 관계적 윤곽

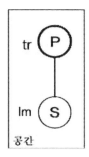

〈그림 5〉에서 'the picture'는 윤곽 부여된 실체로 굵게 표시해 준다. 'the picture'와 'the sofa' 사이의 관계와 소파는 윤곽 부여되지 않고 표현의 바탕이 된다. 문장 전체는 공간의 영역을 배경으로 한다. 'the picture above the sofa'는 'the picture'의 공간적인 위치를 의미한다(Taylor, 2002, 임지룡·김동환 옮김, 2005: 230).

'the picture above the sofa'와 대응하는 중국어 표현 '画在沙发上(그림이 소파 위에 있다)'도 마찬가지다. 문장 전체는 주어인 '画(그림)'이 의미하는 사물을 지시하는 것이다. 즉, 문장 전체는 '画(그림)'이라는 것에 대한 진술이다. 따라서 문장 전체가 윤곽 부여한 대상은 문장의 주어인 '画(그림)'이다.

2.1.3. 시간적 윤곽

(1) The picture was above the sofa.

(1)은 시간의 경과가 추가된 문장이다. 이때는 다시 'the picture'를 지시하지 않고, 과거 시간에 존재하는 상황을 지시한다. (1)을 분석하면 점차적인 두 가지 양상이 있다. 먼저 'the picture'와 'the sofa' 사이의 공간적 관계를 묘사

하고, 다음으로 그 관계가 어떤 기간 동안 유지되는 것으로 주장된다는 사실을 묘사한다(Taylor, 2002, 임지룡·김동환 옮김, 2005: 232).

Taylor(2002)에서는 'The picture was above the sofa'라는 것은 단순한 시간적 관계(temporal relation)를 나타냈다고 하였다. 단순한 시간적 윤곽의 도식적 표상은 〈그림 6〉과 같다.

〈그림 6〉 단순한 시간적 윤곽

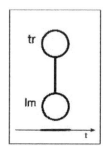

윤곽은 상술되지 않은 지속성의 시간 구획을 포함하는데, 그 구획 동안 관계가 유지된다. 이 관계는 또한 '상태적(狀態, stative)'이라고도 한다. 즉, 그것은 윤곽 부여된 시간 구획 동안 변하지 않은 채 유지되는 것으로 해석된다. 그러나 많은 동사는 정적인 관계가 아니라 어떤 시간 동안 탄도체와 지표의 관계가 변하는 역동적 시간에 윤곽 부여한다.[15) 영어 동사 'enter/leave'를 사용할 때 우리는 정적인 지표에서 이동하는 탄도체의 연속적인 위치를 추적한다. 이런 동사는 복합적인 시간적 관계(complex temporal relation)에 윤곽 부여한다.

---

15) 단순한 시간 관계와 대립한 것은 복합적인 시간적 관계이다. 복합적인 시간적 관계에 대해서 Langacker(1987)는 동사 'enter'를 예로 들었고, Taylor(2002)에서는 동사 'leave'를 예로 들었다.

Langacker(1987)에서 동사는 그 의미 구조가 과정(process)을 지시하는 상징적 표현이라고 한다. 과정 서술은 시간 윤곽(positive temporal profile)을[16] 가지고 있다. 즉, 개념화 시간 내내 과정이 움직이는 것을 연쇄적으로 진행한다. Langacker(1987)은 'enter'의 순수한 공간적 해석을 도식화시켰다. 'enter' 의 근본적인 뜻은 탄도체가 시간의 경과와 함께 어떤 지표에 대해 'out'관계에서 'in'관계로 진행하는 것이다. 이 과정에 무한한 미확정 성분상태들이 존재한다. 하지만 그 중에 몇 개 변화의 임계점이 명시화될 수 있다.

〈그림 7〉 복합적인 시간적 관계

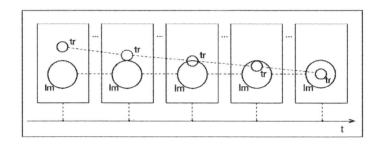

〈그림 7〉에서 보여준 것과 같이 이 과정은 공간영역에서 지표와 탄도체 사이의 관계로 구성되어 있고, 탄도체는 위치 변화가 없는 지표와 달리 위치가 변하는 것으로 보인다. 점선은 시간 영역에서의 각 상태 성분을 자기의 투영과 연결시킨다. 투영들의 완전한 집합은 과정의 시간 윤곽을 이룬다.

---

16) Langacker(1987), 김종도 옮김(1999)는 시간에서의 경과가 결정적이기 때문에 과정의 시간 윤곽은 반드시 양성적(즉 영이 아닌)이어야 한다. 그러나 과정의 성분상태 어느 것 하나라도 시간 윤곽내의 하나의 점만 차지하고 영의 시간 윤곽을 가진 것으로 생각될 수 있다. 이것은 시간 간격은 어떤 인지 처리 수준에서 최소로(결국 영으로) 해석되기 때문에 반드시 그 간격이 실질적인 시간 확대가 없지 않더라도 '점'으로 생각된다.

〈그림 8〉 복합적인 시간적 윤곽

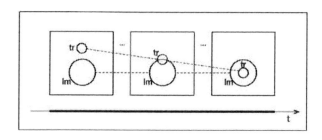

〈그림 8〉은 과정을 나타내는 단순화된 체계로 동일한 술어를 도식화하고 있으며, 최초와 최종의 것을 포함하여 몇 개 상태들만 명시적으로 보여준다. 시간 윤곽은 과정과 대응하는 시간 화살표의 부분을 굵은 선으로 나타낸다 (Langacker, 1987, 김종도 옮김, 1999a: 258).

영어 'enter'가 나타내는 시간적인 윤곽과 같이 한국어 '있다'와 중국어 '有'의 의미 양상인 '출현, 발생'도 비슷한 윤곽 특징이 나타난다.

(2) 가. 어머니는 며느리에게 태기가 있다고 무척 기뻐하셨다. 〈표준〉
     나. 在大家的帮助下，他有了很大进步。〈现汉〉
     (여러 분의 도움으로 그가 많은 발전을 할 수 있었다.)

(2)에서 한국어 '있다'와 중국어 '有'로 표현하는 '출현, 발생'은 '무(無)의 상태(없는 상태)'에서 '유(有)의 상태(있는 상태)'로 변화하는 과정을 의미한다. '무(無)의 상태'와 '유(有)의 상태'는 '출현, 발생'의 '임계점'으로 간주될 수 있는데 이런 동태적 변화 과정은 시간 영역을 동반해야 한다.

2.2. 도식(schema)과 실례(instances)

어휘와 문법은 하나의 점진적 변화를 형성하는데, 이 둘은 모두 상징 구조들의 조합으로만 구성되어 있다. 인지문법(CG)에서 문법을 구성하는 단위는 언어 사용으로부터 도출된다. 이것은 추상화(abstraction)과 도식화(schematisation)라는 과정에 의하여 발생한다. 추상화는 언어 사용의 실례들 전체에서 패턴들을 일반화한 결과로 발생하는 과정이다. 도식화는 추상의 특수한 종류로서, 실제 발화보다 그다지 상세하지 않은 표상을 초래한다(Vyvyan · Melanie, 2006, 임지룡 · 김동환 옮김, 2008: 124).

도식(schema)은 풍부하게 상술된 실례보다 추상적인 표상으로, 도식은 실례들의 공통된 것이 추상화된 개념이다. 실례(instances)는 부가적인 세부사항을 첨가해서 도식을 구체화한 것이다. 실례는 도식을 정교화 하며, 여러 실례들은 유사성에 의해 서로 관련된다.

'도식'에서 '실례'로 가는 과정을 실례화(instantiation), 혹은 정교화(elaboration)라고 한다.[17] 도식에서 실례까지 가는 과정은 실례화, 혹은 정교화라고 할 수 있지만 두 개념 간에는 미묘한 차이가 존재한다. 예를 들어, 도식 [나무]는 다양한 더 구체적인 개념들에 의해서 [소나무], [은행나무], [마루나무] 등으로 실례화될 수 있다. 하지만 [나무]에서 [뿌리 깊은 나무], [큰 나무], [예쁜 나무] 등으로 가는 과정은 실례화라기보다 정교화라고 하는 게 더 정확하다.

도식과 실례의 관계는 음운단위, 의미단위, 상징단위에 동등하게 적용될 수 있다. 더 도식적인 단위와 도식의 실례인 더 풍부하게 상술되는 단위 사이에서는 수직관계가 유지된다. 실례들은 서로 다르고 대조되는 방식으로 도식을

---

17) Langacker(1987), 김종도 옮김(1999a: 73~74)에서는 도식 [TREE]는 다양한 더 구체적인 개념들에 의해서 실례화되고 이 개념들 모두와 이 도식의 명세사항들 ([OAK], [MAPLE], [ELM] 등)과 양립 가능한 범주를 규정한다. 이 실례들은 다양한 매개변수에서 여러 가지 방법으로 도식을 정교화하여 더 정확하게 명세화된 개념들을 낳는다고 제시하였다.

구체화한다. 다음 〈그림 9〉를 살펴보자.

〈그림 9〉 도식과 실례의 도식적 표상

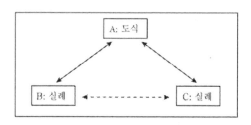

단위 [A]는 [B]와 [C]에 대해서 도식적이고, [B]와 [C]는 [A]의 실례이다, 즉 [A]를 정교화한다. 실례는 도식의 세부사항을 계승하지만, 도식을 더 상세하게 구체화 한다. 실례들은 서로 대조되는 방식으로 도식을 구체화한다. 또한 실례들은 유사성(similarity)에 의해 관련된다. [B]와 [C]는 둘 다 도식 [A]의 세부사항을 계승한다는 사실에 관해서 서로 유사하다. 도식 [A]는 실례들이 유사한 것으로 파악되는 방식을 요약한다(Taylor, 2002, 임지룡·김동환 옮김, 2005: 137). 실선은 실례화의 관계를 나타낸다. 점선은 실례들 사이의 유사성을 나타낸다. 실선에는 화살표가 양쪽 방향으로 되어 있는데 이것은 그 관계가 원칙적으로 어느 쪽으로나, 즉 도식에서 실례, 실례에서 도식으로 갈 수 있음을 나타낸다. 점선에 [B]와 [C] 둘 다를 가리키는 화살표가 있다. 이것은 유사성 관계 또한 양쪽 방향으로 갈 수 있음을 시사한다.

2.2.1. 의미 확장의 양상

의미 확장은 원형의미의 용법을 다른 국면에 적용한 것이다. Heine 등 (1991)에서 제시된 개념 영역의 일반적인 확장 방향을 제시하면 다음과 같다.

(3) 사람 → 물체 → 행위 → 공간 → 시간 → 질

(3)처럼 개념이 확장될 경우 '사람'을 중심으로 하여 '물체', '활동', '공간', '시간', '질'의 차례로 나아감을 뜻한다. 이를 바탕으로 임지룡(2017: 243)에서는 의미 확장의 양상을 다음과 같이 제시하였다.

첫째, '사람→짐승→생물→무생물'의 확장이다. 여기서 확장의 기준점은 '사람'이다. 언어는 본질적으로 사람의 생존을 위하여 만들어진 것인데, '사람'에게 사용된 단어를 이용하여 '짐승', '생물', '무생물'로 확장한다.

둘째, '구체적→추상적'의 확장이다. 여시서 확장의 기준점은 '구체성'인데, 이를 바탕으로 '추상성'으로 진행되는 것이 일반적이다.

셋째, '공간→시간→추상'의 확장이다. 여기서 확장의 기준점은 '공간'인데, 이는 우리가 가장 쉽게 지각할 수 있는 범주이며, 이를 바탕으로 시간성, 추상성으로 확장한다.

넷째, '물리적→사회적→심리적'의 확장이다. 여시서 확장의 기준점은 '물리적' 공간인데, 이를 바탕으로 사회적, 심리적, 공간으로 확장한다.

다섯째, '일반성→비유성→관용성'의 확장이다. 여시서 확장의 기준점은 '일반성'이다. 언어는 일차적으로 글자 그대로의 용법을 중심으로 쓰이며, 이차적으로 비유성을 획득하는데, 비유가 한층 굳어져서 관용성으로 진행되기도 한다.

여섯째, '내용어→기능어'의 확장이다. 어휘적 의미를 갖고 있는 '내용어(content word)'는 '기능어(function word)'로 확장되는 경향이 있다.

다의어 '있다'의 의미들에서 이러한 추상화 과정은 흔히 보인다. '있다'의 기본의미는 공간에서 실현되었는데, 시간으로 추상화되면 시간의 경과를 나타낸다. 기본의미의 존재 대상은 사람이었는데, 무생물인 사건으로 추상화되면 '상태'를 나타낸다. 또한, 동작이나 행위인 존재 대상은 시간 영역에서 실현되

면 상(aspect)적인 의미를 나타낼 수 있다. 의미의 확장 양상에 의하여 다의어 '있다'의 의미 확장을 제3장에서 다시 살펴볼 것이다.

2.2.2. 망조직 모형

Langacker(2002)에서 제시된 망조직(network) 모형에서 각 구성원은 다양한 범주화 관계(categorizing relation)로 서로 연결되어 있는 교점이라고 한다. 망조직 모형은 원형 모형과[18] 도식에 근거한 범주화의 종합이다. 범주화 관계 중 하나는 원형으로부터 '확장(extension)'한다. 원형을 중심으로 하는 범주화에서 범주의 구성원은 원형에서 확장되어 나오면 원형과 이 구성원은 완전히 같은 것이 아니라 부분적으로 같거나 유사하다.

〈그림 10〉 의미 확장의 망조직

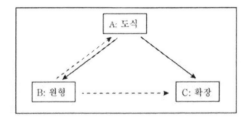

도식은 처음에는 단 한 개의 개념, 즉 아래의 왼쪽에서 볼 수 있는 원형 [B]와 연상된다. 개념 화자는 [B]의 상술과 약간 일치하지 않는 개념화를 받아들인다. 이런 새로운 개념을 지시하는 표준 방법이 언어에 없다고 가정해 보

---

18) 원형 모형은 Rosch가 처음 제안하였으며, 이 모형에서 범주는 원형, 즉 전형적 실례의 도식화된 표상을 참조하여 정의된다. 이 원형에 일치하는 개체들은 아무런 문제없이 이 범주의 '중심적인' 구성원으로 받아들여진다. 일치하지 않는 구성원들도 어떤 점에서 원형과 닮은 것으로 판단되면 여전히 '주변적인' 구성원으로 해당 범주의 동화될 수 있다(Langacker, 2002, 나익주, 2005: 443).

면, 새로운 개념화는 [B]와 유사하기 때문에 [B]에 쉽게 동화될 수 있다. 이것은 두 번째 의미 확장 [C]를 발생시킨다. 동시에 [B]와 [C]사이의 유사성은 더 특정한 단위들 사이의 공통성을 포착하는 도식적 표상 [A]의 형성을 유발한다. [B], [C]와 같은 범주의 구성원들은 망조직 속의 교점이 마디로 분석되는데, 이 마디들은 여러 종류의 범주화 관계에 의해서 서로 연결된다. 한 종류의 범주화 관계는 원형으로부터의 확장이다. 다른 한 종류의 범주화 관계는 도식과 이 도식을 실례화 하거나 정교화 하는 구조 사이에 유지된다. 망조직 모형은 다의적 낱말의 의미로 쉽게 예시할 수 있다. 더 많은 확장이 동기부여되고 다양한 정도의 일반성을 가진 도식이 추상됨에 따라 의미구조는 많은 층위의 도식성 및 확장의 연쇄가 있는 상당히 복합적인 망조직 구조와 연상될 수 있다 (Taylor, 2002, 임지룡·김동환 옮김, 2005: 523).

이러한 이론을 바탕으로 하여 다양한 의미와 용법을 갖고 있는 한국어 '있다'와 중국어 '在', '有'의 원형의미와 확장의미를 다룰 수 있다. 그리고 의미 실례들 간에 어떤 의미망 조직을 이루고 있는지에 대한 것은 본 연구가 다루는 중요한 내용을 삼을 수 있다.

2.2.3. 전형적 사건모형

Langacker(1991)에서는 문법구조가 내재적으로 상징적이며 모든 타당한 문법구조는 어떤 종류의 개념적 의미를 가지고 있다고 하였다. 의미는 인지 영역에 준하여 특징규명된 것이다. 이 영역 중에 많은 것은 Lakoff(1987)의 이상적 인지모형(ICM)이다.[19] 인간의 경험과 사고방식에 대한 근본적인 인지모형은 절 구조에 관련된 어떤 문법구조의 원형 뒤에 숨겨져 있다. 사건에 대한

---

19) '이상적 인지모형(ICM: Idealized Cognitive Models)'이라는 것은 현실적으로 존재하는 것이 아니라, 인간의 의식 속에서 만들어진 것이다. 사람은 'ICM'에 의하여 지식을 조직한다. 또한 범주와 원형 효과는 'ICM' 조직의 산물이다(Lakoff 1987: 68~76 참조).

인간의 개념적 구조는 상호작용에 의해서 형성되는 것이다. Langacker(1999)는 Langacker(1991: 283~285)에서 제시했던 '무대 모형(stage model)'과 당구공 모형(billiard ball model)을 결합해서 '전형직 사건모형'(canonical event model)을[20] 제시한 바가 있는데, 그는 이 모형도 '이상적 인지모형(ICM)'에 속한다고 하였다.

2.2.3.1. 당구공 모형

물체를 경계가 뚜렷한 물리적 개체로 생각해본다면 이 개체들은 일정한 공간에서 이리저리 움직일 수 있고 또 서로 접촉할 수 있다. 움직임은 동력에 의해서 유발된다. 어떤 물체는 이 능력을 내부의 원천에서 이끌어내고 어떤 개체들은 외부로부터 받는다. 강제적인 물리적 접촉이 발생하면 동력은 이동자(移動者)에서 충격을 받은 물체로 이동하고 충격을 받은 그 물체도 이동하여 서로 상호작용에 참여한다. 이런 인지 방식을 당구공 모형(billiard ball model)이라고 한다.

〈그림 11〉 당구공 모형(동작연쇄)

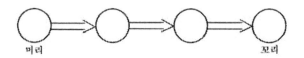

머리   꼬리

당구공 모형의 국면들은 명사 원형과 동사 원형에 직접적으로 대응한다.

---

20) Langacker(1991), 김종도 옮김(1999b: 307)에서는 'canonical event model'는 '전형적 사건모형'으로 번역되어 있다. Langacker(2008), 나익주 등 옮김(2014: 465)에서는 '표준적 사건모형'으로 번역되어 있다. Langacker(1991), 김종도 옮김(1999b: 585)에서는 '전형적 사건모형'에 대해 '원형적 행위의 정상적 관찰을 나타내는 근본적 인지모형, 그것은 행위자와 피영향자의 동력적 상호작용으로 이루어진다. 이 상호작용이 무대 밖에 있는 관찰점에서 관찰된 하나의 사건을 이룬다.'라는 해석을 제시하였다.

경계가 뚜렷한 물체들은 명사 부류에서 원형적이며, 그들의 상호작용은 동사 부류에서 원형적이다. 개념적으로 물체와 상호작용하는 실례화되는 영역은 공간과 시간이다. 근본적 구성성분은 실체와 동력 이동이다. 〈그림 11〉에서 보여준 동작연쇄(action chain)는 한 물체가 다른 물체와 강제로 접촉하여 이동이 일어난다. 연이어 두 번째 그리고 세 번째 물체와 접촉하게 되어 다시 동력 전달이 일어나고, 이후 동력이 소진되거나 더 이상의 접촉이 일어나지 않을 때까지 무한히 계속된다. 이 연쇄에서 최초의 물체를 머리(head)라 부르고 최종 것을 꼬리(tail)라고 부른다. 가장 단순화된 동작연쇄는 중간 매체가 없이 머리와 꼬리만 상호작용하는 것으로 두 참여자만 있는 것이다.

2.2.3.2. 무대 모형

인간들은 외부 세계를 관찰할 때 인지적 파악이 필요하다. 관찰자의 경험은 관찰되는 개체에 대한 자신의 위치에 의해 결정된다. 무대 모형(stage model)이라는 것은 관찰자의 역할은 여러 가지 점에서 연극을 관람하는 사람의 역할과 비슷하다고 본다. 무대 모형은 우리가 외부 세계를 이해하는 방식과 관련이 있으며, 관찰자의 시선은 일반적으로 밖으로 다른 물체를 향한다. 관찰자의 시야는 자기 환경의 제한된 부분에 한정되고 이 부분 내에서 그의 주의는 극장 관람자가 무대에 주의를 집중하듯이 어떤 특정 지역에 초점이 맞추어진다. 무대모형은 경험의 근본적인 국면을 이상화한다. 언어의 경우에 '관찰자'를 '화자'와 동일시할 수 있으며, 화자의 관찰 경험은 언어 표현의 의미를 이해하는 데 중요한 역할을 한다. Langacker(1991)는 무대 모델(stage model)의 원형을 제시하였고, Langacker(2000)에서는 무대 모델(stage model)과 당구공 모형(billiard-ball model)을 결합해서 전형적 사건모형을 만들었다.

〈그림 12〉 Langacker(2000: 24)의 전형적 사건모형

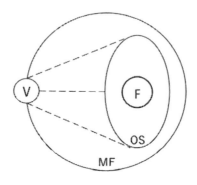

〈그림 12〉와 같이 관찰자 'V(Viewer)'의 시야 전체는 'MF(Max Field)'이다. 시각적 주의의 소재지는 직접범위라고 하고 무대 위 지역이므로 'OS(Onstage Region)'라 부른다. 관찰자의 초점 'F(Focus)'는 항상 무대 내에서의 참여자들의 상호작용으로 이루어진 사건들이다. 초점의 선택은 장면의 어느 국면을 다루는지를 결정한다.

2.3. 원근법(perspective)

인지의미론의 기본적인 주장은 어떤 표현의 의미가 기술되는 상황에 대한 객관적인 특성화로 환원될 수 없다는 것이다. 즉, 언어 의미론에 똑같이 중요한 것은 개념화자가 해당 상황을 해석하고 표현의 목적에 맞게 그 상황을 묘사하기 위하여 선택하는 방식이다. 한 표현의 정확한 의미 해석은 수많은 국면에 의해 결정된다. 그러나 이 해석의 많은 국면에는 해당 상황이 특성화되는 구체성의 수준과, 배경 가정 및 기대, 다양한 개체에 부여되는 상대적 현저성, 해당 장면에 대해 취하는 원근법이 들어간다(Langacker, 1990, 나익주 옮김, 2005: 515). 원근법(perspective)은[21] 개념화자가 장면을 보는 '관점(viewpoint)',

'주관성(subjectivity)', '객관성(objectivity)'과 관련되어 있다.

2.3.1. 관점

'관점(viewpoint)'은 '관찰점(vantage point)'과 '지향(orientation)'의 두 개념을 내포하고 있다. 관찰점이란 장면을 보는 위치이다. 예를 들어, 내가 건물을 보면서 걸어가면 건물에 대한 나의 관찰점은 조금씩 이동한다. 이 경우에 주어진 관찰점에서 다른 지향으로 장면을 보는 것이 가능하다. 예를 들어, 나는 내가 직립해 있는지 거꾸로 서 있는지에 따라 건물을 다르게 본다.

그래서 지향은 시야의 축에 대한 배열과 관련되어 있다. 관찰점이 정지되어 있으면 그것은 '개관 방식(synoptic mode)'이고 이동할 때 그것은 '순차 방식(sequential mode)'이다. 이 모든 요인들은 '관찰자(viewer)', 더 추상적으로 말하면 '개념화자(conceptualizer)'를 함의한다.

2.3.2. 주관성과 객관성

관찰점과 밀접히 연결되어 있는 것은 현재 우리의 초점이 되는 원근법의 더 심오한 국면이다. 즉, 개념화자가 특정한 개체나 상황을 해석하는 '주관성(subjectivity)' 또는 '객관성(objectivity)'의[22] 정도이다. 예를 들어, 근시가 있는 사람들이 늘 쓰고 있는 안경을 생각해 보자. 안경을 벗어 내 앞에 쥐고 살펴본다면, 안경에 대한 해석은 최대한도로 객관적이다. 이 경우는 안경의 유일하고 현저한 기능은 지각의 대상물이 되지만, 안경은 지각 기관 자체의 일

---

21) Vyvyan·Melanie(2006), 임지룡·김동환 옮김(2008: 211)과 Langacker(1987), 김종도 옮김(1999a: 123)에서는 'perspective'라는 단어를 '원근화법'으로 번역하였는데 본 연구는 Langacker(1990), 나익주 옮김(2005: 516)에서 제시된 '원근법'이라는 용어를 취한다.

22) 예시에서 '주관적'과 '객관적'이라는 용어와 파생 용어는 특히 전문적인 의미로 사용될 것이다. 비록 이러한 용어의 값이 어떤 판단이 주관적이거나 객관적이라고(즉, '개인적이고 특이하다'거나 '탄탄한 증거에 근거하여 공정하다') 말할 때, 또는 심지어 주관주의 의미 이론 대 객관주의 의미 이론을 지칭할 때 암시되는 값과 관련이 있지만, 등가인 것으로 간주되지 않을 것이다(Langacker, 1990, 나익주 옮김, 2005: 516 참조).

부는 아니다.

반면, 우리가 안경을 쓰고 다른 어떤 물체를 관찰할 때, 안경에 대한 해석은 최대로 주관적이다. 안경은 우리의 지각적 경험의 본성을 결정할 때 자신이 수행하는 역할에도 불구하고 우리의 의식적인 지각으로부터 사라져 간다. 이 경우는 안경의 배타적인 기능은 지각의 주체의 일부이다. 즉, 안경은 지각 기관의 한 성분이지만, 그 자체가 지각되는 것은 아니다.[23] 또한, 우리가 이 세계에 있는 물체나 지구에서 일어나는 사건을 관찰할 때 우리가 생존하고 있는 지구의 존재를 거의 무시하고 관찰한다.

(4)　가. 날지 못하는 새도 있다.

　　　나. 뉴질랜드에 날지 못하는 새도 있다.

(4가)를 보면 '날지 못하는 새'가 '이 지구'에 어느 곳에 존재한다는 사실을 전달했는데 '지구'라는 표현이 나오지 않다. 이것은 사람들이 늘 자기의 중심으로 주변 환경을 지각하기 때문에 '나의 생존하는 곳'은 아까 말한 '근시 있는 사람이 쓴 안경'처럼 지각으로부터 사라져 간다. 이때는 지구의 배타적인 기능은 지각의 주체의 일부이며 그 자체가 지각되지 않는다. 그러나 (4나)에서 '뉴질랜드'를 밝힘으로써 '날지 못하는 새'가 존재하는 장소가 명시화된다. 이것은 개념화자가 객관성을 취하기 때문에 관찰하는 지점은 지구에서 '뉴질랜드'로 바뀐다. 이에 대하여 제3장에서 다시 언급할 것이다.

---

23) 물론 이러한 양극화는 실제로는 거의 도달될 수 없는 이상을 나타낸다. 안경을 쓰고 다른 어떤 것을 바라보고 있을 때조차도 나는 그 안경을 어느 정도까지 지각할 수 있다. 이 정도에서는 안경에 대한 지각적인 해석이 약간은 객관적이며, 따라서 완전한 주관성에는 못 미친다. 주관성/객관성은 흔히 가변적이거나 정도의 문제이다.

2.4. 완료적 과정 및 미완료적 과정

완료적(perfective) 과정과 미완료적(imperfective) 과정은 개념화된 상황이 윤곽 부여된 시간에서 변화가 있는지 그 여부에 기초를 두고 있다.

Taylor(2002), 임지룡 · 김동환 옮김(2005: 441)은 완료적 과정은 일시적으로 한정되며, 과정에 대한 묘사는 시작과 끝을 참조해야 한다고 보았고, 미완료적 과정은 시작이나 끝을 참조하지 않는 과정으로 보았다.

〈그림 13〉 완료적 과정과 미완료적 과정의 도식적 표상

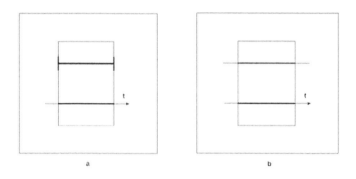

〈그림 13a〉는 완료적 과정으로 영역 안에 완전히 포함되어 있다. 종결점을 포함한 변화하는 관계를 윤곽으로 한다. 〈그림 13b〉는 미완료적 과정이며 한 구역만 영역 안에 속한다. 완료적 과정은 과정이 완료적인 것으로 간주되기 위해서는 시간적 경계가 윤곽 부여된 과정의 일부분이어야 한다는 것이다. 미완료적 과정은 윤곽 부여된 구역의 범위를 넘어 확장될 수도 있다.

완료적 과정은 개념화자의 관점에 따라 실례화될 수 있다. 개념화자가 제3자의 시야로 전체 사건을 바라보면 전체 사건을 한 덩어리가 된다. 그러나 개념화가 사건 내부에 위치하여 사건의 일부 완료를 관찰하면 사건은 쪼개진다. 이것은 바로 Comrie. B(1976)에서 언급했던 상황의 내적인 시간구성을 바

라보는 상이한 방법들이다. 즉, 'perfective aspect'과 'imperfective aspect'이다. 이것들의 해당용어에 대하여 '완료상'과 '미완료상'이 많이 사용되고 있는데, 상(aspect)은 상황을 온전히 시야에 넣고 바라본다는 데 있으므로 '완망상'과 '비완망상'이라고 하기도 한다.[24] 한국어 보조용언 '있다'와 중국어 부사 '在', 부사 '有'는 모두 상표지로 사용되고 있다. 이와 관련된 논의들은 본론에서 구체적으로 논술할 것이다.

---

24) '완료상'은 현재 완료, 과거 완료, 미래 완료와 같이 어떤 끝난 사태가 그다음 시점과 모종의 연관을 맺을 때에만 성립하는 개념이기 때문에 엄격히 상의 범주에서 제외 하는 연구자도 있다. 한국어에서 완망상은 과거 시제 및 완료상과 개념적으로는 구분되나 실제적으로 구분하기 어렵기 때문에 한국어 문법 개론서에서는 완망상과 완료상을 '완료상'을 통칭하여 기술하는 것이 관례이다(구본관 등, 2015: 320).

3. 한국어 '있다'에 대한 인지적 분석

제3장은 한국어 '있다'의 의미 양상을 분석할 것이다. 먼저 본용언 '있다'의 사전 의미를 살펴보고 귀납한 뒤 도식적 표상을 도출해서 원형의미, 확장의미, 실례화 양상과 확장 요인을 밝혀서 '있다'의 의미망 조직을 그려보고자 한다. 그리고 보조용언 '있다'의 상(aspect)적 의미, 도식적 표상과 문법화 현상을 살펴보고자 한다.

3.1. '있다'의 사전적 의미

한국어 '있다'는 의미적으로 다양한 양상을 갖고 있다. 현대한국어사전들에 기술된 본용언 '있다'는 약 20개 이상의 의미를 갖고 있는 다의어로 간주된다. 용법상 보조용언으로서 '-어 있다', '-고 있다' 등의 형태로도 다양하게 사용되고 있다.

본 연구는 『표준』, 『고려』, 『연세』를 선택하여 '있다'의 뜻풀이를 살펴보고자 한다. 사전마다 제시된 '있다'의 의미양상을 서로 비교할 수 있도록 정리하면 〈표 2〉와 같다.

〈표 2〉 한국어 사전에 기술된 '있다'의 의미 양상

범주	각 사전의 뜻풀이		
	『표준』	『고려』	『연세』
본용언	사람이나 동물이 어느 곳에서 떠나거나 벗어나지 아니하고 머물다.	(사람이나 동물이 어떤 장소에) 떠나거나 벗어나지 아니하고 머물다.	(무엇이 어떤 곳에) 위치하다.
	사람이 어떤 직장에 계속 다니다.	(사람이 어떤 직장에) 계속 다니다.	(어떤 직장이나 부서에) 근무하다.

사람이나 동물이 어떤 상태를 계속 유지하다.	(사람이 어떠하게) 그 상태를 계속 유지하다.	-	
얼마나 시간이 경과하다.	(일정한 시간이) 경과하게 되다.	(시간이) 경과히다.	
사람, 동물, 물체 따위가 실제로 존재하는 상태이다.	무엇이 실재로서 존재하는 상태이다.	존재하다.	
어떤 사실이나 현실로 존재하는 상태이다.	-	-	
어떤 일이 이루어지거나 벌어질 계획이다.	(어떤 일이) 발생하거나 벌어질 상태이다.	(어떤 일이) 벌어지거나 진행되다.	
재물이 넉넉하거나 많다.	재산이 많이 부유한 상태이다.	(재물이나 살림 따위가) 넉넉한.	
(-ㄹ 수 있다)어떤 일을 이루거나 어떤 일이 발생하는 것이 가능함을 나타내는 말	어떤 일이나 방법 따위가 가능함을 나타내는 말.	(어떤 일을) 할 능력을 가지다.	
		(어떤 일을) 할 여건이나 기회를 가지거나 그러한 상황이 되다.	
		(어떤 상황이 될) 가능성이 존재한다.	
(있잖아, 있지)어떤 대상이나 사실을 강조·확인하는 뜻을 나타내는 말.	어떤 이야기를 시작하는 경우 또는 이야기 중에 내용에서 강조하거나 확인해야 할 사항이 있는 경우를 나타내는 말.	-	
사람이나 사물 또는 어떤 사실이나 현상 따위가 어떤 곳에 자리나 공간을 차지하고 존재하는 상태이다.	(어디에 어떤 대상이)자리나 공간을 치지한 상태이다.	-	

사람이나 동물이 어느 곳에 머무르거나 사는 상태이다.	(사람이나 동물이 일정한 곳에) 머물러 살거나 지내는 상태이다.	(어떤 장소에) 머무르다.
사람이 어떤 직장에 다니는 상태이다.	(사람이 어떤 직위로) 일하는 상태이다.	어떤 직위나 자격, 신분의 상태로 존재하다.
어떤 처지나 상황, 수준, 단계에 놓이거나 처한 상태이다.	(무엇이 어떤 상황이나 단계에) 놓이거나 처한 상태이다.	(어떠한 상태에) 놓이거나 처하다.
개인이나 물체의 일부분이 일정한 범위나 전체에 포함된 상태이다.	(일정한 범위나 전체에 무엇이) 포함된 상태이다.	포함되다.
어떤 사람에게 무슨 일이 생긴 상태이다.	(물체 따위에 무엇이) 달리거나 생기거나 새겨지거나 한 상태이다.	생기거나 발생하다.
어떤 물체를 소유하거나 자격이나 능력 따위를 가진 상태이다.	(누구에게 재물 따위가) 소유된 상태이다.	소유하다.
	(사람이나 사물에 성질이나 능력 ,태도 따위가) 갖추어진 상태이다.	(무엇을) 자체에 지니거나 가지다.
일정한 관계를 가진 사람이 존재하는 상태이다.	(어떤 사람에게 다른 사람이) 일정한 관계를 맺고 존재하거나 생존한 상태이다.	(일정한 관계에 있는 사람이) 딸리어 존재하거나 생존하다.
앞에 오는 명사를 화제나 논의의 대상으로 삼은 상태를 나타내는 말.	무엇을 화제로 삼을 때 쓰는 말.	-
이유나 가능성 따위로 성립된 상태이다.	(이유나 사정, 가능성 따위와 같은 추상적인 내용이) 성립된 상태이다.	-

보조용언	앞말이 뜻하는 행동이나 변화가 끝난 상태가 지속됨을 나타내는 말.	동사의 연결 어미 '-어' 뒤에 쓰여, 그 동사가 뜻하는 행동이나 변화가 끝난 상태가 지속됨을 나타내는 말.	어떤 생태나 어떤 일의 결과의 생태가 지속되다.
	앞말이 뜻하는 행동이 계속 진행되고 있거나 그 행동의 결과가 지속됨을 나타내는 말.	동사의 연결 어미 '-고' 뒤에 쓰여, 그 동사가 뜻하는 동작이나 상황이 계속되거나 또는 그 결과가 지속됨을 나타내는 말.	(동작이나 상황이) 계속 진행되다.
			(어떤 일의 결과의 상태가) 계속 지속하다.

〈표 2〉와 같이, 사전마다 '있다'의 의미를 다소 다르게 기술하고 있다. '사람이나 동물이 어떤 상태를 계속 유지하다', '어떤 대상이나 사실을 강조·확인하는 뜻을 나타내는 말', '사람이나 사물 또는 어떤 사실이나 현상 따위가 어떤 곳에 자리나 공간을 차지하고 존재하는 상태이다', '앞에 오는 명사를 화제나 논의의 대상으로 삼은 상태를 나타내는 말', '이유나 가능성 따위로 성립된 상태이다'라는 뜻풀이는 『표준』, 『고려』에서 나타나고 『연세』에서는 보이지 않다. 또 '어떤 사실이나 현실로 존재하는 상태이다'라는 뜻풀이는 『표준』에서만 나타난다.

그리고 '있지', '있잖아', '-ㄹ 수 있다'는 일종의 관용표현으로 자주 쓰이지만 본 연구의 연구대상으로는 삼지 않는다. 각 사전에 기술된 '있다'의 뜻풀이를 정리하면 〈표 3〉과 같다.

〈표 3〉 한국어 '있다'의 의미 양상

범주	뜻풀이	예문
본용언	사람, 동물, 물체 따위, 어떤 사실이나 실제로 존재하는 상태이다.	가. 날지 못하는 새도 있다. 나. 기회가 있다.
	이유나 가능성 따위로 성립된 상태이다.	가. 아이의 투정은 이유가 있었다. 나. 이런 사업은 실패할 가능성이 있다.
	사람이나 사물 또는 어떤 사실이나 현상 따위가 어떤 곳에 존재하는 상태이다.	가. 방 안에 사람이 있다. 나. 책상 위에 책이 있다.
	개인이나 물체의 일부분이 일정한 범위나 전체에 포함된 상태이다.	가. 합격자 명단에는 내 이름도 있었다. 나. 일자리를 얻기 위하여 이곳에 온 사람 중에는 박사 학위를 받은 사람도 있다.
	얼마나 시간이 경과하다.	가. 몇 년 만 있으면 21세기다. 나. 일주일만 있으면 모든 것이 다 밝혀지게 된다.
	생기거나 발생하다.	가. 지난 일 년 동안 열두 건의 크고 작은 항공기 사고가 있었다. 나. 그 일로 인해 크게 다치는 사람이 있을 것이라는 소문도 돌았다.
	사람이나 동물이 어느 곳에 머무르거나 사는 상태이다.	가. 그는 서울에 있다. 나. 그는 한 동안 이 집에 있었다.
	사람이 어떤 직장에 다니는 상태이다.	가. 다른 곳으로 옮길 생각하지 말고 당분간은 너도 이 회사에 있어라.
	어떤 처지나 상황, 수준, 단계에 놓이거나 처한 상태이다.	가. 난처한 처지에 있다. 나. 그 일은 현재 진행 중에 있다.
	(누구에게 재물 따위가) 소유된 상태이다.	가. 나에게 1000원이 있다. 나. 그녀에게 선택권이 있다.
	(사람이나 사물에 성질이나 능력 ,태도 따위가) 갖추어진 상태이다.	가. 그 사람은 태도에는 모호한 데가 있다. 나. 그 남자는 다소 바람기가 있는 것 같다.
	재물이 넉넉하거나 많다.	가. 그는 아무것도 없으면서 있는 체 한다. 나. 그는 있는 집 자손이다.

보조 용언	(-어 있다)앞말이 뜻하는 행동이나 변화가 끝난 상태가 지속됨을 나타내는 말.	가. 곧 출발할 테니 깨어 있어라. 나. 앉아 있다.
	(-고 있다1)앞말이 뜻하는 동작이나 상황이 계속 진행되다.	가. 아이들은 서울에서 학교에 다니고 있다. 나. 듣고 있다.
	(-고 있다2)앞말이 뜻하는 어떤 일의 결과의 상태가 계속 지속하다.	가. 넥타이를 매고 있다. 나. 사고로 버스를 타고 있던 사람들이 부상을 입었다.

〈표 3〉을 통해 본용언 '있다'는 '존재', '포함', '시간 경과', '발생', '머무르다', '근무하다', '장소나 상황 차지하다', '소유' 등의 의미를 갖고 있음을 알 수 있다. 또한 보조용언으로 쓰이는 '있다'는 '지속'과 '진행'이란 상적 의미를 갖는다. '있다'의 여러 가지 의미 양상들은 서로 개별적인 것으로 간주될 수 있다. 하지만 사실 이들 의미 양상 간에는 차이점뿐만 아니라 공통적인 요소 역시 함께 공유하고 있다. 그러므로 각 의미 양상들은 서로 독립적인 것이 아닌 서로 긴밀한 관계를 이루고 있다. 공통적인 요소는 하나의 '골격'으로 여러 의미 양상을 연결시키고 또한 의미 확장을 가능하게 하는 기초가 된다.

3.2. '있다'의 도식적 표상

도식(schema)은 인간이 어떤 상황을 지각하는 데에 있어서 자세한 부분들은 무시하고 어떤 추상적인 수준의 대략적인 구조물로 파악하는 것을 가리키는 것으로 일종의 특징적 '골격'을 말한다(이상하1998: 147). 실례들은 도식을 구체화한 것으로 서로 다르다는 특징을 지닌다. 앞서 사전에 기술된 '있다'의 여러 뜻풀이는 '있다' 의미의 실례들이다. 여기서는 먼저 '있다'의 다양한 쓰임과 의미부터 살펴본 뒤 '있다'의 도식적 표상을 도출해 보고자 한다.

(1) 가. 방 안에 사람이 있다. 〈표준〉

　　　나. 저쪽 너머에 논밭이 많이 있어. 〈고려〉

　　　다. 날지 못하는 새도 있다. 〈표준〉

　　　라. 일주일만 있으면 방학이다. 〈고려〉

　(1)은 장소 명사의 여부에 따라 두 가지 부류로 나눌 수 있다. 하나는 (1가), (1나)와 같이 장소 명사가 있는 구문이다. 다른 하나는 (1다, 1라)와 같이 구체적인 장소가 나타나지 않은 구문이다. 이때는 주어 '날지 못하는 새'와 '일주일'이 존재하는 잠재적인 처소는 '지구', '어떤 일정한 시간 축'이다. 여기서 '지구'는 구체적인 처소로 인식되고 '시간 축'은 추상적인 개념으로 인식된다. '있다'의 의미는 다소 차이점이 있음에도 불구하고 명시적인 존재 처소가 있든 없든, (1)에서는 '대상'의 '존재성'을 보여준다. 이때 '있다'의 의미는 '존재'를 지향한다.

(2) 가. 그는 철도청에 있다. 〈표준〉

　　　나. 우리 가족은 모두 고향에 있다. 〈고려〉

　　　다. 그 일은 현재 진행 중에 있다. 〈표준〉

　(2)에서 제시된 구문은 대상이 위치하는 처소를 나타낸다. (2가)의 '그'는 '철도청'이라는 직장에서 근무한다. 대상과 '그가 차지하고 있는 장소' 간에 위치 관계를 보여준다. (2나)에서는 '우리 가족'의 위치를 설명한다. (2다)의 경우 주어가 구체적인 '사람'이 아닌 추상적인 '일'이다. 주어의 자리에 있는 '일'이 처한 추상적인 위치(진행 중)를 설명해준다. 물론 이러한 추상화 과정은 '있다'의 의미 확장을 유발할 수 있지만 (2)에서 나타난 '있다'의 의미는 공통적으로 '소재'를 지향한다.

(3) 가. 그녀에게 선택권이 있다. 〈표준〉

　　 나. 그만한 돈은 내개도 있네. 〈연세〉

　　 다. 형은 실력이 있으니까 이번 시험에 꼭 합격할 거야. 〈고려〉

(3)은 '소유하다, 지배하다'라는 권리를 나타낸다. 구체적으로 (3가)는 '그녀'가 가진 '선택권'이라는 권리를 보여준다. (3나)에서는 '내'가 '그만한 돈'을 소유하며 처리할 수 있는 권리가 있다는 것을 나타낸다. (3다)의 경우는 주어 위치에 있는 '형'이 '실력'을 갖고 있음을 알려준다. (3나)의 주어 자리에 있는 '돈'은 구체적인 것인 반면, (3가), (3다)의 주어 자리에 있는 '선택권', '실력'은 추상적인 것이다. 물론 이러한 추상화 과정은 '있다'의 의미 확장을 유발할 수 있지만 (3)에서 나타난 '있다'의 의미는 공통적으로 '소유'를 지향한다.

　도식은 어떤 상황을 지각할 때 추상적인 수준의 대략적인 구조물로 파악하는 것이라고 정의된다. (1~3) 구문에서 '있다'는 공통적으로 주어와 관련된 일정한 '관계성'을 부각한다. 이러한 관계성에 의하여 '있다'의 도식적 표상을 도출할 수 있다.25) '있다'의 도식적 표상은 '어떤 대상과 그가 존재하는 영역 간에 어떤 관계성을 지닌다는 것'으로 해석될 수 있다. 따라서 '있다'의 도식적 표상은 〈그림 14〉와 같다.

---

25) Langacker(2009: 98)는 Lyons(1967: 390)에서 제시된 '많은 심지어 모든 언어에서 '존재성'과 '소유 관계'는 '위치 관계성'에서 파생한 것이다'라는 주장에 동의하면서 Langacker(2009: 97~102)에서 '존재성', '소유 관계'와 '위치'를 나타내는 영어 표현을 논의하였다. (Lyons (1967: 390), "…In many and perhaps in all, languages existential and possessive constructions derive (both synchronically and diachronically) from locatives.")

〈그림 14〉 '있다'의 도식적 표상[26]

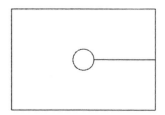

사각형은 '영역'을 표시한다.[27] 중간에 위치한 원은 '대상'을 표시한다. 직선은 '영역'과 '대상' 간에 '관계성'을 가리킨다. '관계성'을 구체화하기 위하여 '존재', '소재', '소유' 등으로 실례화 할 수 있다. '있다'의 도식적 표상은 의미들 사이의 차이점을 무시하고 공통점만 남겨둔다. 하지만 정교화나 실례화 과정을 거친 뒤에 나타나는 실례의 의미양상은 최초 도식적 표상의 특징이 약화될 수 있다. 도식은 실례보다 추상적인 표상으로, 실례화 과정에서 실례보다 상위 층위에 차지한다.[28] 의미 양상은 구체화 하면서 많은 실례가 나타날 수 있다.

---

26) <그림 14>는 Langacker(2009: 99)에서 제시된 영어에서 'existence'의 도식적 표상을 참조하였다.

27) 바탕과 영역 사이의 구별이 항상 분명한 것이 아니다. 본질적으로 그 둘 사이의 구별은 더 넓은 개념화가 의미단위에 얼마나 고유하며, 그것이 얼마나 직접적으로 관련이 있으며, 어느 정도까지 더 넓은 개념화의 양상이 명확하게 정교화되는지와 관련이 있다. 영역(domain)은 더 일반화된 '배경' 지식 형상으로서, 그것을 배경으로 개념화가 이루어진다. 바탕(base)은 고유하게, 본질적으로 그리고 의무적으로 그 표현이 환기하는 개념적 내용이다.

28) 한편, 사용기반 정립에 관해서 인지문법(CG)의 중심 주장은 용법이 마음속에 있는 문법적 표상에 영향을 미친다는 것이다. 사례 빈도와 유형 빈도에 따라 도식은 형성될 수 있다. 더욱이 사용 빈도는 고착화와 상관성이 있다. 사례 빈도는 실례의 고착화를 발생시킬 수 있다. 유형 빈도는 더 추상적인 도식의 고착화를 발생시킬 수 있다(Vyvyan·Melanie, 2006, 임지룡·김동환 옮김, 2008: 127).

3.3. '있다'의 원형의미 및 실례화

3.3.1. '존재'

'있다'는 스스로 의미가 확장될 수 없고 언어 환경에서 개념적 내용을 제공해 주는 표현과 공기(共起)해야 확장의미 양상을 나타낼 수 있다. 따라서 실제 사용되고 있는 사례를 살펴봄으로써 원형의미와 확장의미를 탐색할 수 있다.

앞서 살펴본 것과 같이 한국어 '있다'는 기본적으로 '존재', '소재', '소유' 세 가지 의미를 갖고 있는데, 이 세 가지 기본의미는 모두 일정한 '관계성'을 나타낸다. '존재'에서는 기본적으로 '사람이나 사물의 존재함'을 나타내고, '소재'에서는 기본적으로 '사람이나 사물의 위치'를 설명하고, '소유'에서는 '소유권'과 '지배 관계'를 나타낸다. 그러면 이 세 가지 의미 중 어떤 것이 더 원형적인가?

단어는 본래 고유한 의미를 지니고 있다. 다양한 문맥이나 언어환경에서 사용하면서 단순한 문맥적 변이로 포괄할 수 없을 때 의미 확장이 일어난다. 즉, 원형의미에서 확장의미가 생산되는 과정이다. 의미 확장은 원형의미의 용법을 다른 '국면'에 적용하는 결과이다. 이와 관련하여 Heine 등(1991)에서는 개념 영역의 일반적인 확장 방향은 '사람'을 중심으로 하여 '물체', '활동', '공간', '시간', '질'의 차례로 나아간다고 하였다. 따라서 '사람'과 '물체'가 '활동'보다 더 원형적이고 '활동'과 '공간'이 '질'보다 더 원형적인 것을 알 수 있다.

'존재'는 기본적으로 '사람이나 물체'를 대상으로 정의된 개념으로, 구체적인 공간 영역이 나타나지 않아도 그 의미가 실현될 수 있다. 그러나 '소재'는 '공간'의 의미가 첨가되어 정의된 개념인데, '소재'에서는 대상의 위치 정보가 반드시 규명되어야 한다. 따라서 '소재'보다 '존재'가 더 원형적인 개념이라는 것을 알 수 있다.

한편, '소유'에서 나타내는 '소유권'은 '질'의 일종으로 간주되는데, 우리는 그것을 추상적인 개념으로 인식한다. '존재 사실', '위치 관계'보다 '소유 관계'

는 더욱 추상적인 개념으로 원형의미로 볼 수 없다. 따라서 인지적 의미 확장의 방향으로 보면 '존재'를 '있다'의 원형적 의미로 간주할 수 있다.

뿐만 아니라 선행 연구에서 제기한 견해를 통해서도 '있다'의 원형의미가 '존재'임을 확인할 수 있다.

김차균(1982)는 '있'의 가장 기본적인 의미의 자질을 '존재'로 보는데, '존재'는 대상과 그 대상이 놓여 있는 장소를 필수적인 요건으로 하며, 순수한 존재 개념을 일체의 운동이 없고 사물 스스로의 변화과정도 없는 상태로 정의하였다.

김상대(1991)에서는 '있다'의 어휘적 의미 중 기본적 혹은 핵심적 의미를 존재로 보고 있다. '있다'의 품사를 '존재사'라 명명하는 입장은 의미적 측면에서만 보면 정당하다고 하였으며, '존재'는 '있다'의 대표적 의미라고 하였다.

김미영(1995)에서는 『금성판 국어대사전』, 『새우리말 큰사전』, 『조선말 대사전』, 『국어대사전』을 대상으로 하여 각 사전에 수록된 공통적인 의미 양상을 정리하였고 각 사전에 수록된 가장 기본적인 의미가 '객관적이고 현실적인 어떤 사물 또는 현상의 존재'와 '사물의 시·공간적 존재'이므로 '있다'의 원형의미를 '존재'로 보았다.

이수련(2003)에서는 『새국어 대사전』을 바탕으로 본용언 '있다'의 가장 구체적인 표현을 '존재' 표현으로 보았고 '존재'라는 의미를 의미 확장의 출발점으로 보았다. 또한, 원형의미를 나타내는 '있다'의 꼴이 'X가 있다'로 도식화된다고 하였다. 그리고 이러한 구체적인 존재는 공간적, 시간적인 배경을 필요로 하며, 그에 따라 공간, 시간 표현들과 자주 접촉하게 됨으로써 의미에 확장이 생기게 된 것이라고 하였다.

김미영·김진수(2018/2019)는 존재가 바탕이 되어야 시간과 공간 안에서 의미가 새로 생겨날 수 있고, 다른 것도 논할 수 있다고 보았다.

이상 논의를 통하여 '있다'의 원형의미를 '존재'로 보는 것이 타당하다고 본다. '존재'는 우리가 세계의 모든 것을 인식하는 기초인데, 세상에 있는 모든 것과 인류가 외부세계에 대하여 탐색하고 있는 모든 것들이 존재한다는 전제가 있어야 서로 관계되며 영향을 줄 수 있다. 사람이나 물체의 단순한 존재성을 나타내는 존재 구문에서 서술뇐 내상의 존재 영역이 모호하다.

(4)　가. 나는 신이 있다고 믿는다. 〈표준〉
　　　나. 날지 못하는 새도 있다. 〈표준〉
　　　다. 엘니뇨 현상이란 것이 있다. 〈고려〉

장미라(2005: 98)에서 (4)와 같은 문장에 대하여 언급한 바가 있다. 존재는 공간이 전제되지 않아도 실현될 수 있는데, 이는 '세상에'와 같은 잠재적인 공간을 전제한다는 것으로 설명하였다. (4)에서 주어 자리에 위치하는 '신', '날지 못하는 새', '엘니뇨 현상' 등은 그것이 존재하는 구체적인 장소를 추정할 수 없다. 구체적인 존재 영역은 명시되지 않았지만 화자와 청자 모두가 인증한 '영역'은 잠재적으로 존재한다.

3.3.2. '존재'의 실례화

인지문법(CG)에는 '도식'과 깊숙이 연관된 몇 가지 개념으로 '윤곽(profile)'과 '바탕(base)', '탄도체(trajector)'와 '지표(landmark)', '영역(domains)' 등이 있다. 이런 요소들은 자신의 정교화와 서로 간 관계의 실례화를 통하여 도식 실례화 과정을 유발하여 확장의미를 이루게 된다.

3.3.2.1. 위치 추정

앞에서 논의한 원형적인 실례는 구체적인 처소 성분이 명시되지 않았다. 고로 대상이 존재하는 사실만 알 수 있었다. 처소 성분이 명시화되면 어떤 의미로 실례화되는지 다음 예문을 통하여 알아보도록 하겠다. 구체적인 처소 성분이 명시화되었을 때와 명시화 되지 않았을 때의 의미 차이를 비교해 보자.

    (5) 가. 날지 못하는 새도 있다.

          나. 뉴질랜드에 날지 못하는 새도 있다.

(5가)는 '날지 못하는 새'가 존재한다는 것은 알 수 있지만 구체적인 존재 위치는 추정하지 못한다. '날지 못하는 새'가 이 지구 어느 곳에 존재하겠지만 '지구'라는 표현이 명시화되지 않았다. 그러나 (5나)에서 일정한 처소 성분 '뉴질랜드'를 써서 '날지 못하는 새'의 위치를 추정할 수 있게 된다. 이런 차이는 개념화자의 관찰 지점에 의하여 발생한다. 개념화자의 관찰 지점이 지구 내부에 있으면 (5가)와 같이 개념화자가 주관적인 시야로 사건을 관찰한다. 이때는 지구의 배타적인 기능은 개념화자의 일부이며 그 자체가 지각되지는 못한다. 하지만 개념화자의 관찰 지점이 바뀌어 사건의 외부에 있으면 (5나)와 같이 개념화자가 객관성을 취하여 사건을 관찰한다. 이에 사건을 구성하는 처소 성분과 존재 대상이 모두 명시화된다.

(5나)는 구체적인 존재 위치가 명시화되어 '어디에 가서 무엇을 찾을 수 있다'라는 존재 사실을 나타낸다. 이런 '관계 서술'에서 더 현저한 실체는 '날지 못하는 새'이다. 따라서 '날지 못하는 새'는 탄도체(tr)로 간주되고 덜 현저한 개체인 '뉴질랜드'는 지표(lm)로 간주된다. 동시에 지표는 참조점(reference point)의 역할을 하고 있다.[29] 개념화자가 지표를 통하여 존재 대상의 위치를 잡아주고 존재 영역을 축소시킨다.[30]

---

29) '참조점(reference point)'이라는 용어는 Langacker(2008), 나익주 등 옮김(2014)을 참조함.
30) Langacker(1987), 김종도 옮김(1999a: 228)에서는 지표는 탄도체의 위치를 잡아줄 때 참조점을 제공하는 것으로 볼 수 있다고 하였다.

(6) 가. 방 안에 사람이 있다. 〈표준〉

　　나. 책상 위에 책이 있나. 〈표준〉

　　다. 방에 꽃이 있으니까 좋다. 〈고려〉

　　라. 저쪽 너머에 논밭이 많이 있어. 〈고려〉

　　마. 내 뒤에는 경찰서가 있다. 〈세종말뭉치〉

　(6가)에서 '방 안'은 '사람' 위치의 정보를 제공해 준다. '사람'이라는 것은 구체적이지 않고 모호한 범주를 가리키는 낱말이다. 화자가 존재 대상의 위치를 파악하였으므로 청자에게 '사람'에 대한 정보를 전달할 때 청자가 다른 정보를 몰라도 존재 대상의 위치를 추정할 수 있도록 도와준다. 이것은 바로 참조점이 작용한 결과이다. (6나)에서 처소 성분 '책상 위'는 '책'의 위치를 고정해 준다. (6다)의 '방'과 (6라)의 '저쪽 너머'도 마찬가지로 존재 대상인 '꽃'과 '논밭'의 위치 정보를 제공해 준다. (6마)는 '내 뒤'라는 방위사를 참조점으로 간주하여 '경찰소'의 위치를 추정할 수 있다. 위 예문들을 통해 '위치 추정'을 하려면 항상 위치 정보를 가지고 있는 '장소사(場所詞)'와 '방위사(方位詞)'가 출현해야 함을 알 수 있다.

　처소 성분이 생김으로 인하여 원래 잠재적인 존재 영역이 명시화되어 탄도체와 지표의 관계도 긴밀해진다. Langacker(2009: 100)에서 제시된 '위치 도식(location schema)'을[31] 참조하여 '위치 추정'의 도식적 표상을 그려보면 〈그림 15〉와 같다.

---

31) Langacker(2009: 100)에서 제시된 '위치 도식(location schema)'에는 '지표'에서 '탄도체'로 향한 '점선 화살표'로 개념화자의 '추정 경로(path of search)'를 표시하였다.

〈그림 15〉 '위치 추정'을 나타내는 '있다'의 도식적 표상

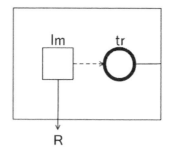

'큰 사각형'은 영역을 표시한다. '작은 사각형'은 지표(lm)를 상징한다. 지표는 참조점(R)의 역할을 담당하고 있다. '원'은 탄도체(tr)를 상징한다. 관계 서술 중의 더 현저한 개체로서 굵은 선으로 표시되어있다. '직선'은 탄도체의 존재성을 상징한다. 여기서 '점선 화살표'는 '이동' 혹은 '에너지의 전달'을 나타내는 것이 아니라 처소 성분의 등장으로 지표에서 탄도체로 가는 추정 경로(path of search), 즉 정신적 경로(mental path)를 표시한다.

3.3.2.2. 포함

'포함'이라는 것은 '어떤 것이 전체의 부분으로 존재하다'라는 것을 가리킨다. '포함'을 나타내는 구문 속 성분들은 서로 '전체와 부분'의 관계를 이룬다. 선행 연구를 살펴보면 '전체와 부분'의 의미양상에 대한 의견이 다양함을 알 수 있다.

이수련(1986)은 통사·의미론의 관점에서 '있다' 자체의 의미는 '장소', '소유', '전체와 부분', '사건 발생' 등 의미를 가진다고 보았고 의미 양상 간의 확장 관계에 대해서는 다루지 않았다. 주목할 점은, '전체와 부분'이라는 의미 양상을 '장소', '소유'와 동등하게 보았다는 것이다.

신선경(2002)은 '있다' 구문의 논항 구조를 분석하여 '전체와 부분'은 '비양도성 소유'에 속하는 것으로 보았다. 신선경(2002)에서는 '전체와 부분'을 나타내는 실례를 구분 없이 모두 '소유'로 간주하였다.

이상희(2017)에서는 '포함되다/속하다'라는 의미 양상은 '존재문'과[32] 동일한 형태를 띠지만 구문 성분 간에 서술관계를 지닌다고 보았다. 그러나 '포함되다/속하다'에 대한 상세한 분석은 없었고 개괄적으로만 언급하였다.

기존연구들을 통해 '전체와 부분'이 '있다' 구문에서 나타날 수 있는 의미 양상인 것은 확실히 알 수 있다. 하지만 '전체와 부분'을 '존재'로 볼 것이냐 '소유'로 볼 것이냐에 대한 학자들의 의견은 서로 나뉜다.

본 연구는 '전체와 부분'은 '존재'와 '소유'의 의미 양상을 모두 나타낼 수 있다고 본다. 장미라(2005)에서는 '포함되다'라는 의미 양상을 나타내는 구문에서 구성 요소(부분)과 전체의 관계는 '무정물의 부분과 전체'와 '유정물의 부분과 전체'로 구분된다고 하였다. 이런 관점은 본 연구와 비슷한 의견이지만 장미라(2005)는 문장 성분의 특징을 분석하는 것인데 본 연구는 개념화 관계로부터 고찰하는 것이다. '전체와 부분' 간에 '위치 관계'를 지니느냐 '소유권 관계'를 지니느냐에 따라 '존재'나 '소유'를 구분한다. '존재'를 나타낼 때 구문 성분들이 서로 '포함' 관계를 지니는 것으로 보고, '소유'를 나타낼 때는 구문 성분들이 '소유' 관계를 지닌다고 본다. '소유 관계'를 나타내는 '전체와 부분'은 '소유권'을 나타낸다.

(7)   가. 호랑이에게 꼬리가 있다. (신성경, 2002: 85)

(7)에서 '호랑이'와 '꼬리'는 '전체와 부분'의 관계를 지니지만 이는 '위치 관계'가 아닌 '소유 관계'를 나타낸다. 여기서 '부분'의 '소유권'이 '전체'에 있기

---

32) 이상희(2017: 47)에서 언급한 '존재문'은 '-에 -이/가 있다'라는 문형을 가리킨다.

때문에 서로 단순히 '존재 위치'를 나타내고 있는 것이 아니라 '소유 관계'를 나타낸다고 보아야 한다. 사람이나 동물은 생물학적으로 여러 골격, 근육, 혈액, 장기 기관 등 부분으로 이루어진 생명체이기 때문에 사람이나 동물의 신체는 전체이고 여러 기관 신체 부위가 부분으로 간주될 수 있다. '소유'에 대해서는 후술할 것이다(§3.5. 참조).

이 절에서 말하는 '포함'은 '존재'의 의미 실례이고 '위치 관계'을 나타낸다. '포함'을 지니는 '관계 서술'에서 '부분'은 더 현저한 개체로 탄도체가 되고 '전체'는 좀 덜 현저한 개체로서 지표가 된다. 동시에 지표는 참조점의 역할을 담당한다.

    (8)   가. 합격자 명단에는 내 이름도 있었다. 〈표준〉
            나. 일자리를 얻기 위하여 이곳에 온 사람 중에는 박사 학위를 받은 사람도 있다. 〈표준〉
            다. 이 가방에는 손잡이가 있다. 〈표준〉
            라. 이 차에는 각종 첨단 장비들이 있다. 〈표준〉
            마. 지원자 중에 영어를 잘하는 사람이 있을지 모르겠다. 〈고려〉
            바. 과일에는 사과, 배, 감, 오렌지, 따위가 있다. 〈고려〉

(8가)는 '합격자 명단'에는 여러 이름이 기록되어 있는데 그 중에 '내 이름'이 포함되었음을 말한다. '합격자 명단'은 전체이고, '내 이름'은 부분이다. 그리고 '합격자 명단'은 '내 이름'에 '소유권'이나 '지배권'이 없기 때문에 '소유'가 아니다. (8나~마)에서는 '이곳에 온 사람', '가방', '차'는 전체이고, '박사 학위를 받은 사람', '손잡이', '장비' 등은 부분이다.

한편, (8바)에서 '과일'과 '사과, 배' 등은 공간 위치관계를 나타내는 것이 아니라 개념의 층위관계를 나타낸다. '사과', '배', '감', '오렌지' 등에게 '과일'이란 것은 상위 개념이고 그들의 생물학적 개념을 인식하기 위하여 상위 개념이 참조점의 역할을 하고 있다. (8바)에서 제시된 개념적인 층위 관계도 '포함'의 실례로 간주될 수 있다. '포함'의 실례에는 실체뿐만 아니라 개념적 층위 관계도 보인다. (8)에서 주어 위치에 있는 '부분'은 탄도체가 되고, '전체'는 지표가 된다. 동시에 참조점의 역할을 한다. '포함'의 도식적 표상은 〈그림 16〉과 같다.

〈그림 16〉 '포함'을 나타내는 '있다'의 도식적 표상

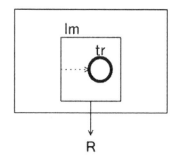

'큰 사각형'은 영역을 표시한다. '작은 사각형'은 지표(lm)를 상징한다. 지표는 참조점(R)의 역할을 담당하고 있다. '원'은 탄도체(tr)를 상징한다. 〈그림 16〉을 통하여 탄도체와 지표 간의 관계를 알 수 있다. '포함'을 나타내는 도식적 표상에서 탄도체와 지표는 서로 독립적인 것이 아니라 탄도체가 지표의 일부분이다. 지표부터 탄도체로 향하는 '점선 화살표'는 개념화자의 정신적 경로 (mental path)를 가리킨다. '포함'은 '탄도체와 지표의 실례화'에 의하여 '위치 추정'에서 확장된 실례로 간주될 수 있다.

3.3.2.3. 시간 경과

'시간 경과'는 일정한 시간을 경과하여 어느 도달점에 도달하는 것을 나타낸다. 앞서 살펴본 '위치 추정'은 기본적으로 공간 영역에서 실현되는 것인데

'시간 경과'는 공간 영역이 아닌 시간 영역에서 실현된 의미 실례다.

(9)　가. 앞으로 사흘만 있으면 추석이다. 〈표준〉

　　　나. 일주일만 있으면 방학이다. 〈고려〉

　　　다. 조금 있으니까 비가 그쳤다. 〈고려〉

　　　라. 몇 년만 있으면 21세기다. 〈연세〉

　　　마. 일주일만 있으면 모든 것이 다 밝혀지게 된다. 〈연세〉

(9)에서 '사흘', '일주일', '조금', '몇 년' 등은 시간을 나타내는 표현이다. (9가)에서 '앞으로'라는 말은 본래 공간 위치를 가리키는데 시간 영역에서는 시간이 앞으로 흘러간다는 뜻으로 미래를 지향한다. (9나~마)에는 이런 지향성분은 없지만 시간이 미래로 지향하는 것을 알 수 있다.

(9가)는 '현재 시간에서 출발하여 일정한 시간 단위인 '사흘'이 지나면 도달점인 '추석'에 도달하다'라는 것을 나타낸다. (9나)에서 방학은 '도달점'이고 (9다)에서 '비가 그치다'는 '도달점'이다. (9라), (9마)에서 각각 '21세기', '모든 것이 밝혀지다'는 '도달점'이다. (9)에서 발화 시점은 지표로 간주된다. 지표는 동시에 참조점의 역할을 하여 경과할 일전한 기간의 위치를 잡아준다.

개념화자는 발화 시점에서 일정한 기간의 위치를 추정함으로써 도달점에 대하여 상술한다. '시간 경과'란 관계 서술에 일정한 기간은 더 현저한 개체로서 탄도체가 되고 발화 시점은 참조점이 된다. 이런 관계를 도식에 투사하면 탄도체는 발화 시점(즉 참조점)부터 미래 시간으로 가는 일정한 기간이 되는데, '시간 경과'의 도식적 표상을 제시하면 〈그림 17〉과 같다.

<그림 17> '시간 경과'를 나타내는 '있다'의 도식적 표상

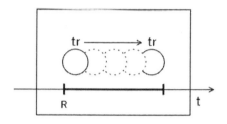

't'는 시간 영역을 표시한다. 시간 축에서 굵은 선분(線分)은 경과할 '일정한 시간'을 가리킨다. '참조점'은 발화 시작점의 위치에 있는데[33] 이점에서 '시간 경과'와 '위치 추정'의 차이를 알 수 있다. '공간적 위치 추정'의 지표는 명시화 되어야 한다. 반면, '시간 경과'에서 지표는 명시화 되지 않는다. 그 이유는 발화하는 시점이 참조점의 역할을 하기 때문에 개념화자가 주관적인 시야를 취하고 발화할 때 발화 시점은 지각의 일부가 되어 명시화하지 않는다.

한편, '위치 추정'에서 '시간 경과'로 확장하는 과정에서 추상화가 보인다. 인간들이 외부 세계를 인지할 때 근원 개념은 기본적으로 구체적인 사물, 위치, 공간이고 신체부위 용어, 물리적 상태나 과정을 표현하는 동사들부터 인지하는 경향이 강하다고 한다(Vyvyan · Melanie, 2006, 임지룡 · 김동환 옮김, 2008: 759).

또한, Traugott(1978)는 '공간'이란 개념은 '시간'이란 개념보다 더 구체적인 영역이며, 많은 언어의 변화에서 알 수 있듯 '시간'이란 개념은 '공간'이란 개념에서 전이된 경우가 많다고 제시하였다. 임지룡(2017: 243)에서 제시된 의미 확장 양상에 따르면 의미는 '공간→시간→추상'으로 가는 추상화 과정에 의하

---

33) 시간 축을 수평으로 본다면, 한국어와 중국어에서 시간에 대한 인식은 모두 '현재'의 '오른쪽'은 '미래'고, '왼쪽'은 '과거'다.

여 확장된다. 의미 확장의 기준점은 보통 '공간'인데, 이는 우리가 가장 쉽게 지각할 수 있는 범주이며, '공간'을 바탕으로 시간성, 추상성으로 진행된다. 따라서 '영역의 추상화'에 의하여 '위치 추정'에서 '시간 경과'로 확장해나간다.

3.3.2.4. 신분, 지위

'신분, 지위'를 나타내는 '있다' 구문은 '일정한 신분이나 지위를 갖고 있는 대상이 존재함'을 보여준다.

(10) 가. 우리 언니는 시청에 임시 공무원으로 있다. 〈고려〉

나. 집안에 분란이 생겼을 때에도 오빠는 늘 방관자로 있었다. 〈연세〉

다. 문득 읍사무소 공무원으로 있는 형 생각이 났다고 한다. 〈물결 21〉

라. 고려대 국문학과 교수로 있는 저자가 한국고전시가를 정리하고 그 구성 원리를 규명했다. 〈물결 21〉

마. 그는 대기업의 과장으로 있다. 〈표준〉

바. 앞으로 얼마나 더 노처녀로 있어야 하는지 걱정이다. 〈표준〉

(10)은 세 가지 유형으로 세분화할 수 있다. 하나는 (10가), (10나)와 같이 문장에서 처격 조사 '-에/-에서'로 표기된 명시화된 지표가 인지적 참조점의 역할을 하는 유형이고, 다른 하나는 (10다~마)와 같이 문장에 처소격 조사 '-에'로 표기된 처소 성분은 없지만, '읍사무소 공무원'과 같은 '정교화 성분'에서 처소 성분이 나타나는 유형, 그리고 마지막 하나는 (10바)와 같이 문장에 처소 성분이 없는 유형이다. 이 세 가지 유형의 공통점은 대상이 정교화되었다는 것이다.

(10가)에서 처소 성분 '시청'은 지표가 된다. '임시 공무원'은 대상의 정교화 성분으로 볼 수 있다. (10나)에서 처소 성분 '집' 뿐만 아니라 시간 성분 '분란이 생겼을 때'도 지표이며 참조점의 역할을 한다. '방관자'라는 표현은 대상의

정교화 성분으로 볼 수 있다.

(10다)는 정교화 성분인 '읍사무소 공무원'에 '읍사무소'라는 처소 성분이 나타난다. (10라)는 정교화 성분인 '고려대 국문학과 교수'에서 '고려대 국문학과'라는 처소 성분이 포함되어 있다. (10마)는 '대기업의 과장'이라는 정교화 성분에 '대기업'이라는 처소 성분이 포함되어 있다. (10다~마)와 같이 참조점 역할을 담당하는 '지표'가 문장에서 처소격 조사로 표기되지 않아도 대상의 정교화 과정은 일어날 수 있다. 또한, (10바)에는 명시적인 처소 성분이나 정교화 성분에 포함된 처소 성분이 없지만 대상의 정교화는 여전히 실현되고 있다.

(10)을 통하여 '신분, 지위'를 나타내는 구문은 '정교화 성분+-(으)로"를 사용하여 대상을 상술한다는 것을 알 수 있다. 『표준』에 수록된 '로6'의 성격은 '조사'이고, '조사'로 쓰이는 '-(으)로'의 용법이 다양하다. 그 중에 '지위나 신분 또는 자격을 나타내는 격 조사'라는 용법이다. '신분, 지위'를 나타내는 '있다' 구문에서 '신분, 지위'를 의미하는 정교화 성분이 뒤에 '-(으)로'를 붙여 같이 나타나는 것이 일반적이다.

그리고 '신분, 지위'를 나타내는 '있다' 구분 내 처소 성분의 명시화 여부는 탄도체의 정교화에 영향을 주지 않는다는 것도 알 수 있다. 즉, '신분, 지위'의 도식적 표상에서 정교화된 존재 대상은 더 현저한 부분으로 탄도체가 되고 명시적인 처소 성분은 필수 조건이 아니다. '신분, 지위'의 도식적 표상은 〈그림 18〉과 같다.

<그림 18> '신분, 지위'를 나타내는 '있다'의 도식적 표상

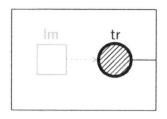

'사각형'은 영역을 표시한다. '원'은 문장에서 더 현저한 부분인 탄도체를 표시하고 안에 있는 사선(斜線)은 탄도체의 정교화를 상징한다. 회색으로 표시된 부분은 처소 성분인 지표다. 이 부분은 명시화되지 않아도 전체 의미에 영향이 없다. '신분, 지위'는 '존재'에서 '탄도체의 정교화'에 의하여 확장된다.[34]

3.3.2.5. 출현, 발생

앞서 살펴본 '탄도체'의 실례들은 기본적으로 '존재성'을 갖고 있다. 즉, 이미 존재하는 대상을 묘사하는 실례들이다. 더 나아가 '존재'하기 전 '무(無)'에서 '유(有)'로 가는 과정도 '존재'의 일부분으로 볼 수 있다.

장미라(2005: 103)에서는 '발생하다' 구문은 '존재하다' 구문과 동일한 통사구조를 가진다고 보았다. 개념적으로 발생은 존재와 매우 유사하나, '발생하다'는 존재하기 전 상태에 대한 인식이 함께 나타남으로 해서 상태의 변화를 나타낸다는 면에서 차이가 있다고 제시하였다. 다음 예문을 통하여 차이의 구체적인 내용과 그것이 발생 원인을 파악해볼 수 있다.

---

34) 앞서 살펴본 바와 같이, 탄도체와 지표의 관계 실례화, 영역의 추상화 등은 의미 확장에 큰 영향을 주는 요인이다. 여러 요소 간 상호작용으로 인한 의미 확장에 비하여 탄도체의 정교화에 의한 의미 확장은 훨씬 더 경제적이다.

(11) 가. 방 안에 사람이 있다. 〈표준〉

　　　나. 이후에 아낙사고라스라고 하는 사람이 있습니다. 〈물결 21〉

　(11가)의 '사람'은 이미 존재한 대상으로 서술된다. 그러나 (11나)에서는 '아
낙사고라스라고 하는 사람'이 원래 존재하지 않았는데 어느 시점부터 존재한
다는 과정을 보여준다. 즉, '출현, 발생'을 나타내는 구문의 대상은 '무(無)'의
상태에서 '유(有)'의 상태로 가는 전체 과정이 서술된다. 이것은 문장에서 '이
후에'라는 시간 성분이 작용한 결과로 볼 수 있지만 더 근원적인 원인을 찾으
면 개념화자의 관찰 방식과 관련이 있다.

　개념화자의 관찰 지점이 정지되어 있으면 그것은 개관 방식(synoptic
mode)이고, 관찰 지점이 이동할 때 그것은 순차 방식(sequential mode)이라
고 정의한다(Vyvyan · Melanie, 2006, 임지룡 · 김동환 옮김, 2008: 564).

(12) 가. 개관 방식:

　　　　Lily had seen some houses through the window of the ambulance.

　　　　(릴리는 구급차의 창을 통해서 몇몇 집을 보았다.)

　　　나. 순차 방식:

　　　　Lily kept seeing houses through the window of the ambulance.

　　　　(릴리는 구급차의 창을 통해서 계속해서 집을 보았다.)

　이 개념을 활용하여 앞서 살펴 본 예문을 분석해보면, (12나)는 개념화자가
순차 방식으로 대상을 관찰하여 서술하였고, (12가)는 개념화자가 개관 방식
으로 대상의 한 국면(존재함)을 묘사했음을 알 수 있다. (12나)의 경우 개념화
자가 시간의 흐름에 따라 서술 대상이 출현하는 과정을 순차 방식으로 관찰을
한 것이다. 이를 통해 개념화자가 장면을 관찰하는 방식에 따라 언어적 표현
이 달라지고 의미도 실례화 된다는 것을 알 수 있다.

(13) 가. 어머니는 며느리에게 태기가 있다고 무척 기뻐하셨다. 〈표준〉

나. 만일 너에게 무슨 일이 있게 되면 바로 연락해라. 〈표준〉

다. 여태 안 오는 걸 보면 무슨 일이 있는 게 틀림없어. 〈고려〉

라. 지난 일 년 동안 열두 건의 크고 작은 항공기 사고가 있었다. 〈연세〉

마. 이 후에 아낙사고라스라고 하는 사람이 있습니다. 〈물결 21〉

(13가)는 태기가 생겨서 발화 시점에 존재함을 서술한다. (13나)는 개념화자가 가설을 통하여 '무슨 일이 발생함'을 보여준다. (13다)는 개념화자가 추측을 통해서 '무슨 일이 발생함'을 보여준다.

한편, '출현, 발생'은 시제와 관계없이 과거, 현재, 미래 시제에서 모두 실현될 수 있다. (13나)는 '무슨 일'은 미래의 시간에 발생할 가능성이 있다는 것을 보여준다. (13라)는 과거에 '사고'가 이미 발생했다는 것을 보여준다. (13)을 통해 '출현, 발생'을 나타내는 '있다' 구문에서 서술 대상은 '무(無)'에서 '유(有)'까지 가는 과정을 거쳐 과거 혹은 발화 시간에 실제적으로 존재함을 나타낼 수 있고, 또한 개념화자가 '가설, 추측'을 통하여 대상이 미래 시간에 출현함을 나타낼 수 있다.

'출현, 발생'은 대상이 '무(無)'의 상태에서 '유(有)'의 상태로 가는 과정을 명시화하여 '유(有)'의 상태에 대상이 존재함을 나타낸다. 이런 관계 서술에 현저한 개체는 '서술 대상'이 된다. '출현, 발생'의 도식적 표상은 〈그림 19〉와 같다.

〈그림 19〉 '출현, 발생'을 나타내는 '있다'의 도식적 표상

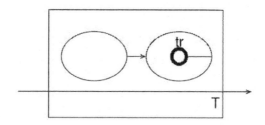

큰 사각형은 서술 대상이 출현하는 영역을 상징한다. 'T'는 시간을 가리킨다. 왼쪽에 있는 '타원'은 그 시점에 대상이 출현하거나 발생하지 않는 상태를 표시한다. 오른쪽에 있는 '타원'은 그 시점에 대상이 이미 출현하여 발생한 상태를 표현한다. 굵은 선으로 표시한 것은 출현하거나 발생한 대상이고 윤곽 부여된 부분이다. 오른쪽 '타원'에서 '직선'은 그 시점에 대상이 존재함을 표시한다. 둘 '타원'의 가운데에 있는 '직선 화살표'는 '출현, 발생'의 과정을 나타낸다.

3.3.3. '존재'의 의미망 조직

지금까지 '있다'의 원형의미 '존재'에서 확장된 여러 의미의 실례들과 그 것의 도식적 표상을 살펴보았다. 도식 단위와 더 풍부하게 서술되는 실례 단위는 서로 수직적인 관계를 유지한다. Langacker의 망조직(network) 모형에 의하여 '존재'에서 실례화된 의미들이 나타내는 망조직을 도식화 해보면 〈그림 20〉과 같다.

〈그림 20〉 '존재'를 나타내는 '있다'의 의미망 조직

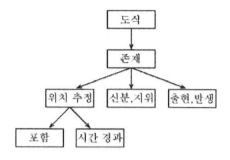

〈그림 20〉을 통하여 '존재'의 실례들 간의 관계성과 층위를 알 수 있다. 먼저, '존재'는 도식의 원형실례이다. 개념화자가 장면을 관찰하는 관점이 변화함에 따라 참조점이 명시화되면서 '위치 추정'의 의미로 실례화 된다. 다시 '위치 추정'의 도식에서 '탄도체와 지표'의 관계 실례화'에 의하여 '포함'의 의미로 실례화 된다. 또 '영역의 추상화'에 의하여 '시간 경과'의 의미로 실례화 된다.

또한, '존재'에서 '탄도체의 정교화'에 의하여 '신분, 지위'의 의미로 실례화된다. '개념화자의 관찰방식(원근법)'에 의하여 '출현, 발생'의 의미로 실례화된다. 다음으로 '존재'에서 실례화된 의미와 확장 방식을 정리하면 〈표 4〉와같다.

〈표 4〉 '존재'를 나타내는 '있다'에서 실례화된 의미와 확장 방식

실례화	의미	확장 방식
1차 실례화	위치 추정	개념화자의 관점(원근법)
	신분, 지위	탄도체의 정교화
	출현, 발생	개념화자의 관찰방식(원근법)
2차 실례화	포함	탄도체와 지표의 실례화
	시간 경과	영역의 추상화

3.4. 확장의미 '소재' 및 실례화

3.4.1. '소재'

앞서 살펴본 '존재'는 대상의 존재성을 강조한다. 존재 대상의 위치를 추정하기 위하여, 참조점의 역할을 하는 지표를 통해 존재 대상의 위치 범위를 축소한다. 이때는 '처소 성분'이 필수적이다. 그러나 '존재'에서 실례인 '신분, 지위', '시간 경과' 등에 있어서 '처소 성분'은 필수 조건이 아니다.

Langacker(2002)에서 제시된 망조직(network) 모형에 의하면, 원형의미는 개념화 과정을 거쳐 의미가 확장된다. '소재'는 '있다'의 도식적 표상에서 보여주는 '관계성'의 또 다른 실례이다. '존재'와 달리, '소재'는 '위치성'을 강조하므로 모든 실례화된 의미에서 '처소 성분'이 필수적이다.

    (14)   가. 책이 있다.

                나. 책상 위에 있다.

(14가)는 '책'의 존재성을 분명히 보여주는 '존재' 구문이다. 그런데 (14나)와 같은 구문은, 특정한 언어 환경에서는 의사소통이 가능하나, 언어 환경을 고려하지 않으면 존재 대상이 무엇인지 알 수 없다. 단, 그것의 위치는 파악할 수 있다. 즉, (14나)는 '어떤 대상'의 '위치'를 설명하는 것이다.

    (15)   가. 책상 위에 책이 있다.

                나. 책은 책상 위에 있다.

(15가)와 (15나)는 같은 장면을 서술하는 문장이다. 다만, 개념화자의 관찰지점 차이로 인해 언어적 표현이 달라진 것이다. (15가)는 앞서 살펴본 '위치 추정'의 실례이다. 처소 성분 '책상 위'는 참조점의 역할을 하여 존재 대상인

'책'의 위치를 확정해준다. 이와 달리 (15나)는 이미 대상의 존재성을 전제로 하여 그 위치 정보를 설명하고 있다. (15)와 관련 있는 질문을 통하여 다시 살펴보면, 개념화자의 관찰 지점과 관찰 지향을 명확히 파악할 수 있다.

(16) 가. 책상 위에 무엇이 있어요?
      나. 책상 위에 책이 있어요.

(17) 가. 책은 어디에 있어요?
      나. 책은 책상 위에 있어요.

(16)의 처소 성분 '책상 위'는 개념화자가 장면을 묘사하는 시작점이고, 개념화자의 관찰 지향은 '책'이다. (17)의 경우, 개념화자가 장면을 묘사하는 시작점은 존재 대상인 '책'이고 관찰 지향은 '책상 위'이다.

관찰 지향은 시야의 축에 대한 배열과 관련이 있다. 관찰 대상의 배열은 그가 개념화자의 의식에서 활성화된 시기와 관련이 있다. 즉, 개념화자의 관찰 지향의 배열 방식은 그가 관찰하는 대상의 정보성에 의하여 결정된다. 관찰 지향의 변화는 서술 방식의 변화와 의미 변화를 유발한다. 언어의 정보 조직 원리에 의하면, 인지적으로 먼저 활성화된 정보는 '구정보(old information)'이고, 나중에 활성화되는 정보는 '신정보(new information)'이다.[35] 이런 정보성 특징은 한국어 '있다' 구문뿐만 아니라 중국어 '在'와 '有' 구문에서도 나타난다. 중국어 '在'와 '有' 구문 성분의 정보성 특징에 대하여는 제4장, 제5장에서 다룰 것이고, 한국어 '있다'와 중국어 '在'와 '有' 구문 성분의 정보성 특징의 대조 분석은 제6장에서 다룰 것이다.

---

35) 윤평현(2013)은 발화시 청자의 의식 속에 존재하느냐 그렇지 않느냐에 의해서 신정보와 구정보를 구별한다. 沈家煊(1999)은 사물의 친숙성과 생소성으로 구정보와 신정보의 개념을 정의하고 있다.

(16)에서는 개념화자가 '책상 위'를 관찰 지점으로 하여 '책'으로 가는 관찰 지향이 일어난다. 처소 성분은 구정보이고 존재 대상은 신정보이다. 반면, (17)에서는 개념화자가 '책'을 관찰 지점으로 하여 '책상 위'로 가는 관찰 지향이 일어난다. 이때 존재 대상은 구정보이고 처소 성분은 신정보이다. 윤평현 (2013: 217)은 한국어 정보 표지로서의 조사 '이'와 '은'에 대하여 언급하였다. 신정보에는 주격조사 '이'가 결합되고 구정보에는 보조사 '은'이 결합되는 것이 일반적이라고 제시하였다.36) 이를 통하여 (16)과 (17)의 처소 성분과 존재 대상의 정보성을 확인할 수 있고 개념화자의 관찰 지점으로 인한 의미 변화의 합리성을 검증할 수 있다.

3.4.2. '소재'의 실례화

3.4.2.1. 위치 설명

앞서 살펴본 바와 같이 개념화자의 관찰 지점의 변화로 인해 의미 변화가 발생한다. 다음 구문을 통하여 '위치 설명'의 의미 특징을 살펴보고자 한다.

(18) 가. 내가 갈 테니 너는 학교에 있어라. 〈표준〉
　　　나. 사무실은 서울 강남에 있다. 〈세종말뭉치〉
　　　다. 어머니 묘는 분당 가는 길 '남서울공원묘지'에 있다. 〈물결 21〉
　　　라. 대전지역 모든 정보는 이곳에 있다. 〈세종말뭉치〉
　　　마. 논쟁의 중요 포인트는 이 반론에 있다. 〈물결 21〉

(18가)에서는 대상 '너'의 존재성을 전제로 하여 존재 대상이 위치하는 처소

---

36) 박영순(2007: 208)도 같은 견해를 제시하였다. 구정보는 대체로 '는'이 붙고, 신정보는 '이'가 붙으며, 주제어는 문두에 오고 조사 '는'을 취한다고 하였다.

에 대하여 설명하였다. (18나)와 (18다)에서 서술된 대상은 '사람'이 아니고 '사무실', '어머니 묘'와 같은 사물이다. 이 두 구문에서는 대상이 소재하는 위치에 대하여 묘사하였다. (18라), (18마)에서 서술된 대상은 '실체'가 있는 것이 아니고 '정보', '포인트'와 같은 추상물이다. 실체가 없는 대상이라도 그것의 추상적인 위치에 대한 서술이 가능하다.

(18)에서 '있다'는 존재 대상의 위치성을 부각한다. '위치 설명'은 '무엇이 어디에 위치하다'라는 소재 관계를 나타낸다. 이런 관계 서술에서, 존재 대상은 더 현저한 개체로서 탄도체로 간주되고 처소 성분은 좀 덜 현저한 개체로서 지표로 간주된다. 개념화자는 탄도체의 존재성을 전제로 하여 탄도체의 위치를 설명한다.

앞서 설명한 바와 같이 '위치 추정'과 '위치 설명'은 같은 장면을 묘사하는 것이다. 다만, 개념화자가 다른 관점으로 묘사함으로써 관찰 지점이 달라지고 언어적 표현의 차이가 생겨난 것이다. 개념화자의 시각이 투입되는 무대 도식을 통하여 이러한 차이를 확인할 수 있다.

〈그림 21〉 '위치 설명'을 나타내는 '있다'의 무대 도식

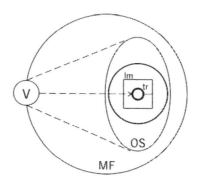

〈그림 21〉에서, 'V(Viewer)'는 관찰자, 즉 개념화자이고, 'MF(Max Field)'는 관찰자의 시야가 도달할 수 있는 전체범위를 가리킨다. 'OS(Onstage Region)'는 시각적 주의의 소재지를 의미하며, '점선 화살표'는 개념화자의 관찰 지향(vantage orientation)을 가리킨다. '직선'은 탄도체와 지표의 위치관계를 표시하는데, '직선'은 탄도체가 지표가 의미하는 위치에 존재한다는 것을 나타낸다.

'위치 추정'의 도식적 표상과 비교해 보면, '존재'의 실례인 '위치 추정'과 '소재'의 실례인 '위치 설명'의 개념화 과정에서 개념화자가 주목하는 초점이 다르다. '위치 추정'은 처소 성분을 통하여 존재 대상의 존재성을 높이고 그 존재를 재차 검증하는 것이다. 개념화자의 심리적 경로는 지표에서 탄도체로 향한다. 반면, '위치 설명'은 미리 서술 대상의 존재성을 전제로 하여 그의 위치를 설명하는 것이다. 개념화자의 관찰 지향은 탄도체에서 지표로 향한다.

3.4.2.2. 체류

'체류'는 '머무르다', '지내다'의 뜻이다. 이것은 '유정물이 어떤 특정한 장소에 머물거나 생활하다'를 의미한다.

(19) 가. 그녀의 동생은 미국에 있다. 〈고려〉
      나. 나는 그냥 집에 있겠다. 〈연세〉
      다. 그는 내일 집에 있는다고 했다. 〈표준〉

(19가)에서 처소 성분인 '미국'은 사람이 잠시 머물 수 있거나 거기에서 생활할 수 있는 장소이므로 의미 파악 시 문맥을 고려해야 한다. (19가)에서 '있다'는 '머무르다' 또는 '지내다'의 뜻을 나타낼 수 있다. (19나)는 서술 대상 '나'가 '어디에도 안 가고 집에 머물 것이다'라는 뜻을 나타낸다. (19다)는 서술 대상 '그'가 '내일 집에 머물 것이다'라는 것을 의미한다.

위의 예를 통하여 '체류'를 나타내는 경우, 서술 대상은 사람이나 동물과 같은 유정물이어야 하고, 처소 성분은 유정물이 일정한 시간 내에 머물 수 있는 장소가 출현해야 한다는 것을 알 수 있다.

'체류'를 나타내는 관계 서술에서도 서술 대상은 더 현저한 개체로서 탄도체가 되고 처소 성분은 지표가 된다. 개념화자의 관찰 지향은 탄도체에서 지표로 향한다.[37] '위치 설명'에서 '탄도체와 지표의 실례화'에 의하여 '체류'의 의미로 확장된다.

3.4.2.3. 근무

'근무'는 '유정물이 어느 직위나 어떤 직장에 일을 한다는' 것을 의미한다.

(20)　가. 그는 철도청에 있다. 〈표준〉

　　　나. 그 친구는 국방부의 요직에 있는 사람이다. 〈고려〉

　　　다. 딴 데 한눈팔지 말고 그 직장에 그냥 있어라. 〈표준〉

　　　라. 남편이 제약 회사에 있어서 약 걱정은 안 하는 터였다. 〈연세〉

　　　마. 은행에 있으니 대출 좀 받게 해 줄 수 없느냐는 사람도 많았다.

　　　　　　　　　　　　　　　　　　　　　　　　　　　　　〈연세〉

(20가)의 처소 성분인 '철도청'은 서술 대상이 일하는 직장을 가리킨다. (20나)의 처소 성분인 '국방부의 요직'은 서술 대상의 직장과 직위를 동시에 나타낸다. (20다)에서는 화자가 명령문의 형식으로 청자에게 발화하는 상황이므로

---

37) 실제 언어 환경에서 '체류'의 뜻을 나타내는 구문이 많이 발견되었다. 그중, '할머니가 소리치자 삼촌 방에 있던 허석이 나와서… <새의 선물>'과 같은 구문이 있다. 이 문장의 '있다'도 '체류'라는 의미를 나타내지만 '있다'는 '삼촌 방에 있던…'이라는 관계관형절로 안겨 있는 문장에 출현하므로 인지 과정은 따로 분석할 필요가 있다. 이에 본문에서는 다루지 않는다. Langacker(1987), 김종도(1999b: 451)는 이런 구문의 유형은 '종속접속 (subor-dination)'에 속한다고 하였다.

주어가 생략되었다. (20다)의 처소 성분 '그 직장'은 문장의 서술 대상인 청자가 지금 다니고 있는 직장을 가리키며, '있다'는 '일하다, 근무하다'라는 뜻을 나타낸다. (20라)의 처소 성분 '제약 회사'는 서술 대상이 지금 일하는 곳을 가리킨다. (20마)에서 서술 대상은 화자이고, 화자가 은행에서 일하다'라는 것을 나타낸다. 위의 예를 통하여 '근무하다'를 나타내는 '있다' 구문에 '근무하는 장소'를 의미하는 처소 성분이 필수 성분으로서 반드시 출현해야 한다는 것을 알 수 있다.

앞서 살펴본 '존재'에서 확장되는 '직위, 신분'이라는 의미의 실례에서는 대상의 '존재성'을 강조하므로 '직장'을 의미하는 처소 성분이 필수 성분을 요구하지 않는다. 반면, '소재'에서 확장되는 '근무'라는 의미 실례에서는 '직장'을 의미하는 처소 성분을 요구한다.

또한, '근무'를 나타내는 관계 서술에서 서술 대상은 더 현저한 개체로서 탄도체로 간주되고 처소 성분은 지표로 간주된다. 개념화자의 관찰 지향은 탄도체에서 지표로 향한다. '위치 설명'에서 '탄도체와 지표의 실례화'에 의하여 '근무'의 의미로 확장된다. 따라서 '근무'의 무대 도식을 제시하면 〈그림 22〉와 같다.

〈그림 22〉 '근무'를 나타내는 '있다'의 무대 도식

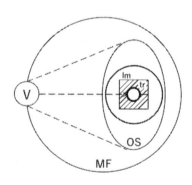

'점선 화살표'는 개념화자의 관찰 지향(vantage orientation)을 표시한다. 작은 '원형'은 탄도체를 표시하고, '사각형'은 지표를 상징하고, '검은 색 사선(斜線)'은 '지표의 실례화'를 상징한다. '직선'은 탄도체가 지표가 의미하는 위치에 존재한다는 것을 나타낸다.

3.4.2.4. 어떤 상황이나 처지에 놓임

'위치 설명'은 기본적으로 공간 영역에서 실현된다. '어떤 장소에 위치하다'에서 '어떤 상황이나 처지에 놓임'으로 확장하는 과정에서 '추상화'를 동반한다.

(21) 가. 그 일은 현재 진행 중에 있다. 〈표준〉
      나. 도로 정비 공사가 마무리 단계에 있다. 〈고려〉
      다. 공업용원자재들의 국제 가격의 오르는 추세에 있다. 〈연세〉
      라. 현재 이 가게들은 집주인과 협상 중에 있다. 〈세종말뭉치〉
      마. 비록 현 노동조직이 국민경제를 포괄하기 어려운 상황에 있다.
                                              〈세종말뭉치〉

(21가)에서는 서술 대상 '그 일'이 진행 상황에 놓여 있음을 보여준다. (21나)에서는 서술 대상 '도로 정비 공사'가 마무리 상황에 놓인 것을 나타낸다. (21다)에서는 서술 대상 '가격'이 오르는 상황에 대하여 묘사한다. (21라)의 경우, 서술 대상은 '가게의 주인'인데 '가게들'로 대신하여 문장의 주어를 담당하고 있다. (21라)에서는 서술 대상이 '협상 중'이라는 상황에 놓인 것을 나타낸다. (21마)도 마찬가지로 서술 대상 '노동조직'이 어려운 상황에 놓인 것을 나타낸다.

'위치 설명'은 기본적으로 공간 영역에서 실현되는 것이고 '어떤 상황이나 처지에 놓임'은 추상적인 영역에서 실현되는 것이다. (21)에서는 서술 대상이 놓인 추상적인 영역(상황이나 처지)에 대하여 설명한다. (21)과 같이, '사람',

'사물' 등 실체가 있는 것과 '사건', '조직' 등 실체가 없는 추상물이 모두 서술 대상이 될 수 있다. '어떤 상황이나 처지에 놓임'은 '영역의 추상화'로 인하여 '위치 설명'에서 확장된 의미이다.

3.4.3. '소재'의 의미망 조직

지금까지 '소재'의 실례화 양상을 모두 살펴보았다. '있다'는 '존재'에서 '소 재'로 확장되고 '소재'는 또 다시 여러 의미 실례를 나타낸다. '소재'의 의미망 조직은 〈그림 23〉과 같다.

〈그림 23〉 '소재'를 나타내는 '있다'의 의미망 조직

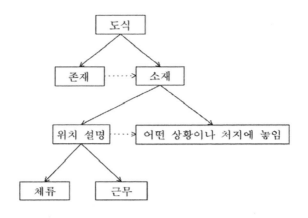

'소재'에서 확장된 의미 실례는 '위치 설명', '체류', '근무', '어떤 상황이나 처 지에 놓임' 등이 있다. '어떤 상황이나 처지에 놓임'는 '소재'의 실례이며 '위치 설명'에서 확장된다.

한편, '위치 설명'은 '개념화자의 관점(원근법)'에 의하여 실례화된다. '위치 설명'에서 '탄도체와 지표의 실례화'에 의하여 '체류'와 '근무'가 나타난다. '어 떤 상황이나 처지에 놓임'은 '소재'의 실례이며 '위치 설명'에서 '영역의 추상화'

에 의하여 확장된다. '소재'에서 실례화된 의미와 확장 방식을 정리하면 〈표 5〉와 같다.

〈표 5〉 '소재'를 나타내는 '있다'에서 실례화된 의미와 확장 방식

실례화	의미	확장 방식
1차 실례화	위치 설명	개념화자의 관점(원근법)
	어떤 상황이나 처지에 놓임	영역의 추상화
2차 실례화	체류	탄도체와 지표의 실례화
	근무	탄도체와 지표의 실례화

3.5. 확장의미 '소유' 및 실례화

3.5.1. '소유'

'소유'는 '있다' 도식의 또 다른 실례이다. '소유'라는 개념으로 부호화된 관계들은 다양하다. 예를 들어, '나의 옷', '영이의 얼굴'에서와 같이 격조사 '의'로 실현된 소유와 '나에게 1000원이 있다'와 같이 서술어 '있다'에 의해 실현된 소유가 있다. 이 장에서 논의하고자 하는 '소유'는 '있다' 구문에서 실현된 '소유 관계'이다.

'소유'를 나타내는 '있다' 구문에서는 '소유자'와 '소유물'의 관계를 강조한다. '소유자'와 '소유물'의 관계가 성립되기 위한 결정적인 요소는 바로 '소유권'이다. Langacker(2009)에서는 '소유권'에 대하여 다음과 같이 기술하였다.

"It seems fairly evident that ownership, kinship, and whole/part relationships are prototypical for possessive constructions, with ownership arguably being more central than the others.(Taylor, 1996) These are the kinds of notions that I identify as conceptual archetypes-fundamental aspects of everyday experience which are cognitively basic and apprehended as gestalts despite their analytical complexity." Langacker(2009:82)

'소유권', '친족관계' 및 '전체/부분' 관계는 소유 구조의 원형이다. 소유권이 다른 관계보다 더 중심적이라는 것은 상당히 명백해 보인다(Taylor, 1996). 필자가 생각하는 원형의 개념에 대한 이해는 일상 경험의 기본적인 측면을 다루고 있는데, 이러한 일상 경험들은 분석적으로는 복잡하지만 인지적으로는 기본이며, 게슈탈트로 이해된다는 뜻이다.

따라서 소유권은 소유 구조의 중심적인 개념으로서 의미 확장의 기초가 된다. Jackendoff(1983: 191)에서 소유자와 소유물의 관계의 긴밀성에 따라 소유권(ownership)을 나타내는 구문과 임시 관리권(temporary control)을 나타내는 구문으로 나누었다. 이러한 임시 관리권을 나타내는 구문은 '소유' 구문에 속할 수 있는지 논의할 여지가 있다고 본다.

(22)　　가. 나에게 1000원이 있다. 〈표준〉
　　　　나. 그녀에게 선택권이 있다. 〈표준〉

(23)　　가. 철수에게 내 책이 있다. 〈신선경2002: 83〉
　　　　나. 작은 아버지께 아버지의 땅 문서가 있다. 〈신선경2002: 83〉

(22가)와 (22나)는 '소유권'을 나타내는 소유 구문이다. (22가)에서 소유자 '나'는 소유자이고 '1000원'은 소유물이다. 소유자는 소유물을 지배할 권리를

가진다. (22나)에서 소유자는 '그녀'이고 소유물은 '선택권'이다. 소유자가 소유물을 실행하거나 포기할 권리를 가진다.

(23)과 같은 구문은 '임시 관리권'을 나타낸다. (23가)에서 '임시 관리권'을 이루는 두 가지 개체는 '철수'와 '책'이다. 만약 이러한 '임시 관리권'을 '소유 관계'로 보게 되면 '철수'가 소유자로서 소유물 '책'을 지배하거나 양도할 수 있는 권리를 가진다. 그러나 (23가)에서는 '내 책'이라는 관계절로 '책'에 대한 '소유권'이 이미 명시화된 상태에서 '철수'와 '책'이 '소유 관계'가 있다고 하면 타당하지 않다. (23나)도 마찬가지다. '아버지의 땅 문서'라는 관계절을 통해서 '아버지'와 '땅 문서'간 소유 관계가 확립되는 것을 알 수 있다.

(23)에서는 존재 대상에 대한 '위치 추정'을 나타낸다. 격조사 '-의'에 의하여 이루어지는 관계절에서는, '소유 관계'가 이미 확립된 상태에서 문두에 있는 임시 관리자는 '소유자'로 간주할 수 없다. 오히려 일종의 위치 성분으로 개념화자가 존재 대상에 접근할 때 작용한다. 따라서 본 연구에서는 '임시 관리권' 구문은 '위치 추정'의 일종의 실례로 간주하는 것이 타당하며 소유 관계의 기초가 '소유권'이라고 본다.

한편, Langacker(1987), 김종도 옮김(1999b: 186)에서는 소유자/소유물은 탄도체/지표 배열과 서로 다르다고 강조하였다.

'소유자/소유물'은 우리의 심리적 경험에 근본적인 것이며 이상화된 인지모형의 주요 역할, 즉, 참조점과 목표에 의하여 특징이 명시화된다. 단순한 언어 표현이 아니므로 이 모형에는 개념화자가 다른 개체와 심리적 접촉이 이루어지는 과정에서 다른 개념화 개체를 호출하는 일반적인 경험을 반영한다. 이러한 경험을 '참조점 능력'이라고 한다. Langacker(2009: 82)에서는 '참조점 능력'에 대하여 다음과 같이 해석하였다.

The reference point ability is our capacity to invoke one conceived entity as a means of establishing mental contact with another ⋯ A reference point relationship is thus a matter of sequenced mental access, where directing attention to R makes it possible to then direct attention to T.

'참조점 능력'은 하나의 개념 실체와 정신적 접촉을 확립하기 위하여 다른 실체를 호출할 수 있는 능력이고 ⋯ 참조점 관계는 순차적인 목표 접근의 문제로, R에 집중하는 것이 먼저이다. 이를 통해 T에 집중하는 것이 실현될 수 있다.

여기에서 'R'은 '참조점(Reference point)'을 가리키고, 'T'는 '목표(Target)'를 가리킨다. 참조 과정에서 개념화자가 목표에 접근하기 위하여 하나의 참조점을 집어넣어 목표와 정신적 접촉이 가능하게 한다.

그러나 '탄도체/지표'는 언어 부호화를 위한 공통적인 개념적 영역에 모습/배경38)을 부과하는 것으로 환원된다. 탄도체와 지표가 내용이 아니라 현저성에 의해서 특징이 규명되는 기제로 볼 수 있다.

'소유 구조'는 교체적 방식으로 실현되므로 관계 서술의 현저성을 부과하는 것은 '참조점/목표' 관계에 부합하지 않는다. 즉, '소유자'와 '소유물'이 '참조점과 목표'의 관계를 지닌다. Langacker(2009: 82)에서 제시된 '소유 관계'의 도식적 표상을 참조한 '소유'를 나타내는 '있다'의 도식적 표상은 〈그림 24〉와 같다.

---

38) '모습/배경' 조직이 개념 구조에 광범위하게 사용되어 있다. '윤곽/바탕', '주어/목적어', '머리어/수식어' 이런 전체적으로 혹은 부분적으로 분석될 수 있는 개념들에 속한다. 인상적으로 말하면 한 장면 내의 모습(figure)은 나머지(배경, ground)보다 '두드러지는' 것으로 그리고 그 장면이 조직되고 거기에 대해 배경을 제공하는 주축적인 개체로서 특별한 현저성을 부여받는 것으로 인식되는 하부 구조이다. 모습/배경 조직이 일반적으로 어떤 주어진 장면에서 자동적으로 결정되는 것은 아니다. 모습을 선택함으로써 보통 동일한 장면을 다르게 구조짓는 것이 가능하다.

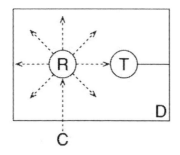

〈그림 24〉 '소유'를 나타내는 '있다'의 도식적 표상

　'C'는 개념화자(Conceptualizer)를 가리킨다. 'R'는 참조점(reference point)
이다. 'T'는 참조점이 접근할 목표(target)를 가리킨다. 소유의 전제는 목표의
존재성이다. 목표의 존재성은 소유 관계의 전제가 된다. 목표의 존재성은 영
역과 연결되어 있는 '직선'으로 표시된다. '점선 화살표'는 '정신적 경로(mental
path)'를 표시한다. 참조점은 그와 관련된 일련의 실체를 불러일으킨다. 이러
한 실체들은 참조점의 영향권(Dominion) 즉, 소유 관계가 실현된 영역을 이
룬다. 언어 표현으로 부호화된 소유 관계는 많은 접근에서 부각된 부분으로
간주된다.
　더 나아가, '있다'의 원형의미 '존재'에서는 대상의 '존재성'을 명확하게 지적
한다. 확장의미 '소재'에서는 대상의 존재성을 전제로 하여 그의 위치를 설명
한다. 그리고 '소유'는 '소유자'와 '소유물'의 '존재'를 전제로 하여 그들의 '소유
권' 관계를 나타낸다. 따라서 '존재'에서 '소재'로, '존재'에서 '소유'로 확장되는
과정에서 '존재성'이 약해지는 경향을 보인다.

3.5.2. '소유'의 실례화

3.5.2.1. 지배 관계

'소유 관계'에서 소유자는 참조점으로 목표(소유물)에 접근한다. 소유 관계에서 소유자와 소유물의 존재성을 전제로 하여 '소유권' 관계를 강조한다. 참조점과 목표의 실례화에 따라 '소유권' 관계는 다른 유형의 실례에 반응될 수 있다.

(24)　가. 나에게 1000원이 있다. 〈표준〉

　　　나. 그녀에게 선택권이 있다. 〈표준〉

　　　다. 그에게는 1억 원 상당의 집이 있다. 〈고려〉

　　　라. 그 사람한테 저녁값은커녕 차비도 있을 턱이 없었다. 〈연세〉

　　　마. 그는 아무것도 없으면서 있는 체한다. 〈표준〉

(24가)에서 나타낸 소유자는 '사람'이고 소유물은 '1000원'이므로 소유자가 소유물을 지배하거나 양도할 수 있다. (24나)에서 소유자는 '사람'이고 소유물은 추상물인 '권리'이다. 여기에서 소유자가 소유물을 이행(履行)하거나 포기할 수 있다. (24다)에서 소유자는 '사람'이고 소유물은 물체인 '집'이다. 소유자가 소유물을 양도하거나 처리할 수 있다. (24라)와 (24마)에서는 소유자와 소유물 간의 소유 관계에 대하여 부정적으로 인식하는 것을 나타낸다.

(24)에서는 소유자가 소유물을 지배하거나 처리하는 권리를 나타낸다. 이러한 관계를 지니는 소유자와 소유물은 서로 분리 가능한 소유 관계에 속한다. 즉, 소유자가 소유물을 양도할 수 있다. 송병우(2004)에서는 분리 가능한 소유는 소유자가 소유물을 자신의 의지대로 소유하거나 양도할 수 있고, 소유자가 가지고 있는 소유권을 포기할 수 있다고 설명하였다. 따라서 '지배 관계'를 지니는 소유자와 소유물은 서로 독립된 개체이다.

한편, 개념화자가 '지배 관계'를 인식할 때 먼저 소유자를 통해서만 소유물에 접근할 수 있고 '소유 관계'를 확립할 수 있다. 따라서 소유자는 참조점의 역할을 하고 소유물은 목표로 간주된다. 개념화자의 심리적 경로는 참조점에서 목표로 향한다. '지배 관계'의 도식적 표상은 〈그림 25〉와 같다.

〈그림 25〉 '지배 관계'를 나타내는 '있다'의 도식적 표상

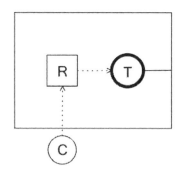

큰 사각형은 참조점과 관련된 소유 관계의 영향권, 즉, 소유 영역을 가리킨다. 작은 사각형은 소유자를 상징한다. 소유자는 참조점(reference point)의 역할을 한다. 작은 원형은 소유물을 상징한다. 소유물은 목표(target)의 역할을 한다. 〈그림 25〉를 통하여 소유자와 소유물은 서로 분리될 수 있는 개체이므로 상호 접촉하거나 겹치는 부분이 없다는 것을 확인할 수 있다. 참조점과 목표 가운데에 있는 점선 화살표는 정신적 경로(mental path)를 상징한다. 정신적 경로(mental path)를 통하여 개념화자(conceptualizer)가 먼저 참조점을 인식하여 목표(target)에 접근하는 것을 파악할 수 있다.

3.5.2.2. 개체와 속성
'개체와 속성'은 한 개체와 그가 가지고 있는 속성의 관계를 나타낸다. '개

체'의 실례에는 사람뿐만 아니라 사물이나 추상물도 출현할 수 있다.

> (25) 가. 그 사람의 태도에는 모호한 데가 있다. 〈고려〉
>
> 나. 그 남자는 다소 바람기가 있는 것 같다. 〈고려〉
>
> 다. 형은 실력이 있으니까 이번 시험에 꼭 합격할 거야. 〈고려〉
>
> 라. 비타민은 활성이 있다. 〈세종말뭉치〉
>
> 마. 계획적 요소에는 여전히 시장경제의 무정부성을 막아 주는 유용성
> 이 있다. 〈세종말뭉치〉
>
> 바. 착수의 좁은 소매가 기능적인 성격이 있다면, 광수의 넓은 소매는
> 예의적인 성격이 있다. 〈세종말뭉치〉

(25가)에서 소유자는 추상물 '태도'이고 소유물은 '모호한 데'이다. 소유물은 소유자가 가진 특징으로 볼 수 있다. (25나)에서 소유자는 '사람'이고 소유물 '바람기'는 소유자의 속성으로 간주될 수 있다. (25다)도 마찬가지다. 소유자는 '사람'이고, 소유물 '실력'은 소유자가 가지고 있는 '능력'으로 간주된다. (25라)에서 소유물은 '비타민'이고 소유물이 '활성'이란 속성을 가진다는 것을 나타낸다. (25마)에서 소유자는 '계획적 요소'라는 추상물이다. 그가 가진 '유용성'이라는 속성은 소유물이다. (25바)에서는 '좁은 소매'는 '기능성'을 가지고 있고 '넓은 소매'는 '예의성'을 가지고 있다는 것을 나타낸다. 소유자는 '좁은 소매', '넓은 소매'이고 소유물은 각 소유자가 가진 '기능성'과 '예의성'이라는 속성이다.

(25)의 소유자가 한 개체로 간주되면 소유물은 그의 속성으로 간주될 수 있다. 소유자의 실례에는 '사람', '소매' 등과 같은 실체 있는 것도 있고 '태도', '요소' 등과 같은 추상적인 것도 있다. 소유물은 소유자의 속성이므로 추상적인 실례이다. (25)를 통하여 '개체와 속성' 관계는 보통 '사람'과 그의 '태도', '능력', '사물'과 그것의 '성능', '속성' 등으로 이루어진다는 것을 알 수 있다.

한편, (25)에서 나타나는 '개체와 속성' 관계는 분리 불가능한 소유에 속한다. 송병우(2004)에서 분리 불가능한 소유는 소유자와 소유물의 의미적 관계가 분리될 수 없는 소유 의미로 제시된다. 소유자로부터 소유물을 분리하면 소유자가 가지고 있던 완전성(完全性)이 사라진다. 소유자가 소유물을 포기하거나 양도할 수 없다.

이에 따라 소유물은 소유자에 의하여 존재하는 것을 알 수 있다. 개념화자가 소유물에 접근하려면 참조점 능력을 환기시켜야 한다. '개체와 속성' 관계에서 소유자는 참조점의 역할을 한다. 소유물은 개념화자가 접근할 목표이므로 정신적 경로 역시 참조점에서 목표로 향한다. '개체와 속성'의 도식적 표상은 〈그림 26〉과 같다.

〈그림 26〉 '개체와 속성'을 나타내는 '있다'의 도식적 표상

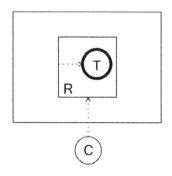

〈그림 26〉에서 큰 사각형은 참조점과 관련된 소유 영역이다. 작은 사각형은 참조점(R)을 상징한다. 작은 원형은 목표(T)를 상징한다. '개체와 속성' 관계를 나타내는 소유자와 소유물은 상호 분리 불가능함으로 도식에서 하나로 표시하고 있다. 작은 사각형 안에 있는 점선 화살표는 개념화자의 정신적 경로(mental path)를 상징한다. 개념화자(conceptualizer)가 참조점을 통하여 목

표(target)에 접근하는 인지 과정을 보여주고 있다.

3.5.3. '소유'의 의미망 조직

지금까지 '소유'의 실례화 양상을 모두 살펴보았다. 다음으로 '도식과 실례'의 관계와 '의미 확장의 망조직 모형'을 활용하여 '소유'의 의미망 조직을 제시하면 〈그림 27〉과 같다.

〈그림 27〉 '소유'를 나타내는 '있다'의 의미망 조직

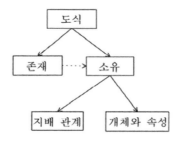

원형의미 '존재'와 '소유'의 확장 관계, 그리고 '소유'에서 실례화된 각 의미의 층위를 알 수 있다. '소유'는 '있다' 도식의 실례이고 원형의미 '존재'에서 확장된다. '소유'는 다시 '지배 관계'와 '개체와 속성'으로 확장된다.

한편, 의미 실례 '지배 관계'와 '개체와 속성'은 모두 '참조점과 목표의 실례화'에 의하여 확장된다. '지배 관계'는 분리 가능한 소유 관계를 지니고 '개체와 속성'은 분리 불가능한 소유 관계를 지닌다. '소유'에서 실례화된 의미와 확장 방식을 정리하면 〈표 6〉과 같다.

〈표 6〉 '소유'를 나타내는 '있다'에서 실례화된 의미와 확장 방식

실례화	의미	확장 방식
1차 실례화	지배 관계	참조점과 목표의 실례화(분리 가능)
	개체와 속성	참조점과 목표의 실례화(분리 불가)

3.6. 본용언 '있다'의 의미망 조직

의미망 조직은 수직적으로 실례에서 아래 층위로 실례화되는 것을 의미한다. 실례는 도식의 세부사항을 계승하여 도식을 더욱 상세하게 구체화한다. 수평적으로 실례들은 서로 비대칭성의 특징을 갖고 있다. 실례에서도 원형 효과(prototype effect)가 보인다.

원형(prototype)은 전형적 실례의 도식화된 표상을 참조하여 정의된다. 이 원형에 일치하는 개체들은 아무런 문제없이 이 범주의 '중심적인' 구성원으로 받아들여진다. Rosch 등(1976)에서 개발한 '원형 이론(prototype theory)'에 의해서 Langacker(1987)에서는 개념적 범주처럼 문법적 범주도 원형 효과를 보여준다고 주장하였다.

'있다'의 의미 확장 양상과 여러 의미 실례에서도 이런 특징을 발견할 수 있다. '있다'의 도식, 원형의미, 확장의미와 각 실례로 이루어진 의미망 조직을 제시하면 〈그림 28〉과 같다.

<그림 28> 본용언 '있다'의 의미망 조직

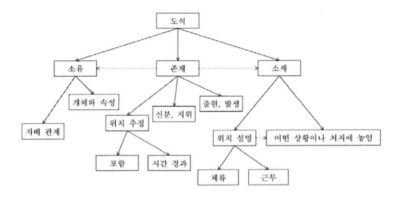

'존재', '소유', '소재'는 '있다' 도식의 실례이다. 그중, '존재'는 가장 원형적인 실례로서 '소유'와 '소재'로 확장될 수 있다. '존재', '소재', '소유'는 다시 실례화되어 여러 하위 확장의미를 나타낸다. 하위 의미 실례와 확장 방식을 정리하면 <표 7>과 같다.

<표 7> 본용언 '있다'의 의미 양상과 확장 방식

있다	상위 의미	실례화 과정	하위 의미	확장 방식
도식	존재	1차 실례화	위치 추정	개념화자의 관점(원근법)
			신분, 지위	탄도체의 정교화
			출현, 발생	개념화자의 관찰방식(원근법)
		2차 실례화	포함	탄도체와 지표의 실례화
			시간 경과	영역의 추상화
	소재	1차 실례화	위치 설명	개념화자의 관점(원근법)
			어떤 상황이나 처지에 놓임	영역의 추상화
		2차 실례화	체류	탄도체와 지표의 실례화
			근무	탄도체와 지표의 실례화
	소유	1차 실례화	지배 관계	참조점과 목표의 실례화(분리 가능)
			개체와 속성	참조점과 목표의 실례화(분리 불가)

3.7. 보조용언 '있다'의 의미

본용언과 달리 보조용언은 어휘적 의미보다는 문법적인 기능을 갖는다. 한국어 보조용언 '있다'는 '-어 있다'와 '-고 있다'의 형태로 쓰인다. '-고 있다'는 또 다시 두 가지 용법으로 쓰인다. 보조용언 '있다'의 사전적 의미와 쓰임을 정리하면 〈표 8〉과 같다.

〈표 8〉 보조용언 '있다'의 사전적 뜻풀이

표현	사전 의미	예문
-어 있다	앞말이 뜻하는 행동이나 변화가 끝난 상태가 지속됨을 나타내는 말.	가. 곧 출발할 테니 깨어 있어라. 나. 앉아 있다.
-고 있다1	앞말이 뜻하는 동작이나 상황이 계속 진행되다.	가. 아이들은 서울에서 학교에 다니고 있다. 나. 듣고 있다.
-고 있다2	앞말이 뜻하는 어떤 일의 결과의 상태가 계속 지속하다.	가. 넥타이를 매고 있다. 나. 사고로 버스를 타고 있던 사람들이 부상을 입었다.

'-어 있다'와 '-고 있다'의 사전 의미를 보면 서술된 대상은 '동작이나 상태', '상황', '어떤 일의 결과의 상태' 등으로 되어 있다. 이러한 대상은 '실체'가 아닌 '행위'나 '사건'으로 간주될 수 있다.

사전적 뜻풀이에 의하면, '-어 있다'는 '동작이나 행동이 끝난 상태'를 표시하는데, 즉 선행동사가 의미하는 동작이나 행동이 이미 끝난 상태에 처해있다는 것이다. 동작이나 행동의 변화는 완료적으로, 변화의 결과 상태는 지속적으로 유지되어야 한다.

다음으로, '-고 있다'는 '행동이 계속 진행되다'와 '행동의 결과가 지속되다'의 뜻으로 사용되고 있다. 전자 '-고 있다1'은 계속 진행되고 있는 행동을 의미하므로 미완료적 과정에 속한다. 후자 '-고 있다2'는 동작이나 행동이 변화가 끝난 뒤 결과 상태로 지속되는 것을 의미하므로 완료적 과정에 속한다.[39) 여기에서 말하는 완료적 과정과 미완료적 과정은 그것들의 상(aspect)적 의미에 반영되지 않는다.

상(aspect)은 시간 속에서 어떤 위치를 점유하는 문제와 상관없이 행위나 사건의 시간 경과를 나타내기 위하여 여러 가지 방법을 취할 수 있게 한다. Comrie. B(1976)에서는 상(aspect)은 사건의 내적인 시간 구성을 바라보는 상이한 방법들이라고 제시하였다. 사건을 바라보는 두 가지 방법은 완료(perfective)와 미완료(imperfective)이다. 'perfective aspect'와 'imperfective aspect'의 해당 용어에 대해 완료상과 미완료상이라는 용어를 쓰고 있는데[40), 상(aspect)은 사태를 온전히 시야에 넣고 바라보기 때문에 '완망상'과 '비완망상'이라고 하기도 한다.

본 연구에서는 '완망상', '비완망상'이라는 용어를 시용한다. '완망상'은 개념화자가 제3자의 시야로 이미 완료된 사건 전체를 바라보는 방식을 취한다. '비완망상'은 개념화자가 사건 내부에서 사건의 한 국면을 바라보는 방식을 취한다. 완망상이 서술하는 사건은 반드시 완료적 과정을 나타낸다. 그러나 비완망상이 서술하는 행위나 사건은 완료적 과정이나 미완료적 과정을 모두 나타낼 수 있다. 예를 들면, 완료적 과정에 속하는 '동작 완료(상태 지속)'와 '미완료적 과정'에 속하는 '동작 진행' 등이 있다.

---

39) 고영근(2004)에서는 '-어 있다'는 완료상에 속하고 '-고 있다'는 두 가지 의미 유형으로 나누어 '-고 있다1'는 진행상이고 '-고 있다2'는 완료상에 속한다고 제시하였다.
40) '완료상'은 현재 완료, 과거 완료, 미래 완료와 같이 어떤 끝난 사태가 그다음 시점과 모종의 연관을 맺을 때에만 성립하는 개념이기 때문에 엄격히 상의 범주에서 제외하는 연구자도 있다. 한국어에서 완망상은 과거 시제 및 완료상과 개념적으로는 구분되나 실제적으로 구분하기 어렵기 때문에 한국어 문법 개론서에서는 완망상과 완료상을 '완료상'으로 통칭하여 기술하는 것이 관례이다(구본관 등, 2015: 320).

3.7.1. 완료적 과정

3.7.1.1. -어 있다

'-어 있다'는 동작이나 행동의 변화가 끝난 뒤 결과 상태가 지속적으로 유지되는 것을 나타낸다. '-어 있다'는 동작 완료를 전제로 하므로 완료적 과정에 속한다. 그런데 '-어 있다'는 '완료적 과정'에 비해 더 풍부하게 상술하는 실례 단위다. Langacker(1987)에 따르면 '도식/실례'는 '추상적인 표상/구체적인 표상'이다. '완료적 과정'은 더 추상화된 도식으로 볼 수 있다.[41] 따라서 '완료적 과정'은 '-어 있다'의 추상화된 도식이다.

Taylor(2002), 임지룡·김동환 옮김(2005: 441)에서 제시한 '완료적 과정'의 도식적 표상은 〈그림 29〉와 같다.

〈그림 29〉 '완료적 과정'의 도식적 표상

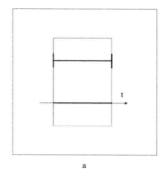

굵은 선으로 표시된 부분은 부각된 구역이다. '완료적 과정'은 행동이나 동작의 변화가 끝난 과정을 묘사한다. 사건 전체의 완료를 표현할 수도 있고,

---

41) 도식과 실례의 관계는 의미단위, 상징단위에 동등하게 적용될 수 있다.

사건의 한 완료적인 국면도 표현할 수 있다. '-어 있다'는 '완료적 과정'보다 상술하는 부분은 변화가 끝나고 결과 상태가 지속적으로 유지되는 부분이다.

'-어 있다'는 서술하는 과정에서 두 가지 단계가 있다. 하나는 행동이나 동작의 변화가 일어나는 과정이다. 다른 하나는 변화가 완료된 뒤 결과 상태가 지속적으로 유지되는 과정이다. 첫 번째 단계에서 동작의 변화가 발생할 때 에너지의 전달을 동반한다. 물론 사람과 같은 유정물이나 자연환경에서 일어나는 현상은 자발적으로 발생하는 경우도 있다. 두 번째 단계에서는 행동이나 변화가 끝난 후에 결과 상태가 유지되는 것을 나타낸다. 행동이나 동작 변화의 종결점은 '완료적 과정의 끝점'이며 '상태 지속의 시작점'을 상징한다. 따라서 행동이나 동작 변화의 종결점은 상태 지속의 시작점과 겹친다는 것을 알 수 있다.[42]

상(aspect)은 상황의 내적인 시간 구성을 바라보는 방법으로서 상황을 바라보는 시각은 개념화자의 입장으로 간주할 수 있다. 행동이나 동작이 일어나는 곳은 무대로 간주되며 개념화자는 무대의 연출을 관람하는 관중으로 간주된다. Langacker(2000)가 제시한 전형적 사건모형을 이용하여 '-어 있다'의 도식적 표상을 제시하면 〈그림 30〉과 같다.

〈그림 30〉 '-어 있다'의 도식적 표상

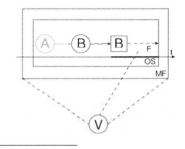

---

42) 이림용·한용수(2019: 95)에서 완료적 과정의 동작이나 상태 변화의 끝점이 동시에 이 과정에서 변화를 거친 뒤에 상태를 유지하는 시작점이라고 제시하였다.

〈그림 30〉은 무대모형을 이용하여 개념화자의 시각에서 '-어 있다'의 도식적 표상을 표현한 것이다. 'V(viewer)'는 개념화자이다. 개념화자의 시야 전체는 'MF(max field)'이다. 무대 위 지역은 'OS(onstage region)'라고 한다. 개념화자의 초점 'F(focus)'는 무대 내에서 일어나는 사건이다.

Ⓐ는 에너지 전달의 시작점이다. Ⓑ는 Ⓐ에서 나오는 에너지를 받아서 변화가 발생한다. ⓑ는 변화의 결과상태를 가리킨다. Ⓐ에서 Ⓑ까지는 '당구공 모형'을 이용하여 에너지 전달을 표시한다.[43] 그러나 유정물이나 자연 현상이 자발적으로 일으키는 변화에서는 에너지 전달이 발생하지 않는 경우도 있으므로 Ⓐ부분은 필수 조건이 아니다. Ⓑ에서 ⓑ까지는 변화의 과정을 표시한 것이다. ⓑ 뒤의 점선 화살표는 변화가 발생한 뒤 결과 상태가 지속적으로 유지되는 과정을 가리킨다. ⓑ는 변화 과정의 종결점이며 결과 상태의 시작점이다.

(26)　가. 앉아 있다. 〈표준〉

　　　　나. 곧 출발할 테니 깨어 있어라. 〈고려〉

　　　　다. 나머지 한쪽 벽은 우리 집 부엌과 맞붙어 있다. 〈세종말뭉치〉

(26)의 선행동사는 시작점이 명확한 자동사이고 결과 상태 지속성을 가진다. 즉, 동작 변화는 에너지의 전달이 없이 자발적으로 발생할 수 있다. (26가)는 '서 있다가 의자에 앉았다'는 동작 변화를 보여준다. '앉다'라는 동작이 실현되는 순간에 동작 변화의 종결점, 즉 결과 상태의 시작점이 드러난다. (26나)는 '자고 있는 상태에서 깨'는 것을 보여준다. '깨다'라는 동작이 실현되는

---

43) 당구공 모형의 국면들은 명사 원형과 동사 원형에 직접적으로 대응한다. 경계가 뚜렷한 물체들은 명사 부류에서 원형적이며, 그들의 상호작용은 동사부류에서 원형적이다. 개념적으로 물체와 상호작용하는 실례화되는 영역은 공간과 시간이다. 근본적 구성성분은 실체와 동력 이동이다(Langacker, 1987, 김종도 옮김, 1999b: 13).

순간에 '깨어 있는 결과 상태'가 시작된다. (26다) 또한 '맞붙다'라는 동작이 실현될 때 동작 변화의 종결점이 명확해진다.

(27)　가. 사무실의 문이 열려 있다. 〈이림용·한용수, 2019: 96〉

　　　나. 책들은 책장에 꽂혀 있다. 〈이림용·한용수, 2019: 96〉

(27)의 선행동사 '열리다'와 '꽂히다'는 타동사의 피동형이다. 선행동사의 원형 '열다'와 '꽂다'는 타동사이므로 문장에서 목적어가 동반되어야 된다. 그러나 목적어는 스스로 변화가 일어날 수 없다. 목적어에 일어나는 모든 변화는 주어에 의해 실현된다. 이 과정에서 주어부터 목적어로 에너지 전달이 일어난다. 〈그림 30〉 도식적 표상을 보면 Ⓐ에서 Ⓑ로 가는 부분이다.

일반적으로 한국어의 경우는 에너지 전달의 과정을 '주어+목적어+서술어'의 순서로 묘사한다. 그러나 개념화자는 에너지 전달의 순서에 관심을 두는 것이 아니라 에너지의 전달로 인한 목적어의 변화에 초점을 둔다. 그러므로 이때는 목적어가 탄도체의 역할을 하게 되고 자연적으로 주어의 위치로 이동한다. 목적어 역할의 변화로 서술어에 위치하는 타동사는 피동형으로 쓰여야 한다.

동시에 타동사의 피동형은 동작 변화의 결과를 묘사하므로 순간성이 없어지고 결과 상태의 지속성을 나타낸다. 따라서 선행동사가 이러한 조건에 부합하는 경우에만 '-어 있다' 구문에 출현할 수 있다.

3.7.1.2. -고 있다2

'-고 있다'의 상적 의미는 '-어 있다'에 비해 복잡하다. '-고 있다'는 '-고 있다1'과 '-고 있다2'로 나뉜다. '-고 있다2'는 '-어 있다'와 같이 '완료적 과정'의 실례이다.

(28) 가. 넥타이를 매고 있다.[44]〈표준〉

나. 아이를 안고 있다. 〈표준〉

다. 그가 모자를 쓰고 있다. 〈이림용·한용수, 2019: 98〉

라. 큰아들은 현재 아무런 직함을 가지고 있지 않다. 〈물결 21〉

마. 나는 네가 버스에서 못 내린 이유를 알고 있다. 〈세종말뭉치〉

바. 중국의 젊은이들은 그들의 몸매를 가늘고 날씬하게 유지해 준 녹차 대신 코카콜라를 입에 물고, 햄버거를 손에 들고 있다. 〈세종말뭉치〉

(28)에 쓰인 선행동사는 모두 타동사이다. (28가)에서는 '원래 넥타이를 안 매다'는 상태에서 '넥타이를 매고'라는 과정을 통하여 '넥타이를 매고 있는 상태로 존재하고 있다'는 것을 나타낸다. '넥타이를 매는 과정'은 〈그림 30〉에서 볼 수 있는, Ⓐ에서 Ⓑ까지 가는 '에너지 전달' 과정에 부합한다. 넥타이의 위치 변화는 Ⓑ에서 B까지 표시된 과정으로 해석할 수 있다. 넥타이가 사람의 목에 매어지는 그 순간에 상태 지속의 시작점이 나타난다.

(28나)에서는 '안다'라는 동작이 일어나자마자 '아이'의 위치 변화가 발생한다. 위치 변화의 종결점은 동시에 상태 지속의 시작점이다. (28다)의 '쓰다'도 역시 '모자'가 '머리'에 씌워질 때 상태 지속이 시작된다. (28라~바)의 '가지다', '알다', '물다', '들다'도 같은 특징을 가진 타동사이다. 따라서 동작의 종결점, 즉 상태 지속의 시작점이 명확하고 상태성을 가지고 있는 타동사가 '-고 있다 2'와 결합할 수 있다는 것이 확인된다.

한편, '-어 있다'와 '-고 있다2'는 모두 '완료'를 나타내는데 선행동사가 배타적인 분포를 보인다. 왕파(2016)에서는 '-어 있다' 또는 '-고 있다2'와 결합하는 선행동사는 상호 배타적인 분포를 보인다고 하였다. 그 이유는 연결어미 '-어'

---

44) (28가)는 '진행'을 의미하는 '-는 중이다'로 대신 쓸 수 있는데 '비완망상'으로 해석할 수 있다. 그러나 (28)에서 제시된 예문은 '진행'의 의미를 고려하지 않고 모두 '완망상'으로 해석한다.

와 '-고'의 특성과 관련이 있다고 하였다. '-어'에 의해 연결된 두 상황의 관계가 매우 긴밀하여 두 상황의 주어가 같아야 하는 반면, '-고'에 의한 연결은 동일주어 제약이 없으므로 앞 동작의 주어와 뒤 상태의 주어가 서로 달라도 된다는 것이다.

3.7.2. 미완료적 과정

3.7.2.1. -고 있다1

'진행'은 미완료적 과정이다. 미완료적 과정은 과정의 한 구역만 윤곽 속에 있다.[45] 이 시간 구역 내에는 일정한 시작점과 종결점이 없고 행동이나 동작이 계속 진행된다. Langacker(2002)에서는 모든 명사와 동사가 '도식적인 의미적 특징묘사'를 가진다고 언급하였고 동사는 시간적 관계, 즉 과정을 가지고 있다고 하였다. 과정 서술은 일련의 연속적인 상태를 포함하고 각 상태는 관계에 윤곽 부여한다. 시간적 윤곽은 부각한 관계가 순차적으로 주사되는 상징된 시간의 폭으로 정의된다고 언급하였다.[46]

Langacker(1991: 209)에서는 진행구문은 항상 완료적 과정을 내적 원근법으로부터 보며 그렇게 해서 그것을 미완료적으로 만든다. 과정을 내적 원근법으로부터 보는 것은 처음 상태와 마지막 상태를 포함하지 않는 일련의 성분 상태에 윤곽을 국한하는 문제라고 하였다. 따라서 '-고 있다'의 의미는 과정을 구성하는 사건의 연속을 단순히 중간 단계에 국한하는 데 있으며, 이를 통해

---

45) 윤곽 부여된 시간은 관찰자가 관찰하고 있는 시간(즉, 중간 단계)을 가리킨다.
46) 시간적 관계(즉, 과정)은 단순한 시간적 관계(simple temporal relation)와 복잡한 시간적 관계(complex temporal relation)라는 두 개의 하위범주로 나눌 수 있다. 단순한 시간적 관계는 상태적 과정을 지시한다. 예를 들면 동사로 쓰이는 'love(사랑하다)'가 있다. 반면, 복잡한 시간적 관계는 동적 과정을 지시한다. 이러한 동적 과정은 처음 · 중간 · 마지막 단계를 수반하고 각각의 단계에서 탄도체와 지표 사이의 관계는 서로 다르다. 예를 들면 'eat(먹다)'이 있다.

그것을 지속적인 사건으로 해석하게 된다.

Taylor(2002), 임지룡·김동환 옮김(2005: 441)에서 제시한 '미완료적 과정'의 도식적 표상은 〈그림 31〉과 같다.

〈그림 31〉 '미완료적 과정'의 도식적 양상

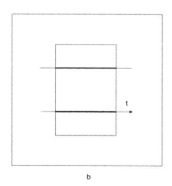

〈그림 31〉에서 제시된 미완료적 과정의 도식적 표상은 윤곽 부여된 시간 내에 명확한 시작과 종결이 없고 단순히 '중간' 단계에 국한되며 동작의 동태성(動態性)은 끊임없이 유지된다.

(29) 가. 자고 있다. 〈표준〉
　　　나. 듣고 있다. 〈표준〉
　　　다. 창밖에는 바람이 몹시 불고 있다. 〈고려〉
　　　라. 화성이 다가오고 있다. 〈세종말뭉치〉
　　　마. 갈대숲에서 가슴 검은 도요새도 너를 보고 있다. 〈세종말뭉치〉

(29)에서 '자다', '듣다', '불다', '다가오다', '보다'와 같은 동사들은 윤곽 부여된 시간 내에서 순간적으로 발생하거나 반복해서 지속되는 동작이 아니라 균

형을 유지하여 행위를 보여주는 동작이다. (29가), (29나), (29마)의 '자다', '듣다', '보다'는 사람의 본능으로서, 이 동작을 시작하자마자 균형적으로 진행할 수 있다. (29다), (29라)의 '불다', '다가오다'는 '중간' 단계로서 균형을 유지할 수 있다. 윤곽 부여된 시간 내에 개념화자의 시각에서 이러한 과정은 연속적인 진행으로 묘사된다. Langacker(2000)에서 제시된 전형적 사건모형을 이용하여 균형을 유지하여 진행되는 '-고 있다1'의 도식적 표상을 제시하면 〈그림 32〉와 같다.

〈그림 32〉 '균형적 진행'을 나타내는 '-고 있다1'의 도식적 표상

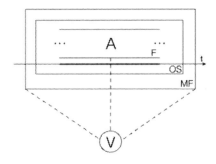

'동작A'는 시작점과 종결점이 무시되고 '중간' 단계는 윤곽 부여된 시간 구역 내에서 끊임없이 움직임을 보여주고 있다.

한편, 한국어에서 '-고 있다'에서 균형적으로 진행하는 동작뿐만 아니라 윤곽 부여된 시간 내에 동작 자체가 반복해서 움직임을 유지하는 비균형적 동작도 선행동사가 될 수 있다.

그리고 시간 부사나 조사를 통하여 윤곽 부여된 시간의 반복에 의해 '-고 있다'와 결합할 수 있고 장기간 '진행'을 나타낼 수 있다. 미완료적 과정의 도식적 표상을 바탕으로 미완료적 과정의 확장 도식을 제시하면 〈그림 33〉과 같다.

〈그림 33〉 '미완료적 과정'이 확장된 도식적 표상

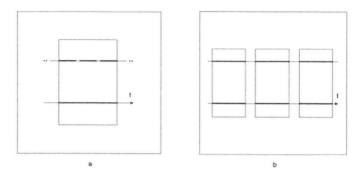

〈그림 33a〉는 윤곽 부여된 시간 구역에서 동작 자체가 반복하는 양상을 나타낸다.

(30)　가. 황금 잉어빵을 짜금짜금 먹고 있다. 〈세종말뭉치〉
　　　나. 철수가 고개를 끄덕이고 있다. 〈이림용 · 한용수, 2019: 100〉
　　　다. 형이 감기에 걸리니까 동생이 기침을 하고 있다. 〈물결 21〉
　　　라. 나는 지금 그녀의 귓구멍을 파고 있다. 〈물결 21〉

(30)에서 '먹다', '끄덕이다', '기침하다', '파다'라는 동작 자체가 반복성을 갖고 있다. 이러한 동작은 윤곽 부여된 시간 구역 내에서 반복적으로 움직임을 보여주어야만 진행을 나타낼 수 있다.

한편, 〈그림 33b〉는 윤곽 부여된 시간 자체가 반복하여 동작과 시간이 규칙적으로 분포되어 있는 양상을 보여준다.

(31)　가. 서울에서 직장에 다니고 있는 김씨는 3년 전 시골에 있는 논 5000평
　　　　을 상속받았다. 〈물결 21〉
　　　나. …그리고 매일 신곡을 쓰고 있다. 〈세종말뭉치〉
　　　다. 두 사람은 주말마다 만나고 있다. 〈이림용·한용수, 2019: 100〉
　　　라. 철수는 가끔 텔레비전을 보고 있다. 〈이림용·한용수, 2019: 100〉

　(31가)의 '다니다'는 일정한 장기간 동안 반복적으로 움직이는 동작을 의미
한다. (31나)의 '쓰다'가 보여주는 동작은 시간상 거의 쉼 없이 연속적으로 하
는 행동이다. 다만, '매일'이라는 시간 부사를 첨가함으로써 시간의 틈을 확대
하였다. (31다), (31라)의 '만나다', '보다'는 일정한 시간 구역 내에 균형적 진
행을 유지할 수 있는 동작을 나타내는데, '주말마다'와 '가끔'이라는 시간 부사
가 문장에 출현하여 윤곽부역된 시간 자체의 반복으로 인해 원래 동사의 균형
은 파괴되어 〈그림 33b〉의 양상을 나타낸다.

　이림용·한용수(2019: 92)에서 반복적 진행 과정을 세분화하였는데 본 연
구에서는 두 양상이 같은 특징을 가진다고 본다. 〈그림 33a〉에서 볼 수 있는
동작 자체를 반복하는 과정과 〈그림 33b〉에서처럼 윤곽 부여된 시간이 반복
되는 과정은 공통적으로 시간적 반복을 동반한다. 다만, 동작 자체를 반복하
는 시간 간격이 무시될 수 있는 정도로 짧아서 부각된 시간 구역이 가로막지
못한다. 그러나 틈이 없는 것은 아니다.

　따라서 두 양상은 모두 반복하여 동작의 진행을 유지하는 과정으로 간주될
수 있다. Langacker(2000)의 전형적 사건모형을 이용하여 〈그림 33b〉에서 보
여준 미완료적 양상을 결합하여 비균형적 진행의 도식적 표상을 제시하면
〈그림 34〉와 같다.

〈그림 34〉 '비균형적 진행'을 나타내는 '-고 있다1'의 도식적 표상

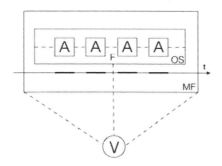

〈그림 34〉에서 윤곽 부여된 시간과 동작은 반복적으로 배열된다. '동작A'는 균형적 행위나 비균형적 행위와 관계없이 진행을 나타낼 수 있다. 개념화자가 시간 축에서 관찰하는 것은 사건 전부가 아니라 단순히 중간 단계다.

본용언 '있다'에서 보조용언 '-어 있다'와 '-고 있다'로 확장되는 과정에서 문법화 현상을 보인다. '있다'와 '-어 있다', '-고 있다'의 각 의미 양상의 도식적 표상을 살펴보면 문법화의 흔적을 찾을 수 있다.

'있다'의 도식은 '존재성'을 강조한다. 기본적으로 존재 대상은 사람이나 사물이다. 잠재적인 인식으로 인해 존재하는 장소는 당연히 인간이 살고 있는 지구라고 여겨진다. 탄도체의 기본 실례는 사람이나 사물이고, 지표의 기본 실례는 지구이다. 이것은 '있다'의 가장 기본적인 실례이다. 흥미로운 것은 '-어 있다', '-고 있다'의 도식에서도 '존재'를 찾을 수 있다는 것이다. 다시 말하면, 부각된 시간 영역에서 어떤 사건이 일정한 방식대로 존재한다는 것이다. 본용언에서 보조용언으로 가는 과정처럼 덜 문법적인 것으로부터 더 문법적인 것으로 범위가 증가되는 현상을 문법화라고 한다.[47] Heine 등(1991: 48)에

---

47)Jerzy Kuryłowicz(1975: 52)에서는 '문법화'란 한 형태소가 어휘적 지위에서 문법적 지위로, 혹은 파생형에서 굴절형으로의 변화처럼 덜 문법적인 것으로부터 더 문법적인 것으로 범위가 증가되는 현상이라고 정의하였다.

서 제시한 영역의 종류 및 관계는 다음과 같다.

(32)   사람 → 물체 → 행위 → 공간 → 시긴 ꞏ› 질

(32)에서 볼 수 있듯이 왼쪽이 가장 구체적인 영역이고 오른쪽이 가장 추상적인 영역이다. 문법화에서 나타나는 영역의 전이는 왼쪽에서 오른쪽으로 이동하는 것인데, 즉 문법화 현상에서의 전이는 늘 추상화가 되는 셈이다.[48] '있다'에서 '-어 있다'와 '-고 있다'로 문법화하는 과정에서 기본 영역 혹은 바탕은 실제 사물 '지구'에서 추상화하여 '시간'으로 전이한다. 존재 대상은 '사람이나 사물'에서 '행위, 사건'으로 전이한다. 도식적으로 보면 문법화 과정에서 모든 요소가 추상화되었다. 이것은 문법화의 기본 특징에 부합한다.

3.8. 소결

지금까지 한국어 '있다'의 사전적 의미에서 출발하여 '있다'의 의미 양상, 원형의미, 확장의미, 의미망 조직, 확장 방식 등을 살펴보았다. 아울러 보조용언의 의미 양상과 도식적 표상을 밝혀 본용언에서 보조용언으로 가는 문법화 과정 양상을 분석하였다. 한국어 '있다'의 인지적 특징을 정리하면 다음과 같다.

첫째, '있다'의 도식적 표상은 대상과 영역의 '관계성'을 나타낸다. 도식에서 '존재', '소재', '소유' 등 의미가 실례화된다. '존재'는 '있다'의 원형의미이고, '소재'와 '소유'는 확장의미이다. 존재는 대상의 '존재성'을 부각한다. 소재는 대상의 '위치성'을 부각한다. 소유는 '소유권 관계'를 강조한다. '있다'의 의미 확장이 진행될수록 원형의미에서 나타내는 '존재성'이 약해지는 경향이 보인다.

---

48) Traugott(1982, 1986a)와 Langacker(1990)에서는 '주관화(subjecttfication)'란 용어로 추상화를 설명하고 있다.

둘째, 존재의 실례에서 관계 서술을 나타내므로 문장 성분 간에 비대칭성을 보여준다. 이것은 '탄도체/지표'라는 인지적 기제로 해석할 수 있으나, 소유 관계를 나타내는 실례는 이러한 기제에 부합하지 않는다. 소유 관계의 실례에서는 관계 서술이 아니라 인지 과정을 보여준다. 인지 과정에서 나타나는 특징은 '참조점/목표'라는 인지 모형을 통하여 해석할 수 있다.

셋째, '있다'의 의미 실례들은 주로 '문장 성분의 실례화', '개념화자의 관점, 관찰 방식', '영역의 추상화'의 요인에 의하여 확장된다. 존재의 실례인 '위치 추정'과 소재의 실례인 '위치 설명'은 동일한 장면을 서술하는데, 개념화자의 관찰 지점에 따라 언어적 표현의 차이가 나타난다. '포함 관계'는 '소유 관계'와 다른 의미 실례로 간주된다. '포함'은 '위치 관계'를 나타내고 '소유'는 '소유권 관계'를 나타낸다. '신분, 지위'는 처소 성분이 필요 없이 탄도체의 정교화에 의하여 확장된다. '출현, 발생'은 '존재'의 전단계로 개념화자의 관찰 방식으로 인하여 확장된다. '시간 경과'는 시간 축에 있는 시간에 대한 위치 추정으로 볼 수 있으므로 '영역의 추상화'에 의하여 확장된다. 본용언 '있다'의 의미 확장 방식을 정리하면 〈표 9〉와 같다.

〈표 9〉 본용언 '있다'의 의미 확장 방식의 유형

의미 양상	확장 방식	유형
신분, 지위	탄도체의 정교화	구성 요소의 실례화나 정교화
포함	탄도체와 지표의 실례화	
체류		
근무		
지배 관계	참조점과 목표의 실례화	
개체와 속성		
출현, 발생	개념화자의 관찰방식	원근법
위치 설명	개념화자의 관점	
위치 추정	개념화자의 관점	
시간 경과	영역의 추상화	추상화
어떤 상황이나 처지에 놓임		

〈표 9〉를 통하여 '있다'의 의미 확장 방식을 알 수 있는데, 구성 요소의 실례화나 정교화에 의하여 확장된 의미들이 많다는 것을 확인할 수 있다. 그 외는 '원근법', '추상화', '명시화'에 의하여 확장된 의미이다. 의미 확장 방식에서 구성 요소의 실례화나 정교화를 통하여 의미가 확장되는 것은 가장 경제적이고 인지 과정에서 자주 발생한다는 점을 확인할 수 있다.

넷째, 보조용언 '있다'는 동작이나 행위가 시간 축에 있는 방식을 부각한다. '-고 있다1'은 동작이나 행위가 균형적이거나 비균형적으로 계속 진행됨을 나타낸다. '진행'은 과정에 일정한 시작점과 종결점이 없고 동작의 동태성을 요구한다는 특징이 있다. '-어 있다'와 '-고 있다2'는 동작이나 행위의 변화가 끝나고 결과 상태가 지속됨을 나타낸다. 여기에서 동작 변화의 종결점과 상태 지속의 시작점이 중첩된다는 특징이 나타난다.

다섯째, 본용언에서 보조용언으로 문법화 현상을 보인다. '있다'와 '-어 있다', '-고 있다'의 의미 양상의 도식적 표상을 살펴보면 문법화 양상을 확인할 수 있다. '있다'의 도식은 대상과 영역의 관계성을 부각한다. '-어 있다'와 '-고 있다'의 도식에서는 동작이나 행위와 일정한 시간 영역의 관계성을 부각한다. '-어 있다'와 '-고 있다'는 시간 영역에서 동작이나 행위가 일정한 방식대로 존재한다는 것을 나타낸다. 즉, 동작이나 행위의 존재 방식과 시간 영역 위치의 관계를 윤곽 부여한다. 본용언 '있다'에서 보조용언 '있다'로 전이되는 문법화 과정에서 추상화되는 양상을 보인다.

4. 중국어 '在'에 대한 인지적 분석

제4장은 중국어 '在'의 의미 양상을 분석할 것이다. 먼저 동사 '在'의 사전 의미를 살펴보고 귀납한 뒤 도식적 표상을 도출해서 원형의미, 확장의미, 실례화 양상과 확장 요인을 밝혀서 '在'의 의미망 조직을 그려보고자 한다. 그리고 개사 '在'의 인지적 역할, 부사 '在'의 상(aspect)적 의미, 도식적 표상과 '在'의 문법화 현상을 살펴보고자 한다.

4.1. '在'의 사전적 의미

제3장은 인지적 관점에서 한국어 '있다'의 의미 양상을 살펴보았다. '있다'와 대응할 수 있는 중국어 표현은 많다. 그 중에 중국어 '在'와 '有'가 대표적이다. 현대 중국어 '在'는 '동사', '개사(介詞)', '부사' 세 가지 성격을 가지고 있다.

중국어 문장에 다른 서술 동사가 없으면 '在'는 '동사'로서 문장의 서술어를 담당한다. 문장 내 동사 '在'의 위치는 '개사'와 비교했을 때 비교적 안정적이다. '在' 개사구는 '동작이나 행위의 장소', '시간', '범위', '조건' 그리고 '사물 존재하는 위치나 상태'를 나타내는 등 문장 안에서 다양한 기능을 한다. 그리고 부사 '在'는 동사의 앞에 위치하며 '동작 진행'이라는 상(aspect)적 의미를 보여준다.

중국어 '在'의 사전적 의미를 살펴보기 위하여 본 연구는 『现汉』, 『大词典』, 『新华』를 선택하였다. 각 사전의 '在'는 '동사', '개사(介詞)', '부사' 세 가지 용법이 있는 것으로 기술하고 있다. 이중에 동사 '在'는 가장 다양한 의미 양상을 나타낸다. 각 중국어 사전에 기술된 '在'의 뜻풀이는 〈표 10〉과 같다.

〈표 10〉 중국어 사전에 기술된 '在'의 의미 양상

범주	각 사전의 뜻풀이		
	『現汉』	『大词典』	『新华』
동사	存在, 生存 (존재, 생존)	在世, 存在 (살아 있다, 존재)	存在, 生存 (존재, 생존)
동사	表示人或事物的位置 (사람이나 사물의 위치를 나타내다)	居于, 处于 (-을 차지하다, -에 처하다)	存在于某地点 (어디에 존재하다)
동사		所在, 处 (소재, 처하다)	存在于某地点 (어디에 존재하다)
동사	留在 (머무르다)	逗留, 停留 (머무르다, 묵다)	
동사	参加某团体, 属于某团体 (어느 단체에 참가하다, 어느 단체에 속하다)	加入, 属于 (가입하다, -에 속하다)	属于, 处于 (-에 속하다, -에 처하다)
동사	参加某团体, 属于某团体 (어느 단체에 참가하다, 어느 단체에 속하다)	担任 (담임하다)	属于, 处于 (-에 속하다, -에 처하다)
동사	在于, 决定于 (-에 있다, -에 달려 있다)	在于, 取决于 (-에 있다, -에 달려 있다)	决定于, 取决于 (-에 있다, -에 달려 있다)
개사	表时间, 处所, 范围, 条件等 (시간, 처소, 범위, 조건 등을 나타낸다.)	表示动作, 行为进行的处所, 时间, 范围或事物存在的位置, 有时表示与事物的性质, 状态有关的方面 (동작이나 행위의 장소, 시간, 범위, 그리고 사물 존재하는 위치나 성질, 상태 등과 관련들을 나타낸다.)	表示时间, 处所, 范围, 条件等 (시간, 처소, 범위, 조건 등을 나타낸다.)
부사	正在 (-는 중이다)	表示行为动作正在进行 (행위나 동작의 진행을 나타낸다.)	表示动作正在进行中 (동작의 진행을 나타낸다.)
기타	'在'和'所'连用, 表示强调 ('在'와 '所' 같이 쓰여, 강조함을 나타내다)	和'所'连用, 表示强调 ('所'와 같이 쓰여, 강조함을 나타내다)	-

〈표 10〉을 통해 동사 '在'에 대하여『现汉』은 5개,『大词典』은 7개,『新华』는 4개의 의미 양상을 기술하고 있음을 알 수 있다. '머무르다'라는 의미 양상은『新华』에는 없으며, '담당하다', '어떤 상태에 놓이다'라는 의미는『大词典』에서만 보인다.

그리고 개사 '在'와 부사 '在'에 대한 기술은 세 개의 사전에서 비슷한 내용으로 기술되어있다. '在'와 '所'가 결합하여 '강조'를 표현하는 의미 양상은『现汉』과『大词典』에만 기술되어 있으나, 이 용법은 본 연구의 대상에 포함하지 않는다. 각 중국어 사전에 기술된 '在'의 의미 양상을 정리하면 〈표 11〉과 같다.

〈표 11〉 중국어 '在'의 의미 양상

범주	뜻풀이	예문
동사	存在, 生存 (존재하다, 생존하다)	父母都健在。 (부모님께서 모두 건강하게 계신다.)
	表示人或事物的位置: 居于, 处于 (거주하다, 위치하다)	你的钢笔在桌子上呢。 (너의 만년필은 책상 위에 있다.)
	担任 (담당하다)	就是他在任上的时候, 下决心… (바로 그가 재임하는 동안, 결심을 내렸다…)
	逗留, 停留, 留在 (머무르다, 멈추다, -에 남아 있다)	我今天晚上不在厂里。 (나는 오늘 밤에 공장에 없다.)
	加入, 参加, 属于 (가입하다, 참가하다, -에 속하다)	像他这么年轻就在党, 真不简单。 (그가 이렇게 젊은데 정당에 가입하는 걸 보니까 훌륭하네.)
	所在, 处在 (소재, -에 놓이다)	他处在一个两难的境地。 (그는 진퇴양난의 곤경에 처해있다.)
	在于, 取决于 (-에 달려 있다, 원인 제시)	学习好, 主要在自己努力。 (공부 잘하는 것은 주로 스스로 노력하기 때문이다.)

개사	表示动作行为的处所, 时间, 范围或事物存在的位置, 有时表示与事物的性质状态有关的方面 (동작이나 행위의 처소, 시간, 범위, 그리고 사물이 존재하는 위치, 때로는 사물의 성질과 상태와 관련된 것을 나타낸다.)	事情发生在去年。 (그 일은 작년에 일어났다.) 在礼堂开会。 (강당에서 회의한다.) 在他的帮助下, 我取得了较好的成绩。 (그의 도움 덕분에 나는 비교적 좋은 성적을 받았다.)
부사	表示行为动作正在进行, 同'正在' (행위나 동작의 진행을 나타낸다. '-하는 중이다'와 같다.)	姐姐在做功课呢。 (언니가 숙제를 하고 있다.)

〈표 11〉을 통해, 동사 '在'는 '존재하다', '위치하다', '머무르다', '가입하다', '근무하다', '담당하다', '원인 제시', '어떤 상태나 처지에 놓이다'의 다양한 의미를 갖고 있음을 알 수 있다.

4.2. '在'의 도식적 표상

중국어 '在'는 최초에 은상(殷商)시기에 만든 갑골문(甲骨文)에서 발견되었으며, '존재하다'의 의미로 사용되었다(史东青, 2010: 98, 冯雪东, 2009: 109). 갑골금문자전(甲骨金文字典)에서 '在'에 대하여 '在, 存也。从土, 才声。'라는 기록이 있다.49) 현대 중국어에서도 동사 '在'는 기본적으로 '존재하다'의 의미로 사용되고 있다. 문장에서 다른 술어동사가 없다면 '在'는 동사로 간주되고 서술어의 역할을 담당한다.

---

49) 四川大学历史系古文字研究室 方述鑫 等(1993: 卷13)에서는 《说文》 : '在, 存也。从土, 才声。甲金文或用才为在, 或从土, 才声。为《说文》在字, 篆文所本。('在'는 존이다. 자형은 '土'를 따르고 소리는 '才'를 따른다. 갑금문은 또한 '在'를 '才'로 대신 쓰여 자형은 '土'를 따르고 소리는 '才'를 따른다. 이것은 전서판(篆書版) 《说文》 에서 기록한 것이다.)

(1)　가.　父母都(健)在。〈现汉〉

　　　　　(부모님이 (세상에) 계신다.)

　　　나.　青春常在。〈新华〉

　　　　　(청춘은 항상 존재한다.)

　(1)은 동사 '在' 뒤에 아무 성분이 없고, 문장에 주어와 서술어만 출현한다. (1가)의 주어는 '사람'이고, (1나)의 주어는 추상물이다. (1가)와 (1나)는 모두 주어의 존재성을 나타내지만 구체적인 처소 성분은 명시화되지 않았다. 주어의 존재 위치에 대하여 화자와 청자 모두 '지구', 혹은 '세상'이라는 곳으로 인식하고 있다. 이처럼 명시화된 처소 성분이 없으면 동사 '在'의 의미는 '존재하다'를 지향한다.

(2)　가.　我今天晚上不在厂里。〈现汉〉

　　　　　(나는 오늘 밤에 공장에 없다.)

　　　나.　电脑在旁边。〈新华〉

　　　　　(컴퓨터는 옆에 있다.)

　(2)는 명시화된 처소 성분이 동사 '在'의 뒤에 나타난다. (2가)의 주어 '나'는 서술 대상으로 뒤에 서술어와 위치 성분의 수식을 받는다. '不在(-에 없다)'라는 부정 형식이지만 (2가)를 통하여 서술 대상의 위치를 설명하고 있음을 알 수 있다. (2나)는 서술 대상인 '电脑(컴퓨터)'의 위치를 설명한다.

　(2)는 (1)과 달리, 처소 성분이 명시화되었기 때문에 동사 '在'가 단순히 주어의 '존재성'을 표현하는 역할이 아니고 더 나아가 서술 대상인 주어의 위치 정보를 제공하는 역할을 하게 된다. 즉, 동사 '在'는 서술 대상의 위치를 부각한다. 이때는 동사 '在'의 의미가 '소재'를 지향한다.

(1), (2)에서 제시된 동사 '在' 구문은 처소 성분의 명시화 여부에 따라 '在'가 나타내는 의미 양상은 다르지만 공통적으로 대상과 영역 간에 일정한 '관계성'을 나타낸다. 도식(schema)은 가장 추상적이고 단순한 수준의 구조물로 파악되는 것을 가리킨다. 동사 '在'의 기본적인 의미 양상의 공통점을 통하여 그의 도식적 표상을 도출하면 〈그림 35〉와 같다.

〈그림 35〉 중국어 '在'의 도식적 표상

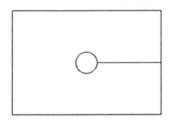

〈그림 35〉에서 큰 사각형은 '존재 영역'을 상징하며, 작은 원형은 '서술 대상'을 표시한다. 사각형과 원형을 연결하는 직선은 영역과 대상 간에 '관계성'을 가리키는데 이런 '관계성'을 구체화하기 위해 중국어 동사 '在'는 도식에서 '존재'와 '소재'로 의미 확장할 수 있다.

4.3. '在'의 원형의미

원형(prototype)은 전형적 실례의 도식화된 표상을 참조하여 정의된다. 원형에 일치하는 개체들은 이 범주의 '중심적인' 구성원으로 받아들여진다. 사람들이 경험하는 모든 개별 자극에 대해 유사한 자극들을 범주로 분류할 수 있는 범주화 능력을 가지고 있는데, 이런 범주화 능력은 의미 형성의 기초로 볼 수 있다. 유사한 의미 양상의 공통점을 찾아서 그것들의 상위 도식을 도출할 수 있고 반대 도식에서 출발하여 하위 실례에도 접근할 수 있다. 다음으로 '在'의 원형의미에서 출발하여 의미 확장의 양상을 살펴보아 '在'의 도식적 표상을 바탕으로 각 확장의미의 도식적 표상을 도출하고자 한다.

'존재하다'는 '在'의 기본적인 의미 양상으로 처음에 갑골문(甲骨文)에서 발견된 이후 지금까지 계속 사용되고 있다. '존재'라는 것은 인간들이 지각에 의해서 실제적인 신체 경험으로 형성되는 것이고 외부 세계를 인식하는 기초로 볼 수 있다.

(3) 가. 今天村里人都在。〈BCC〉
     (오늘은 마을 사람이 모두 있다.)
     나. 各种证据都在。〈BCC〉
     (여러 증거들이 모두 있다.)
     다. 精神永在。〈现汉〉
     (정신은 영원히 존재한다.)

(3)에는 처소 성분이 출현하지 않는다. 이때 동사 '在'는 '존재하다'의 의미를 나타내고 대상의 존재성을 부각한다. (3가)는 대상 '사람'의 존재성을 보여준다. (3나)와 (3다)는 대상 '물체'나 '추상물'의 존재성을 보여준다. '村里人(마을 사람)', '先帝(선황)', '证据(증거)', '精神(정신)'과 같은 '사람', '사물', '추상물' 등 존재 대상은 모두 '在'의 앞에 나타날 수 있다.

(4) 가. "是的, 那时先帝还在, 陛下还没有继承大位。" 曹禺《王昭君》
                                                      〈大词典〉
     (네, 그때 선황께서 계셨습니다. 폐하께서는 대통을 물려받지 않으셨습니다.)

(4가)에서 '先帝(선황)가 예전에 살아 있었다'라는 과거 존재를 나타낸다. (3)과 (4)에서 동사 '在'의 의미는 '존재'를 지향하며, 처소 성분이 발화 시 명시화되지 않아도 의사소통이 가능하다. 이것은 개념화자가 대상을 서술할 때 주관적인 관찰 지점을 취하여 관찰하기 때문이다. 이때는 '지구, 세계'라는 공간 영역의 배타적인 기능이 개념화자의 일부가 되어 공간 영역을 지각하지 못하게 된다.

한편, 동사 '在' 구문에서 '존재 대상'은 개념화자의 인지 세계에서 먼저 활성화된 정보로 간주될 수 있다. 먼저 활성화된 정보는 동사 '在'의 앞에 위치한다. 이운재(2014: 163)에서도 중국어에서 '존재'를 표현하는 구문에서 대상의 위치가 달라짐에 따라 그 구문이 표현하고자하는 정보적 속성은 달라진다고 제시하였다. 즉, 중국어에서 정보성의 달라짐은 성분의 위치, 즉, 어순의 변화를 동반한다. 이런 특징은 '존재'를 나타내는 '在' 구문뿐만 아니라 '有' 구문에서도 보인다. '존재'를 나타내는 '有' 구문에 대한 자세한 설명은 제5장에서 살펴볼 것이다. 따라서 '존재'를 나타내는 '在' 구문에서 존재 대상은 주어의 위치를 차지하며 개념화자의 인지 세계에서 미리 활성화되는 구정보이다.

한편, 갑골문(甲骨文)에서 발견된 '在'는 동사로서 '존재하다'의 의미로 사용되었다. 그러나 '在'의 원형의미 '존재'에서는 실례화 현상을 찾을 수 없다. 오히려 '在'의 확장의미에서 '소재'에서는 실례화 현상을 많이 나타난다. 왜 '在'의 원형의미에서 실례화 현상이 일어나지 않는가?

한국어에서 일반적으로 '있다'로 '존재'를 표현하는 반면 중국어에서 주로 '在'와 '有'로 '존재'를 표현한다. 한국어 '있다'의 예문을 이용하여 '존재'의 동작성과 상태성을 살펴보고자 한다.

(5)　가. 나가지 말고 집에 있어라.

　　　　別出去在家(呆着).

　　　나. 책상 위에 책이 있다.

　　　　桌子上有书。

　(5가)를 통하여 '존재'라는 것은 동작성(動作性)과 상태성(狀態性)을 나타낼 수 있는 것을 알 수 있다. (5가)의 '-어라'는 해라할 자리에 쓰여, 명령의 뜻을 나타내는 종결어미다.　한국어에서 동사의 성격을 가지고 있는 어휘만 명령형과 결합할 수 있다. (5가)의 '있다'는 '동사'의 성격을 나타낸다. (5나)에서는 정태적인 존재 상태를 나타낸다. (5가)와 (5나)가 대응하는 중국어를 보면 중국어에서 '在'로 '존재'의 동작성(動作性)을 표현하는데, '有'로 '존재'의 상태성(狀態性)을 표현한다.[50]

　동사 '在'에서 개사, 부사로 문법화하는 과정에서도 이런 현상을 찾을 수 있다. 개사 '在'는 문장에서 차지하는 위치에 따라 수식하는 대상이 다르지만 그의 수식대상은 동작이나 행위이고, 부사 '在'는 동작이나 행위의 진행을 나타낸다. 개사 '在'와 부사 '在'는 모두 동작성을 보여주고 있다.

　반면, 马建忠(1898), 黎锦熙(1924), 史存直(1980), 吕叔湘(1942), 高耀墀(1975), 丁声树(1961), 詹开第(1980), 朱霞(2008) 등은 '有'의 성격을 동작이나 행위를 나타내지 않는 동사로 간주하고 있다. 즉, '有'는 상태성을 강조한다. '有'의 문법화 과정에서 부사로 쓰이는 '有'가 수식하는 대상은 구체적인 동작이 아니라 전체 사건이다. 다른 말로 행동이나 사건을 의미하는 명칭을 수식한다.

　따라서 존재를 나타내는 '在'는 동작성을 강조하며, 상태성을 나타내는 존

---

50) 중국어에서는 '존재'를 나타내는 '在'로 상태성도 표현할 수 있다. 예컨대: 精神永在(정신은 영원히 존재한다.) 여기서 말하는 일반적인 규칙이다.

재의 의미를 표현할 수 없고 상태성을 나타내는 '존재'를 '有'로 표현할 수 있으므로 '在'의 원형의미에서 상태적인 존재로 실례화 할 수 없다.

4.4. 확장의미 '소재' 및 실례화

4.4.1. '소재'

'존재'를 나타내는 '在' 구문에서는 처소 성분이 명시화되지 않기 때문에 대상의 존재성을 부각한다. 한편 구문에 처소 성분이 명시화되면 대상의 존재성은 전제 되고, 동사 '在'는 존재 대상의 '위치성'을 부각하게 된다. 이때 '在'의 의미는 '소재'로 확장된다.

(6)　가. 父母都在.
　　　　(부모님이 (건강하게 살아) 계시다.)
　　　나. 父母都在家.
　　　　(부모님이 모두 집에 계신다.)

(6가)는 '在' 뒤에 처소 성분 없이 '부모님이 (건강하게 살아) 계시다'는 '존재성'을 나타낸다. 그러나 (6나)는 처소 성분 '家(집)'가 '在' 뒤에 명시화 되어, 동사 '在'는 '소재'의 의미를 나타낸다.

동사 '在'의 앞에 있는 존재 대상은 개념화자의 인지 세계에서 미리 활성화되는 구정보이고 동사 '在'의 뒤에 명시화된 처소 성분은 후에 활성화되기 때문에 신정보이다. 이를 통하여 개념화자가 사건을 관찰할 때 존재 대상에서 처소 성분으로 가는 관찰 지향을 알 수 있다.

4.4.2. '소재'의 실례화

4.4.2.1. 위치 설명

'위치 설명'은 개념화자가 대상의 위치 정보를 밝히는 것으로 정의된다. '위치 설명'을 나타내는 구문에서는 처소 성분이 필수 조건이다.

> (7)　가. 你的钢笔在桌子上呢。〈现汉〉
>
> 　　　　(너의 만년필은 책상 위에 있다.)
>
> 　　나. 月亮在东边。〈BBC〉
>
> 　　　　(달이 동쪽에 있다.)
>
> 　　다. 詹大同家开的小杂货铺就在湖边。〈BBC〉
>
> 　　　　(잔대동이 운영하는 작은 잡화점은 바로 호숫가에 있다.)
>
> 　　라. 你在我心里。〈BBC〉
>
> 　　　　(너는 내 마음속에 있다.)

(7)은 처소 성분이 명시화되어 존재 대상의 위치 정보를 제공해준다. (7가)는 서술 대상 '你的钢笔(너의 만년필)'의 위치를 설명한다. (7나)와 (7다)는 각각 서술 대상 '月亮(달)'과 '小杂货铺(작은 잡화점)'의 위치에 대하여 설명하고 있다. (7라)의 경우는 서술 대상 '你(너)'가 '我心里(내 마음속)'에 소재하는 것으로 '너는 나한테 중요하다'라는 뜻을 나타낸다. (7)에서 동사 '在'의 뒤에 명시화된 처소 성분은 기본적으로 '장소사(場所詞)'나 '방위사(方位詞)'이다. 또한, 처소 성분의 자리에 실제 장소뿐만 아니라 '마음속'과 같은 추상적인 장소도 올 수 있다.

한편, '위치 설명'이라는 관계 서술에서 주어 자리에 위치하는 서술 대상은 좀 더 현저한 개체로서 탄도체가 된다. 동사 '在' 뒤에 위치하는 처소 성분은 좀 덜 현저한 개체로서 지표가 된다. 서술 대상은 구정보로서 개념화자와 심리적 거리가 더 가깝기 때문에 개념화자의 관찰 지향은 탄도체에서 지표로 향한다.

무대 도식을 활용하여 '위치 설명'의 도식적 표상을 제시하면 〈그림 36〉과 같다.

〈그림 36〉 '위치 설명'을 나타내는 '在'의 무대 도식

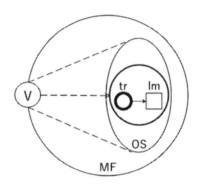

'V(Viewer)'는 관찰자(즉, 개념화자)를 가리킨다. 'tr'로 표시되어 있는 작은 원형은 탄도체를 상징한다. 'lm'로 표시되어 있는 사각형은 지표를 상징한다. 탄도체와 지표 간에 직선 화살표는 이동이나 에너지 전달을 표시하는 것이 아이라 개념화자의 관찰 지향(vantage orientation)을 가리킨다. 개념화자가 객관적으로 장면을 관찰할 때 먼저 관찰 지점을 탄도체에 두고 그의 위치를 설명하기 위하여 처소 성분을 명시화해준다. '위치 설명'은 '개념화자의 관점'에 의하여 확장되었다.

4.4.2.2. 체류

서술 대상이 '유정물'이고 처소 성분은 '회사', '집', '국가', '도시' 등 유정물이 머물 수 있거나 생활할 수 있는 장소일 경우 동사 '在'는 '체류'의 의미를 나타

낸다.

(8)   가. 我今天晚上不在厂里。〈现汉〉

       (나는 오늘 밤에 공장에 없다.)

    나. 他在宿舍。〈新华〉

       (그는 기숙사에 있다.)

    다. 李翰祥在香港, 李翰祥在澳门, 李翰祥在日本, 李翰祥在美国 …
       李翰祥无所不在, 就是不在台湾了 … 〈BBC〉

       (이한상이 홍콩에 있고, 이한상이 마카오에 있고, 이한상이 일본에 있
       고 이한상이 미국에 있고, 이한상은 어디에나 있는데, 단지 대만에만
       없다…)

(8가)에서 '在' 뒤에 나온 '厂(공장)'이라는 처소 성분은 사람이 일하는 장소
를 의미한다. (8나)에서 '宿舍(기숙사)'는 '학생'이 생활하는 공간이다. (8가),
(8나)는 주어가 어떤 장소에 머무르거나 생활한다는 뜻이 나타난다. (8다)에
서 '홍콩', '마카오', '일본', '미국' 등의 장소는 '李翰祥(이한상)'이라는 사람이
머물거나 살던 곳이다.

(8)에서 주어 자리에 있는 성분은 유정물이고 처소 성분은 유정물이 잠시
머물 수 있거나 살 수 있는 곳으로 이때 동사 '在'는 '체류'의 의미를 나타낸다.
이것은 '탄도체와 지표의 실례화'에 의하여 확장된 의미이다.

4.4.2.3. 담당

문장의 서술 대상이 유정물이고 처소 성분이 '직무', '직위'일 경우 '在'는 '담
당'의 의미를 나타내며, '담당'의 의미를 나타내는 중국어 '在'는 문장에서 보통
'在任, 在位'의 형식으로 사용된다.

(9)　가. 就是他在任上的时候, 下决心… 〈BCC〉

　　　　(바로 그가 재임하는 동안, 결심을 내렸다…)

　　　나. 罗马皇帝, 161~180年期间在位。〈BCC〉

　　　　(로마 황제, 161~180년 재위.)

(9)에서 동사 '在' 뒤의 '任', '位'은 '직무, 직위'를 의미하고, '在'는 '직무, 직위'와 결합하면 '담당'의 의미를 나타낸다. '담당하다' 주어의 유정성을 요구한다. '담당'는 역시 '탄도체와 지표의 실례화'에 의하여 확장된 의미이다.

4.4.2.4. 가입

문장의 서술 대상이 유정물이고 처소 성분은 '조직, 종교, 정당'일 경우 '在'는 '가입'의 의미를 나타낸다.

(10)　가. 在组织 〈现汉〉

　　　　(조직에 가입하다)

　　　나. 像他这么年轻就在党, 真不简单。〈BCC〉

　　　　(그가 이렇게 젊은데 정당에 가입하는 걸 보니까 훌륭하네.)

　　　다. "又过了不久, 传说菜虎一家在了教。" 孙犁《乡里旧闻》〈大词典〉

　　　　(얼마 지나지 않아, 채호와 식구들이 교회에 가입했다는 소문이 났다.)

(10가)에서 '在组织'는 '조직에 가입하다'의 뜻을 나타낸다. (10나)에서 '在党'는 '정당에 가입하다'의 뜻이다. (10다)의 경우는 '在'의 뒤에 시태조사 '了', 그리고 '教(교회)'가 있는데, 여기서 '동사+了'는[51] 앞에 동작이 이미 끝났음을

---

51) 동사의 의미가 다르므로 '동사+시태조사 了'가 동작이 발생했음을 나타낼 수도 있고, 동작이 이미 끝났음을 나타낼 수도 있다(刘月华 등, 2001: 362, 김현철 등 옮김, 2005: 413).

의미하고 '교회에 가입했다'는 것을 나타낸다.

관계 서술에서 대상은 더 현저한 개체로서 주어이고 탄도체가 된다. 처소 성분이 좀 덜 현저한 개체로서 지표가 된다. '가입'도 '탄도체와 지표의 실례화'로 인해 확장된 의미다.

4.4.2.5. 어떤 상황이나 처지에 놓임

앞에 '위치 설명', '체류', '가입'라는 의미들은 공간 영역에서 실현된다. 공간 영역이 추상적 영역으로 전환되면 '在'는 '어떤 상황이나 처지에 놓임'의 뜻을 지향한다. 중국어에서 '어떤 상황이나 처지에 놓임'을 의미하는 '在'는 단독적으로 쓰일 수 있지만 보통 '处在(-에 처하다)'라는 형식으로 많이 나타난다.

(11)　가. 他处在一个两难的境地。〈BCC〉

　　　　　(그는 진퇴양난의 곤경에 처해있다.)

　　　나. 我正好处在最复杂的阶段。〈BCC〉

　　　　　(나는 마침 가장 복잡한 단계에 처해있다.)

　　　다. 当前两岸关系正处在重要关头。〈CCL〉

　　　　　(지금 양안 관계가 중요한 길목에 서 있다.)

　　　라. 世界经济处在第三次增长期。〈CCL〉

　　　　　(세계 경제는 세 번째 성장기에 놓여있다.)

(11가)에서 '两难的境地(진퇴양난의 곤경)'은 공간적인 처소가 아니고 추상적인 상황을 가리킨다. (11나)도 마찬가지, '在' 뒤에 추상적인 처소 성분인 '最复杂的阶段(가장 복잡한 단계)'라는 표현이 나타난다. (11다)에서 '重要关头(중요한 시기)'는 시간 성분으로 '两岸关系(양안 관계)'가 어떤 상황에 놓인 것을 보여준다. (11라)는 '世界经济(세계 경제)'가 성장하는 상황에 놓이다'는 것을 나타낸다. (11)을 통하여 '在' 뒤에 추상적인 장소나 시간 성분으로 표시

된 '상황이나 처지' 등 표현이 나타남을 알 수 있다.

4.4.2.6. 원인 제시

Langacker(1987: 147)에서는 영역(domain)은 필연적으로 인지적 실체, 즉 정신적 경험, 표상적 공간, 개념, 개념적 복합체이라고 하였다. 영역은 기본 영역(basic domain)과 추상적 영역(abstact domain)으로 나눈다. 공간과 온도 같은 어떤 기본 영역은 우리의 신체화된 경험의 본질로부터 직접적으로 도출되는 데 반해, 미술, 사랑과 같은 다른 영역은 궁극적으로 신체화된 경험으로부터 도출되긴 하지만 본질적으로 복잡하다는 뜻에서 추상적 영역이다. 그러므로 사물의 원인/결과 관계, 즉 인과 관계도 추상적 영역에 속한다. 인과 관계 영역에서 원인과 결과는 둘 다 탄도체가 될 수 있는데 '원인 제시'를 나타내는 '在' 구문에서는 결과가 탄도체이고 원인은 지표이다.

(12)　　가. 事在人为〈现汉〉

　　　　　　（일의 성공 여부는 사람 노력에 달려 있다.）

　　　　나. 学习好, 主要在自己努力。〈现汉〉

　　　　　　（공부 잘하는 것은 주로 스스로 노력하기 때문이다.）

　　　　다. "打上打不上, 那就在你了。"〈BBC〉

　　　　　　（맞을지 안 맞을지는 너에게 달려 있다.）

　　　　라. 墨西哥发展的关键还在自己。〈BBC〉

　　　　　　（멕시코 발전의 관건은 자신에게 달려 있다.）

(12가)에서 '事(일)'은 '일의 성공 여부'를 의미한다. '在'의 뒤에 있는 '人为 (사람의 행동)'는 '노력'의 뜻으로 나타난다. (12가)에서 '일의 성공 여부'는 결과 상황이 되고 '사람의 행동'은 결정자의 역할을 한다. (12나)에서 '学习好(공부 잘하다)'는 결과이고 '自己努力(자기 노력)'은 결정적인 원인으로 제시되어

있다. (12라)에서는 '발전'의 결정적인 원인은 '자기의 노력'이라는 것을 제시하였다.

(12)는 문장 성분 간의 '인과 관계'를 나타낸다. '在'의 뒤에 있는 성분이 원인이고 앞에 있는 성분이 결과이다. 이때 동사 '在'는 '원인 제시'의 의미를 지향한다.

인간은 보통 가장 쉽게 지각할 수 있는 범주부터 외부 세계를 인식한다. 임지룡(2017: 243)에서 제시된 의미 확장의 양상에 의하여 의미는 '공간→시간→추상'과 같이 추상화 과정이 실현된다. '위치 설명'에서 '어떤 상태에 놓이다', '원인 제시'까지 '在'의 의미 확장 과정도 '공간→시간→추상'의 과정에 의해서 추상화해왔음을 확인할 수 있다.

4.5. 동사 '在'의 의미망 조직

지금까지 동사 '在'의 도식적 표상, 원형의미, 확장의미 및 실례화 양상을 살펴보았다. '의미망 조직 도식' 이론을 바탕으로 동사 '在'의 의미망 조직 도식화 하면 〈그림 37〉과 같다.

〈그림 37〉 동사 '在'의 의미망 조직

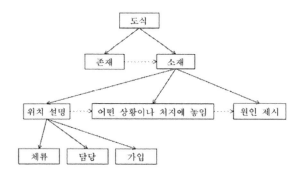

'在'의 원형의미는 '존재'이다. '소재'는 원형의미에서 확장된 의미이다. '소재'에서 또 다시 '위치 추정', '어떤 상황이나 처지에 놓임', '원인 제시' 등의 의미로 확장된다. 그리고 '위치 추정'이 실례화 되면서 '체류', '담당', '가입' 등 의미를 나타낸다. 각 의미 양상의 확장 방식을 정리하면 〈표 12〉와 같다.

〈표 12〉 동사 '在'의 의미 양상과 확장 방식

상위 의미	실례화 과정	하위 의미	확장 방식
소재	1차 실례화	위치 설명	개념화자의 관점(원근법)
		어떤 상황이나 처지에 놓임	영역의 추상화
		원인 제시	영역의 추상화
	2차 실례화	체류	탄도체와 지표의 실례화
		담당	탄도체와 지표의 실례화
		가입	탄도체와 지표의 실례화

4.6. 개사 '在'

개사(介詞) '在'는 동작이나 행위의 장소, 시간, 조건, 그리고 사물이 존재하는 위치나 상태를 나타낸다. 선행 연구에서는 개사 '在'가 포함된 문장을 분석할 때 보통 '在' 개사구의 문장 내 위치를 주목하였다.

戴浩一(1975)에서는 '在' 개사구는 문장 구성상 네 가지 상황으로 구분할 수 있다고 하였다. '동사 앞', '동사 뒤', '동사 앞, 뒤(의미 차이 있음)', '동사 앞, 뒤(의미 차이 없음)' 등 네 가지 위치를 제시하였다. 范继淹(1982)에서는 '在' 개사구가 문장에서 세 가지 위치를 차지할 수 있다는 것을 밝혔다. '개사

구는 주어 앞에 있다', '개사구는 동사 앞에 있다', '개사구는 동사 뒤에 있다'
세 가지 위치를 제시하였다.[52] 이림용(2017)에서도 范继淹(1982)에서 제시된
세 가지 유형을 채택하였는데 개사구가 동사 앞에 출현하는 문장의 경우 서술
어에 따라 두 가지 양상으로 세분화 하였다.[53] 본 연구는 '在' 개사구에 초점
을 두고 그의 위치에 따른 인지적 특징을 살펴보고자 한다. 각 사전에 수록된
개사 '在'의 예문을 보자.

(13)   가. 事情发生在去年。〈现汉〉

        (그 일은 작년에 일어났다.)

        나. 在礼堂开会。〈现汉〉

        (강당에서 회의한다.)

        다. 这件事在方式上还可以研究。〈现汉〉

        (이 일은 또 방법적으로 연구할 수 있다.)

        라. 在他的帮助下, 我取得了较好的成绩。〈现汉〉

        (그의 도움 덕분에 나는 비교적 좋은 성적을 받았다.)

---

52) 范继淹(1982)에서는 문장에 개사구가 나타나는 위치를 세 가지로 귀납하였다.
   A: 在PP+NP+VP (주어 앞)
   B: NP+在PP+VP (동사 앞)
   C: NP+VP+在PP (동사 뒤)
53) 이림용(2017)에서는 '在' 개사구의 위치는 세 가지를 제시하였고 서술어에 따라 아래
   다섯 가지 유형을 세분화 하였다.

형식	'在NP'의 위치	구문 유형
A	주어 뒤, 서술어 앞에 출현	NP1+在NP+VP
B	문장 서두나 주어 뒤, 서술어 앞에 출현	在NP+NP1+VP
		(NP1+)在NP+VP(有+NP2)
		(NP1+)在NP+VP(V着/了+NP2)
C	서술어 뒤에 출현	NP1+VP+在NP

(13가)는 '在去年(작년에)'라는 개사구가 동사 '发生(발생하다)'의 뒤에 나타난다. (13나)는 개사구 '在礼堂(강당에서)'가 동사 '开会(회의하다)'의 앞에 나타난다. (13다)의 개사구 '在方式上(방법적으로)'는 동사 '研究(연구하다)'의 앞에 나타나며 서술어 바로 앞에 '可以(-을 수 있다)'라는 보조동사가 첨가되었다. (13라)에서 개사구 '在他的帮助下(그의 도움 덕분에)'는 주어 '我(나)'의 앞에 위치한다.

(13)을 통하여 사전에 수록된 예문들의 '在' 개사구의 위치는 세 가지로 정리할 수 있다.

〈표 13〉 '在' 개사구의 위치

형식	'在PP'의 위치	구문 유형
A	서술어 앞	NP+在PP+VP
B	서술어 뒤	NP+VP+在PP
C	주어 앞	在PP+NP+VP

중국어 개사구는 문장에서 '표기'의 역할을 한다. 개사구의 위치에 따라 문장 전체나 술어 동사를 보충하거나 수식할 수 있다. 또 중국어 개사는 영어의 전치사와 달리 서술 동사의 유형과 의미의 영향을 받지 않는다.

(14)　가. George's grandmother died [at four o'clock].

　　　　乔治的奶奶在4点去世了。 → 乔治的奶奶4点去世了。

　　　　조지의 할머니는 4시에 죽었다

　　　나. Lily washed up [in ten minutes].

莉莉<u>在十分钟内</u>洗好了。 → 莉莉十分钟就洗好了。

릴리는 10분 안에 씻었다.

다. Lily slept [for an hour].

*莉莉<u>在一个小时内</u>睡觉了。 → 莉莉睡了一个小时。

릴리는 1시간 동안 잤다.

(14가)에서 동사 'died'는 순간적 사건을 부호화한다. 이것은 사건이 거의 시작하자마자 끝난다는 것을 뜻한다. (14나)의 'wash up'와 (14다)의 'sleep'은 지속적(durative) 사건을 표현한 동사로서, 이것은 사건이 시간이 지나도 계속된다는 것을 뜻한다. 그러나 (14나)의 'wash up'은 종결적이고 고유한 끝점을 가지고 있는 사건이다. (14다)의 'sleep'은 끝점이 없는 비종결적인 사건이다. 문장에서 부사류 표현이 전치사구로서 'at', 'in', 'for' 등과 같은 인지적 표상에서 장면의 구조적 특성을 제공하는 요소가 머리어로 뒤에 시간의 '범위'를 부호화하는 명사구를 포함한다. 전체 부사류 표현과 동사로 부호화되는 의미의 양립가능성을 결정하는 것은 전치사이다.[54]

중국어에는 이런 특징이 없다. (14)를 보면, 중국어로 직역을 하면 개사 '在'는 영어 전치사 'at', 'in', 'for'와 대응할 수 있다. 하지만 (14가), (14나)와의 경우, 중국어로 의역을 하면 오히려 개사가 없는 것이 더 자연스럽고 시간 성분이 개사구로 간주된다. 한편 (14다)의 경우, 중국어로 직역할 때 '릴리는 한 시간 내에 잠이 들었다'라는 내포 의미를 나타낸다. 이때 중국어 직역 번역문은 영어 원문의 의미를 정확하게 표현할 수 없다. (14다)를 중국어로 의역하

---

54) 인지문법(CG)에서 공간이나 시간은 점(point)이거나, 한정 범위(bounded extent)이거나, 비한정 범위(unbounded extent)일 수 있다고 한다. 공간이나 시간의 양이 거리상에서 얼마나 멀리까지 '뻗는지'와 관련이 있는 것은 '확장의 정도(degree of extension)'라고 한다. 영어에서 시간 영역에 초점을 두는 경우는 각각의 확장의 정도가 서로 다른 유형의 부사류(副詞類) 표현, 즉 전치사구와 양립한다(Vyvyan·Melanie, 2006, 임지룡·김동환 옮김, 2008: 556).

면 개사구 없이 서술 동사 바로 뒤에 보어로[55] 쓰인 시간 성분을 붙이면 된다. 정리하면 중국어 개사는 영어 전치사와 달리 그것을 활용함에 있어 서술어 유형의 영향을 받지 않는다.

나아가 중국어 개사구와 서술어, 주어간의 배치순서는 '주의 체계'와 관련이 있다. 중국어 '在' 개사구는 문장 내 위치에 따라 '주의 체계'의 변화를 유발한다. '주의 체계'는 개념화자가 장면에 대한 주의를 어떻게 조절하는 지를 결정한다. '주의 체계' 요인[56] 중 '주의 초점(focus of attention)', '주의 창문(window of attention)', '주의 층위(level of attention)' 등 의 영향을 많이 받는다. 개념화자의 '주의 초점'은 '모습/배경' 도식을 발생시킨다. '주의 창문'은 장면의 일정 부분 혹은 여러 부분들을 명시적으로 언급하는 데 반해, 다른 부분은 생략될 수 있는 것과 관련이 있다.[57] 개념화자의 '주의 층위'는 문장 집단에 주의 초점을 두는지 아니면 문장 집단의 내적 구조나 성분성에 초점을 주는지의 여부와 관련이 있다. 이런 차이는 문법으로 부호화된다.

중국어 개사구는 공간이나 시간 영역에서 장면, 혹은 행동을 한정하는 역할을 할 수 있다. 중국어의 경우는 개사구와 동사나 주어의 배치순서에서 '주의 체계'와 관련이 있다. 주의 체계이론의 실행자인 개념화자는 장면을 바라보는 것이 원근법의 영향을 받는다.

---

55) 刘月华(2001: 614)에 따르면 동사 뒤에 나타나고, 동작이나 변화와 관련되는 수량 성분은 '数量补语(수량 보어)'라고 한다. 동작이나 행위가 진행되는 시간이나 횟수 등을 나타내는 것은 '动量补语(동량 보어)'라고 하고 동작이나 상태가 지속되는 시간을 나타내는 것은 '时量补语(시량 보어)'라고 한다.

56) '주의 체계'의 요인으로 '주의 세기', '주의 초점', '주의 창문', '주의 층위', '주의 사상' 등이 있다. 이들은 주의의 구분되는 유형으로 간주되지 않고 서로 상호작용해서 주의를 집중시킨다. 현저성은 '주의 초점', '주의 패턴', '주의 층위'를 발생시킨다. 이것은 다시 장면으로 사상된다(Vyvyan·Melanie, 2006, 임지룡·김동환 옮김, 2008: 560).

57) 이런 현상은 또한 'windowing(창문화)'와 'gapping'(공백화)라고 칭한다.

4.6.1. A형: NP+在PP+VP

중국어 문장에서 '在' 개사구의 위치는 다양하다. '在' 개사구가 서술어의 앞에 위치할 경우 이를 A형이라 칭한다.

(15)　가. 彼德<u>在海员俱乐部</u>工作。〈实用现代汉语语法〉

　　　　　(피터는 선원클럽에서 일한다.)

　　　나. 我<u>在不知不觉中</u>回避了关于'父亲'的那一问。〈BCC〉

　　　　　(나도 모르게 아버지에 대한 질문을 피했다.)

　　　다. 萝琳<u>在上面</u>等着, 眼睛像冬天的湖水一样冰冷。〈BCC〉

　　　　　(나림이 위에서 기다리고 있는데 눈이 겨울의 호수같이 차갑다.

　　　라. 我们<u>在商贩和看热闹的人群间</u>挤来挤去。〈鸟的礼物〉

　　　　　(우리는 장사꾼과 구경꾼들 사이를 이리저리 헤치며 돌아다닌다.)

　　　마. 这趟火车每天<u>在七点钟</u>通过这座桥。〈实用现代汉语语法〉

　　　　　(이 기차는 매일 7시에 이 다리를 지난다.)

(15)에서 '在' 개사구는 동사의 앞에 위치한다. (15가)에서 개사구 '在海员俱乐部(선원클럽에서)'는 서술 동사 '工作(일하다)'에게 일정한 장소를 제공하며 동작의 실행 장소를 '海员俱乐部(선원클럽)'에 한정한다. (15나)에서 개사구 '在不知不觉中(모르는 사이에)'는 서술 동사 '回避(피하다)'가 발생하는 상황을 '不知不觉(모르는 사이)'에 한정한다. (15다)에서 개사구는 '等(기다리다)'라는 동작이 발생하는 위치를 '上面(위)'에 한정시킨다. (15라)도 마찬가지로 '挤来挤去(이리저리 헤치며 돌아다니다)'라는 동작이 발생하는 장소를 '商贩和看热闹的人群间(장사꾼과 구경꾼들 사이)'에 한정한다. (15마)에서 개사구 '在七点钟(7시에)'은 뒤에 서술 동사 '通过(지나다)'가 발생하는 시작점을 지정한다. (15)를 통해 서술 동사 앞에 나타나는 '在' 개사구는 동작이 발생하는 장소나 위치, 혹은 시간을 한정함을 알 수 있다.

4. 중국어 '在'에 대한 인지적 분석　139

A형 구문에서 '在' 개사구는 문장의 서술어를 상술하는 역할을 하는데, 개념화자는 주어에 주의 초점을 두어 주어와 관련된 행위를 상술한다. '在' 개사구는 서술어와 관련된 공간, 시간 정보를 제공하며 동작이나 행위가 발생한 환경을 명시화해 준다.

4.6.2. B형: NP+VP+在PP

'在' 개사구가 서술어 바로 뒤에 나타나는 경우 이를 B형이라 칭한다.

(16)　가. 我一个人躺在屋里, 开始认真思考大婶的人生。〈鸟的礼物〉
　　　　　(나는 방안에 혼자 누워 아줌마의 인생에 대해 곰곰히 생각하기 시작했다.)

　　　나. 我见到她时, 她卷起裤管坐在河边的青草上。〈活着〉
　　　　　(내가 그녀를 봤을 때, 그녀는 바지 단을 걷어 올리고 물가의 풀 위에 앉아 있었다.)

　　　다. 我劝他留在上海治病, 他还是同学生们一起走了。〈BCC〉
　　　　　(나는 상해에 남아서 치료를 받으라고 권했는데, 그는 그래도 학생들과 같이 떠났다.)

　　　라. 另外两个人一言不发地看着他, 站在一旁连脚步都不挪动。

　　　　　　　　　　　　　　　　　　　　　　　　　　　　〈BCC〉

　　　　　(다른 두 사람은 한 마디도 없이 그를 쳐다보고 있고, 한 걸음도 움직이지 않은 채 한편에 서있다.)

(16가)에서 개사구 '在屋里(방안에)'는 서술 동사 '躺(눕다)'의 뒤에 나타난다. 개사구는 주어가 '躺(눕다)'이라는 동작을 한 뒤의 위치를 확정해준다. (16나)는 주어가 '坐(앉다)'라는 동작을 한 뒤 '在河边的青草上(물가의 풀 위)' 있다는 것을 보여준다. (16다)의 서술어 '留(남다)'와 개사구 '在上海(상해에

140 한국어 '있다'와 중국어 '在', '有'의 인지언어학적 대조 연구

서)'도 마찬가지다. (16라)의 '站(서다)'라는 동작이 발생한 뒤 주어가 '一旁(옆)'에 있다는 것을 알 수 있다. B형 구문은 공통적으로 동작이 발생한 뒤 주어의 물리적 위치에 변화가 발생한다. 동사 뒤에 있는 '在' 개사구가 주어 위치 변화의 결과를 설명한다. 李航(2016: 12)에서는 'NP+VP+在PP' 구문의 '在PP'는 앞에 'VP'에 대하여 보충하는 성분이고, 동작이나 행위가 주어의 위치 변화를 설명하는 것이라고 주장한 바가 있다.

B형 구문의 '在' 개사구는 서술 동사로 인한 주어 위치 변화의 결과를 보여 주는데, 이 과정에서 개념화자의 주의 초점은 주어에 둔 상태에서 동작이나 행위 변화가 생기기 때문에 주어의 위치 변화를 상술한다. '在' 개사구가 주어와 관련된 위치 변화의 결과를 명시화 해준다.

4.6.3. C형: 在PP+NP+VP

A형과 B형 구문은 '在' 개사구가 문장 내부에 있고 서술어와 밀접한 관계를 이룬다. 반면, C형 구문의 '在' 개사구는 문장 앞에 독립적으로 존재한다.

(17)　가. <u>在去学校的路上</u>, 我遇到了大成药店的叔叔.〈鸟的礼物〉
　　　　 (학교 가는 길에 나는 대성 약국의 아저씨를 만났다.)
　　　나. <u>在东京</u>, 圭次好像有着年轻人应有的快乐.〈BCC〉
　　　　 (도쿄에서 케이지는 젊은 사람이 응당 갖는 즐거움을 갖게 된 것 같다)
　　　다. <u>在后来的日子里</u>, 我确实遇到了许多像福贵那样的老人.〈活着〉
　　　　 (그 후에 나는 확실히 푸꾸이 같은 그런 노인들을 많이 만나봤다.)
　　　라. <u>在那些困难的岁月里</u>, 大伯父给了我们家很大的帮助.
　　　　　　　　　　　　　　　　　　　　　　　　〈实用现代汉语语法〉
　　　　 (그 어려웠던 시절에 큰 아버지께서는 우리 집을 무척 많이 도와주셨다.)
　　　마. <u>在一时冲动之下</u>, 未加思索就对那女人说: 她跟她丈夫都曾结过婚.
　　　　　　　　　　　　　　　　　　　　　　　　　　　　　　〈BCC〉

(일시적인 충동으로 깊이 생각하지 않은 채 그 여자에게 그녀와 그녀의 남편이 원래 모두 각각 결혼했었다고 말해버렸다.)

(17)에서 '在' 개사구는 문장의 맨 앞에 있고, 뒤 문절에서 서술된 사건이 발생한 장소, 시간, 조건 등 정보를 제공해준다. (17가)와 (17나)는 뒤 문절의 문장 구조는 완벽하지만 의미상으로 보면 묘사된 사건에 관한 장소 정보가 없다. 그러나 앞에 있는 '在' 개사구 '在去学校的路上(학교 가는 길에)'와 '在东京(도쿄에서)'가 뒤 문절에서 서술된 사건이 발생한 장소를 설명해주고 있다. (17나)의 개사구 '在后来的日子里(그 후에)'와 (17다)의 개사구 '在那些困难的岁月里(그 어려웠던 시절에)'는 뒤 문절에서 서술된 사건이 발생한 시간 정보를 설명한다. (17라)에서 개사구 '在一时冲动之下(일시적인 충동으로)'는 뒤 문절에서 서술된 사건이 발생한 조건을 나타낸다.

C형 구문의 '在' 개사구는 뒤에 나온 사건이 발생하는 장소, 시간, 조건 등을 한정한다. '在' 개사구가 사건 내부의 어떤 동작에 대하여 상술하는 것이 아니고 뒤 문절에서 나타내는 사건 전체에 대하여 상술함으로써 사건과 관련된 상술 정보를 명시화 해준다.

4.7. 부사 '在'

시간 부사로 쓰이는 '在'는 '5·4운동(五·四運動)'시기, 즉 현대중국어 시기부터 보편적으로 사용되기 시작했다(张亚军, 2002: 52~61). 冯雪东(2009)에서는 시간 부사 '在'와 '正在'가 거의 같은 시기에 나타났다고 주장하며, '正在'의 형성과 용법은 '在'와 긴밀한 관계가 있고 시간 부사 '在'는 '진행'의 상적 의미를 나타낸다고 밝혔다.[58]

---

58) '正在'의 형성에 대하여 학자마다 다른 주장을 가지고 있다. 주로 두 가지 학설이 있다. 하나는 萧斧(1955)에서 '正在'가 '正+在PP+VP'의 개사 '在' 뒤에 처소 성분이 탈락되어

사건에 대한 과정 서술은 연속적인 일련의 상태를 포함하고 각 상태는 관계에 윤곽 부여한다. 미완료적 과정은 과정의 중간 단계만 윤곽 속에 있고, 일정한 시작점과 종결점이 없다. '진행'은 미완료적 과정으로 간주된다. 진행 과정이 윤곽 부여한 시간 내에 행동이나 동작의 동태성(動態性)을 요구한다.

(18)　가. 他在睡觉。〈新华〉

　　　　　　(그는 잠을 자고 있다.)

　　　나. 我看他们的时候, 他们也正在看我。〈BCC〉

　　　　　　(내가 그들을 쳐다볼 때, 그들도 나를 쳐다보고 있다.)

　　　다. 那时是傍晚, 夜幕正在降临。〈BCC〉

　　　　　　(그때는 저녁 무렵으로, 밤의 장막이 내리고 있다.)

　　　라. 这真太棒了, 就像在做梦。〈BCC〉

　　　　　　(이건 정말 멋지다, 꿈을 꾸고 있는 것 같다.)

　　　마. 风正在刮, 雨正在下。〈现汉〉

　　　　　　(바람이 불고 있고 비가 내리고 있다.)

(18)에서 부사 '正在/在'는 동작이 진행되고 있음을 부각하는데, (18가), (18나)의 동사 '睡觉(잠을 자다)', '看(보다)'은 서술하는 과정의 중간 단계에서 균형을 유지하면서 동태성을 보여줄 수 있다. 부사 '在'의 수식을 받아 진행함을 나타낸다. (18다)의 동사 '降临(강림하다)'와 (18라)의 '做梦(꿈을 꾸다)'도 마찬가지, 이들이 의미하는 동작이나 행위는 균형적이고 일정한 시간 구역 내에 지속적인 동태성을 보여줄 수 있다. (18마)에서 자연 현상을 묘사하는 동사 '刮(불다)', '下(내리다)'도 일정한 시간 구역 내에 균형적인 움직임을 보여줄 수 있다.

형성된 것이라고 주장하였다. 다른 하나는, Ihara Daisaku(1982)에서는 '正在'가 '正+VP+之间/之中'의 '之间/之中'이 탈락되어 형성된 것이라고 주장하였다. 그리고 Kosaka Junichi(1992), 刘月华(2001), 吕叔湘(2005) 등에서도 시간 부사 '在'는 '진행'을 나타난다는 주장을 언급하였다.

(18)을 통하여 '在'의 뒤에 출현하는 동작들은 모두 균형적인 동태성을 보여줄 수 있는 것이며, 부사 '在'의 수식을 받아 균형적 진행을 나타낼 수 있다. 이런 특징은 한국어 '-고 있다1'과 비슷하다. 다음은 전형적 사건모형을 이용하여 균형적 진행을 나타내는 시간 부사 '在'의 도식적 표상을 제시하면 〈그림 38〉과 같다.

〈그림 38〉 '균형적 진행'을 나타내는 시간 부사 '在'의 도식적 표상

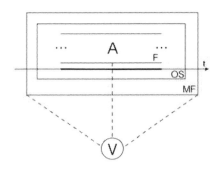

A는 동작의 중간 단계를 상징한다. 윤곽 부여된 시간 구역 내에서 끊임없이 움직임을 나타낸다. 이런 특징을 통하여 중국어 부사 '在'와 한국어 '-고 있다1'는 모두 '균형적 진행'을 나타낼 수 있다는 것을 알 수 있다.

한편, 앞서 살펴본 균형을 유지하는 동작뿐만 아니라 반복해서 동태성(動態性)을 보여주는 순간 동작도 부사 '在'의 수식을 받을 수 있다.

(19)　가. "一切都会变, 一切都在变, 我也在变." 巴金《思想复杂》

〈大词典〉

(모든 것 변할 수 있다. 모든 것 변하고 있다. 나도 변하고 있다.)

나. 太太在梳头, 大少爷早起来了. 〈BCC〉

(사모님이 머리를 빗고 있고, 도련님이 일찍 일어났다.)

다. 母亲还在咳嗽。〈BCC〉

(어머니가 아직 기침하고 있다.)

라. 大家都在吃饭。〈BCC〉

(모두 식사하고 있다.)

(19)에서 서술 동사 '变(변하다)', '梳头(머리를 빗다)', '咳嗽(기침하다)', '吃饭(식사하다)' 등은 순간성(瞬間性)을 가지고 있는 동작이다. 하지만 일부 '死(죽다)'와 같이 반복될 수 없는 순간동사는 진행 과정에서 출현하지 못한다.

정리하면 균형적 동태성(動態性)을 나타내는 동사와 반복될 수 있는 순간 동사들이 부사 '在'의 수식을 받을 수 있고 진행함을 나타낼 수 있다.[59]

순간 동작이 반복될 때마다 그와 대응하는 윤곽 부여한 시간 구역도 같이 반복하게 된다. 이런 특징을 통하여 중국어 부사 '在'와 한국어 '-고 있다1'은 모두 '비균형적 진행'을 나타낼 수 있다는 것을 알 수 있다. 전형적 사건모형을 이용하여 '비균형적 진행'을 나타내는 시간 부사 '在'의 도식적 표상을 제시하면 〈그림 39〉와 같다.

〈그림 39〉 '비균형적 진행'을 나타내는 시간 부사 '在'의 도식적 표상

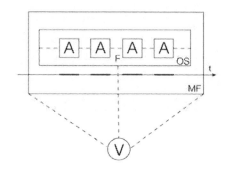

---

59) 何瑛(2010)에서도 '지속성 동사와 반복할 수 있는 순간성 동사가 시간 부사 '在'의 수식을 받을 수 있다'라는 유사한 견해를 제시한 바가 있다.

〈그림 39〉에서 A는 반복되는 순간 동작을 상징한다. 윤곽 부여된 시간 구역도 같이 반복하게 된다.

'진행'이라는 과정은 윤곽 부여된 시간 구역 내에 일정한 시작점과 종결점이 없기 때문에 미완료적 과정으로 간주된다. 〈그림 38〉은 〈그림 39〉와 같이 개념화자가 전체 사건을 서술하는 것이 아니라 사건을 쪼개서 그의 중간 단계만 부각한다. 따라서 '진행'은 비완망상에 속한다. 한국어 '-고 있다1'과 중국어 부사 '在'에 대한 인지적 대조 분석은 제6장에서 다룰 것이다.

이외에 동사 '在'가 개사 '在', 부사 '在'로의 변천 과정에서 문법화 현상을 확인할 수 있다. 최초의 갑골문에서 나온 '在'는 동사로 쓰이며, 선진(先秦) 시기(B.C. 21세기~B.C. 221년)의 문헌에서 '在NP+VP' 형식이 나타나고[60] 양한(兩漢) 시기(B.C. 207년~A.C. 220년)에 '在NP'는 더 이상 '동사구'가 아닌 '개사구'로 간주될 수 있는 구문이 많이 보이기 시작한 뒤 위진 남북조(魏晉南北朝) 시기(A.C. 220년~A.C. 581년) 이후에 '在'는 '개사'의 성격을 명확히 확립하였다.[61] 시간 부사 '在'는 '5·4운동(五·四運動)'시기부터 보편적으로 사용되기 시작했다.[62] 따라서 대략 선진(先秦) 시기부터 위진 남북조(魏晉南北朝) 시기까지 이 사이에 '在'는 동사에서 개사로 문법화 과정을 거치고 '5·4운동(五·四運動)'시기가 될 때 부사로 문법화했다는 것을 예측할 수 있다.[63]

---

60) 張赬(2002)에서는 선진(先秦) 시기에 '在NP+VP' 중의 '在'는 개사가 아닌 동사로 본다. '在NP+VP'는 '在+NP', 'V+NP' 이렇게 두 가지 독립적인 동사구문으로 나눠서 본다. 따라서 선진(先秦) 시기에 '在NP'라는 형식이 나타나지만 '在'는 개사가 아니라 여전히 동사로 쓰인다.

61) 潘玉坤(2005)에서는 양한(兩漢) 시기에 '在+목적어'의 구문은 '장소'를 표시하지만, 독립된 단위로 간주한다. 낭독 시 '鱼/在/在藻', '子/在川上/曰'처럼 문장의 서술어로 핵심이 되는 주요 부분에 일정한 휴지가 있어야 한다고 주장한다.

62) '5·4운동(五·四運動)'시기 전에 '在'가 소설에 가끔 부사의 성격을 보여줬는데 광범위하게 사용되지 않았다. 그리고 Kosaka Junichi(1992)에서 '在+동사'의 용법은 중국 남부 지역 사람들이 일종의 방언처럼 사용하던 것이었으나, '5·4운동(五·四運動)' 이후의 현대 중국어에서도 보편적으로 사용되기 시작한다고 보고 있다.

63) 동사에서 개사로 진화하는 과정에 대하여 石毓智(1995)에서는 '주체', '객체', '처소' 등 성분과 관계가 밀접한 동사는 주요동사에서 이차적인 동사로 퇴화한 빈도가 높다고

한편, 동사 '在'는 사람이나 사물과 그것이 소재하는 위치의 관계를 부각한다. 이때, 탄도체와 지표 사이의 공간적 관계를 나타내므로 비시간적 관계 (simple atemporal relation)를 지닌다.[64] 동사 '在'는 위치 관계를 부각한다. 이런 관계 서술에서 주어 자리에 있는 사람이나 사물은 좀 더 현저한 개체로서 탄도체가 된다. 개사 '在'는 동작이나 행위, 혹은 사건과 그것들이 발생하는 장소, 시간, 조건의 관계를 부각한다. 이런 관계에서 '在' 개사구의 위치에 따라 창문화된 대상이 달라진다. 부사 '在'는 윤곽 부여된 시간 내에 동작의 존재 방식을 부각하며 '진행'을 나타낸다. 이를 통하여 중국어 '在'는 동사에서 개사로, 또한 부사로 변천하는 과정은 추상화 양상을 보이며, 내용어에서 기능어로 확장하는 과정에는 문법화 현상이 나타난다.

4.8. 소결

지금까지 중국어 '在'의 의미양상을 살펴보았다. 현대 중국어 '在'는 동사, 개사(介詞), 부사 세 가지 용법으로 쓰이고 있다. 이 장에서는 동사 '在'의 도식적 표상, 확장의미 및 의미 실례, 그리고 '在' 개사구의 문장 내 위치에 따라 나타나는 인지적 특징, 또한 부사 '在'의 상(aspect)적 의미, 도식적 표상 등을 살펴보았다. 중국어 '在'의 인지적 특징을 정리하면 다음과 같다.

첫째, 동사 '在'의 도식적 표상은 '관계성'을 나타낸다. 동사 '在'가 원형의미

밝혔다. 이차적인 동사에서 일반 동사의 문법 특징은 사라지고 동사에서 분화되어 개사의 용법이 나타난다고 주장한 바가 있다.

64) 비시간적 관계는 하나의 일정한 형성(形性)으로 환원시킬 수 있는가에 따라 단순하거나 복잡하다. 단순한 비시간적 관계(simple atemporal relation)를 상태 관계로 정의하고 복잡한 비시간적 관계(complex atemporal relation)는 하나의 일정한 형상으로 환원시킬 수 없다(Langacker, 1987, 김종도 옮김, 1999a: 231). 영어의 부치사(adposition)는 관계적 서술에 대한 원형적이라고 하였다. 영어 'The letters in the sink(하수구에 빠진 편지들)'에서 전치사 'in'은 탄도체와 지표 사이의 공간적 관계에 윤곽 부여하며 상태를 가리키는 단순한 비시간적 관계(simple atemporal relation)에 속한다.

로서 '존재'의 의미를 나타낼 때 문장 내 처소 성분은 명시화되지 않는다. 하지만 '지구, 세상'이라는 처소 성분은 잠재적으로 작용한다. 동사 '在'가 확장 의미로서 '소재'의 의미를 나타낼 때 명시화된 '처소 성분'이 '在'의 뒤에 쓰여 존재 대상의 위치 정보를 제공해준다. 그리고 '공간→시간→추상'의 추상화 과정에 의하여 '위치 설명'에서 '어떤 상태나 처지에 놓임', '원인 제시' 등 의미로 확장한다. 또 '위치 설명'의 의미로부터 '탄도체와 지표의 실례화'에 의하여 '체류', '담당', '가입' 등의 의미로 확장한다. 동사 '在'의 의미 확장 방식을 정리하면 다음 〈표 14〉와 같다.

〈표 14〉 동사 '在'의 의미 확장 방식의 유형

의미	확장방식	유형
체류	탄도체와 지표의 실례화	구성요소의 실례화
담당	탄도체와 지표의 실례화	
가입	탄도체와 지표의 실례화	
위치 설명	개념화자의 관점	원근법
어떤 상태나 처지에 놓임	영역의 추상화	추상화
원인 제시	영역의 추상화	

둘째, 개사 '在'는 동작이나 행위가 발생하는 장소, 시간, 조건, 그리고 결과 상태를 나타낸다. '在' 개사구의 문장 내 위치는 '주의 체계'에 의하여 결정된다. '주의 체계'는 참여자와 장면에 대한 주의 분배를 지배한다.

먼저, '在' 개사구가 서술어의 앞에 있는 경우, '在' 개사구는 문장의 서술어를 한정하여 서술어와 관련된 상술 정보를 명시화해준다.

다음, '在' 개사구가 서술어의 뒤에 있는 경우. '在' 개사구는 앞에 동작이나 행위로 인해 주어 변화의 결과를 보여주며 주어와 관련된 상술 정보를 명시화 해준다.

마지막, '在' 개사구가 문두에 있는 경우, '在' 개사구는 뒤 문절에서 서술되는 사건 전체를 한정하여 사건과 관련된 상술 정보를 명시화해준다.

셋째, 부사 '在'는 '진행'을 나타난다. '진행'은 과정에 일정한 시작점과 종결점이 없고 동작의 동태성(動態性)을 요구한다는 특징이 있다. '진행'은 '미완료적 과정'을 나타내며 '비완망상'에 속한다. '진행'은 윤곽 부여된 시간 구역 내에 동작이나 행위의 동태성(動態性)을 요구한다. 부사 '在'가 나타내는 '진행'은 두 유형으로 나뉜다. 하나는 동작이나 행위가 균형적 동태성을 나타내는 진행이고 다른 하나는 동작이나 행위가 반복해서 나타나는 비균형적 진행이다.

넷째, 동사 '在'는 사람이나 물체가 소재한 위치를 나타낸다. 개사 '在'는 동작이나 행위가 차지하는 장소, 시간, 범위, 그리고 존재하는 상태를 나타낸다. 부사 '在'는 동작이 윤곽 부여된 시간 구역 내에 존재하는 방식을 나타낸다. '在'가 '동사→개사→부사'로 변천 과정에서 문법화를 동반한다. '在'의 서술 대상은 '유정물→무정물'로 추상화되었으며, 의미상 '구체적→추상적'으로 확장되었다. 그리고 '在'가 부각한 영역은 '공간→시간'으로 변하였으며, 용법상 '내용어→기능어'로 확장되었다.

5. 중국어 '有'에 대한 인지적 분석

제5장은 중국어 '有'의 의미 양상을 분석할 것이다. 먼저 동사 '有'의 사전 의미를 살펴보고 귀납한 뒤 도식적 표상을 도출해서 원형의미, 확장의미, 실례화 양상과 확장 요인을 밝혀서 '有'의 의미망 조직을 그려보고자 한다. 그리고 부사 '有'의 인지적 역할, 상(aspect)적 의미와 '有'의 문법화 현상을 살펴보고자 한다.

5.1. '有'의 사전적 의미

앞서 한국어 '있다'와 중국어 '在'의 의미양상을 살펴보았다. 지금부터 중국어 '有'의 의미양상을 살펴보고자 한다. 본 연구는 중국어 '有'의 의미를 살펴보기 위하여 중국어 사전 『現汉』, 『大词典』, 『新华』를 선택하여 각 사전에 기술된 '有'의 뜻풀이를 살펴보았다. 중국어 사전에 기술된 '有'의 뜻풀이를 정리하면 〈표 15〉와 같다.

〈표 15〉 중국어 사전에 기술된 '有'의 의미 양상

범주	사전 뜻풀이		
	『現代』	『大词典』	『新华』
동사	表示领有, 跟'无', '没'相对 (소유를 나타낸다, '무', '몰'과 서로 대립되다)	拥有, 保有, 与'无'相对 (가지다, 보유하다, '무'와 대립하다)	表示存在 (존재를 나타낸다)
	表示存在 (존재를 나타낸다)	表示存在 (존재를 나타낸다)	

	表示所领有的某种事物 (多为抽象事物)多或者大 (소유하고 있는 사물(추상물의 경우가 많다)이 많음을나타낸다)	具有, 怀有 (구비하다, 가지고 있다)	表示具有 (구비하다)
	表示发生或出现 (발생이나 출현을 나타낸다)	呈现, 产生或发生某种情状 (어떤 상황을 보여주거나 생기거나 발생한다)	表示出现或发生 (출현이나 발생을 나타낸다)
	表达到达一定的数量或某种程度 (일정한 수량이나 정도에 도달한다)	用作应答之词, 多用于卑者对尊者, 下级对上级 (응답할 때 쓰는말, 아랫 사람이 윗 사람에게 응답할 때 많이 쓴다)	表示估量 (추측을 나타낸다)
	泛指, 跟'某'的作用相近 (일반적으로 무엇을 가리키다, '모'와 기능이 비슷하다)	泛指, 跟'某'作用相近 (일반적으로 무엇을 가리키다, '모'와 기능이 비슷하다)	表示泛指, 相当于'某些', '某' (일반적으로 무엇을 가리키다, '모', '일부'와 같다)
	用在'人, 时候, 地方'前面, 表示一部分 (사람, 시기, 장소 앞에 쓰여 '일부분'의 뜻은 나타낸다)	连用, 表示其中的一部分 (연용하여, 그 중의 일부를 나타낸다)	
-	用在某些动词的前面组成套语, 表示客气 (일부 동사 앞에 쓰여, 사양함을 나타낸다)	做动词词头 (동사의 접두사로 쓰인다)	用在某些动词的前面, 表示客气的套话 (일부 동사 앞에 쓰여, 사양함을 나타낸다)
-	前缀, 用在某些朝代名称的前面 (접두사, 일부 왕조의 연대 앞에 쓰인다)	前缀, 用在某些朝代名称的前面 (접두사, 일부 왕조의 연대 앞에 쓰인다)	前缀, 用在某些朝代名称的前面 (접두사, 일부 왕조의 연대 앞에 쓰인다)
	姓 (성)	姓氏 (성씨)	-

동사로 쓰이는 '有'는 5개 이상의 의미를 가지고 있다. 기타 용법인 '有'는 동사 앞에 쓰여 '사양하다'는 의미를 나타내는 것과 '왕조'의 앞에 접두사로 쓰이는 용법, 그리고 성씨로 나타나는 용법은 본 연구의 연구 대상이 아니므로 다루지 않는다. 중국어 '有'의 사전 뜻풀이를 정리하면 〈표 16〉과 같다.

〈표 16〉 중국어 '有'의 의미 양상

범주	뜻풀이	예문
동사	拥有, 保有, 与'无'相对 (가지다, 보유하다, '무'와 대립하다)	我有鲁迅全集。 (나에게 루쉰전집이 있다.)
	表示所领有的某种事物(多为抽象事物)多或者大 (소유하고 있는 사물(추상물의 경우가 많다)이 많음을 나타낸다)	有'土'斯有'财', 便也有'实力'。 (땅도 있고 돈도 많으니 힘이 생긴다.)
	表示存在 (존재를 나타낸다)	屋里有十来个人。 (방 안에 사람 10여명이 있다.)
	表示发生或出现 (발생이나 출현을 나타낸다)	形势有了新发展。 (형세에 새로운 발전이 생겼다.)
	用作应答之词, 多用于卑者对尊者, 下级对上级 (응답할 때 쓰는 말, 아랫사람이 윗사람에게 응답할 때 많이 쓰인다)	周立波《暴风骤雨》: "他唤到···张班长！'有'张班长忙跑过来, 立了个正。(그가 '장반장'이라고 부르자 '네' 하고 장반장이 뛰어와서 차렷했다.)
	表达到达一定的数量或某种程度 (일정한 수량이나 정도에 도달하다)	水有三米多深。 (물은 3미터정도로 깊다.) 他有他哥哥那么高了。 (그는 그의 형만큼 키가 컸다.)
	泛指, 跟'某'的作用相近 (일반적으로 무엇을 가리키다, '모'와 기능이 비슷하다)	有一天他来了。 (어느날 그가 왔다.) 有人这么说, 我可没看见。 (누군가 이렇게 말했는데 내가 못 봤다.)
	用在'人, 时候, 地方'前面, 表示一部分 (사람, 시기, 장소 앞에 쓰여 '일부분'의 뜻은 나타난다)	有人性子急, 有人性子慢。 (어떤 사람의 성격은 급한데 어떤 사람의 성격은 느리다.)

동사로 쓰이는 '有'는 '존재하다', '소유하다', '소유물이 넉넉하다', '출현, 발생', '어느 정도나 수량을 도달하다', '응답할 때 쓰는 말'과 '일반적으로 일부분을 가리키다'의 의미를 갖는다.

지금부터 '有'에 대하여 인지적 분석을 진행하겠다. 먼저 동사 '有'의 도식적 표상, 원형의미, 확장의미를 밝혀 의미망 조직을 도출할 것이다. 그리고 실제 언어 환경에서 사용되고 있는 '有'의 부사적 용법을 살펴보고자 한다.

5.2. '有'의 도식적 표상

중국어 동사 '有'의 사전적 뜻풀이는 '소유하다', '존재하다', '출현, 발생', '응답', '어느 정도나 수량으로 도달하다' 등이 있는데, 지금까지 '有'의 의미에 대하여 여러 학자들이 많이 논의하여 왔다.[65]

呂叔湘(1942)은 '有'가 '소유', '존재', '정도' 세 가지 의미를 가진다고 하였고, 張豫峰(1999)은 '有'의 의미를 '존재', '소유', '발생', '추측'으로 분류하였다. 尹钟宏(2001)은 '有'의 의미로 '존재', '소유', '영속(領屬)', '발생', '추측'등을 제시하였다. 刘月华(2001)는 '有'의 의미를 '구비', '존재', '출현, 발생', '포함', '도달' 등으로 분류하였다. 선행 연구를 통하여 중국어 동사 '有'의 기본적인 의미가 '존재'와 '소유'라는 것을 알 수 있다.

(1)   가. 屋里有十来个人。〈现代〉

(방 안에 사람 10여명이 있다.)

나. "刘家峧有两个神仙, 邻近各村无人不晓。"赵树理『小二黑结婚』

〈大词典〉

---

65) 呂叔湘(1942)은 동사 '有'의 의미를 '소유', '존재', '포함'의 의미로 분류하였고, 高耀墀(1957)은 동사 '有'가 '비교', '도달'의 의미를 가진다고 지적하였으며, 赵元任(1979), 刘月华(1983)에서는 동사 '有'가 '발생'과 '출현'의 의미를 가진다고 밝혔다.

(류가교에 신선 두 명이 있는데, 옆 마을에서는 모르는 사람이 없다.)

　다. 这里有山有水。〈新华〉

　　(여기 산도 있고 물도 있다.)

(1)에서 동사 '有'는 서술어의 역할을 담당하고 있다. '有'의 앞에 '처소 성분'이 있고 '有'의 뒤에 '존재 대상'이 나타난다. (1가)에서 '屋里(방 안에)'라는 처소 성분이 문두에 위치하고 '有'의 뒤에 존재 대상 '十来个人(10여명)'이 나온다. (1나)에서 '刘家峧(류가교)'라는 곳에 '两个神仙(신선 두 명)'이 존재한다는 것을 나타낸다. (1다)의 경우는 '有'의 앞에 장소를 대신하여 대명사 '这里(여기)'가 나왔고 뒤에 '有'는 반복하여 '有山有水(산도 있고 물도 있다)'라는 표현으로 나온다. '有' 뒤에 등장한 '山(산)', '水(수)'는 존재 대상으로 간주될 수 있다. (1다)는 '山(산)', '水(수)'가 존재함을 보여준다. (1)에서 동사 '有'는 '처소 성분'과 '존재 대상'의 관계를 '有'의 의미는 '존재'를 지향한다.

　(2)　　가. 我有《鲁迅全集》。〈现代〉

　　　　　(나에게 루쉰전집이 있다.)

　　　　나. "她对国家民族, 是有强烈责任感的。"[66] 孙犁『读萧红作品记』

　　　　　　　　　　　　　　　　　　　　　　　　　　　　〈大词典〉

　　　　　(그녀는 국가, 민족에게 막중한 책임감이 있다.)

(1)과 같이, (2)의 '有'도 동사이며, 문장의 서술어를 담당한다. (2가)에서 '有'의 앞에 '我(나)', 뒤에 '鲁迅全集(루쉰전집)'이 나온다. 주어 '我(나)'가 '鲁迅全集(루쉰전집)'을 소유한다는 의미를 나타낸다. (2나)는 주어 '她(그녀)'가

---

66) 이 문장에서 나온 '是'가 서술어가 아니다, '是…的' 유형은 어기(語氣)를 나타낸다. 이 유형의 문장은 주어에 대한 화자의 판단, 서술, 묘사를 나타내는 경우에 많이 쓰이며, 전체문장은 상황을 설명하거나 이치를 밝히고, 청자에게 사실을 받아들이거나 신뢰하도록 하는 긍정적 어기를 지닌다(刘月华 등, 2001, 김현철 등 옮김, 2005: 403).

'국가, 민족'에게 '責任感(책임감)'이 있다는 것을 보여준다. 여기서 '責任感(책임감)'은 '她(그녀)'의 감정이며, 이런 감정은 주어가 갖고 있는 속성으로 간주될 수 있다. (2)에서 동사 '有'는 소유자와 소유물 간의 '소유' 관계를 부각한다. 이때는 '有'의 의미는 '소유'를 지향한다.

또한, 사전과 말뭉치에서 다음과 같이 '존재'나 '소유'를 나타내는 '有' 앞에 처소 성분이 명시화 되지 않는 문형도 발견된다.

(3)　　가. 只听母亲说了句: "有人". 〈CCL〉
　　　　　　　(단지 어머니가 '사람이 있다'라고 말했다는 것을 들었다.)
　　　　나. 有一种罕见的脑病变所引起的疾病。〈CCL〉
　　　　　　　(희귀한 뇌병변으로 인한 질병이 있다.)
　　　　다. 有朝气。〈现代〉
　　　　　　　(생기가 있다.)
　　　　라. "有'土'斯有'财', 便也有'实力'。"茅盾『子夜』〈大词典〉
　　　　　　　(땅이 있어서 돈이 많으니 힘이 생겼다.)

(3가), (3나)에서 '有'는 '존재'의 의미를 나타낸다. (3가)는 '어떤 사람이 존재하다'를 나타내는데 '有'의 앞에 '사람이 존재하는 처소'는 명시화 되지 않았다. (3다)도 마찬가지, '질변'의 존재성만 보여준다.

(3다), (3라)에서 '有'는 '소유'의 의미를 나타낸다. (3나)에서 '有' 앞에는 성분이 없고 뒤에 '朝气(생기)'라는 표현이 있다. '생기'는 주어가 가지고 있는 속성이라고 간주할 수 있고 (3라)에서 '土(땅)', '财(돈)', '实力(실력)' 등은 사람에게 일종의 소유물로 간주될 수 있다.

(1~3)에서 제시된 구문은 공통적으로 '有'는 주어와 관련된 일정한 '관계성'을 보여준다. '有'의 의미 양상에서 대상과 영역이 이룬 관계성을 나타낸다.

중국어 동사 '有'의 도식적 표상을 제시하면 〈그림 40〉과 같다.

〈그림 40〉 중국어 '有'의 도식적 표상

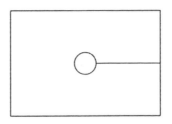

〈그림 40〉에서 큰 사각형은 '영역'을 가리킨다. 작은 원형은 '대상'이다. 사각형과 원형을 연결하는 직선은 영역과 대상 간에 관계성을 가리킨다. '관계성'에 의하여 여러 의미로 확장될 수 있다. 다음으로 '有'의 의미 양상을 살펴보고자 한다.

5.3. '有'의 원형의미 및 실례화

5.3.1. '존재'

20세기부터 중국어 학계에서 '有'의 원형의미에 대한 고찰이 많아지기 시작했다. '有'의 원형의미는 '소유'나 '존재'로 보는 견해로 양분화 되어 있다. '有'의 원형의미를 '소유'로 보는 견해로는 대표적으로 박기현(2005), 朱霞(2008), 홍연옥(2014)이 있다.

박기현(2005)은 '有'의 원형의미를 '소유'로 보며 '院子里有一棵槐树(마당에 홰나무 한 그루가 있다)'와 같은 '有'가 '존재'를 나타내는 경우도, 소유자를 사람이나 생명체 외에 무생물까지 확대하여 '소유'로 해석이 가능하다고 주장하였다. 朱霞(2008)는 '有'의 허화(虛化) 과정에 대하여 통시적인 분석을 하였다. '有'는 먼저 '소유→소유와 존재→존재'라는 의미 변화 과정을 거쳐 '존재'의 의미부터 허화 과정이 시작되었다고 주장하였다. 홍연옥(2014)은 徐灝

의 『说文解字注笺』을 근거로 '有'를 '손에 고기를 지니고 있음'의 의미로 보고 손에 고기가 있게 된 이후의 상태를 의미하는 것은 '소유'의 의미로 해석된다고 주장하였다. 그리고 '有'의 확장의미들이 원형의미인 '소유'에서 확장된다고 하였다.

이들의 주장에 따르면 '존재'는 '소유'로부터 확장되었다고 볼 수 있다. 즉, '有'의 원형의미는 '소유'로 본다. 그러나 '소유'라는 낱말의 의미는 '가지고 있음'이다. '가지다'라는 의미에는 소유자와 소유물이라는 요소가 필수적이다. 이 두 가지 요소의 관계를 다루기 전에 그들의 존재함이 인정되어야 한다. 둘 요소가 모두 존재해야 그들의 상호작용이나 관계성이 성립할 수 있기 때문에 존재함은 기본적인 전제로 간주될 수 있다. 이런 전제를 바탕으로 소유자와 소유물의 관계에 대하여 서술 가능하다.

또한, '소유 관계'에서 가장 초점을 받는 개체가 소유물이고 '소유 관계'는 '소유물'의 소속 문제에 대한 것으로 간주될 수 있다. '소유물'의 소속 문제의 전제는 '소유물'이 어느 곳에 존재한다는 것이기 때문에 결국은 '존재함'을 '소유 관계'의 기초로 볼 수밖에 없다.

Langacker(1991)에서도 인간은 인지적 현저성을 지니며, 추상적 개념보다는 물리적 물체를 보다 분명하게 인지할 수 있다고 밝혔다. 또한 주변 모든 실체 있는 물체들이 서로 상호작용의 관계(에너지의 전달, 소유 관계)를 이루기 위해서는 인간들이 먼저 자기 자신과 자신 주변에 있는 모든 실체 있는 물체의 존재성을 인지하는 활동이 선행되어야 한다고 하였다.

이를 통하여 '존재'의 의미가 '소유'로부터 확장된 의미가 아니라는 것과 '소유'보다 '존재'가 더 원형적인 의미라는 것을 알 수 있는데, 이 관점은 의미 확장의 원리로 다시 검증될 수 있다. 의미 확장의 원리에 '공간→시간→추상'으로 가는 확장 양상이 있으며, '존재'는 '공간'이나 '시간' 영역에서 실현된 개념이고, '소유'는 '추상' 영역에서 실현된 개념이다.

한편, 많은 학자들도 '有'의 원형의미는 '존재'로 보고 있다. 김미영 · 김진수 (2018)에서는 세상에서 '존재'가 바탕이 되어야 시간과 공간 안에서 의미가 새로 생겨날 수 있고, 다른 것도 논할 수 있다고 언급한 적이 있다. 許慎의『说文解字』에서 '有, 不宜有也,『春秋传』曰: 日月有食之, 从月又声.'라는 해석을 제시하고 있다.67) 許慎은『说文解字』에서『春秋传』에 태양을 달이 가리는 일식을 설명하면서 '有'자가 쓰였음을 제시하며, '有'자는 있어서는 안 되는 것을 나타낸다고 보았다. 당시의 천문학적 관점에서 볼 때, 태양을 달이 가리는 것과 같은 있어서는 안 되는 현상이 있는 것을 달을 의미부로 하는 '有'자를 통해 나타내었다는 것이다. 따라서 '有'자가 '月'로부터 의미를 취하고 '又'는 소리를 나타내는 형성자(形聲字)라고 보았다. 그 후에 오대남당(五代南唐)의 徐锴는『说文解字系传』에서 許慎의 관점에 동의하며, 달이 태양을 가렸지만 사실은 태양이 뒤에 존재하고 있는 것에서 '有'의 의미를 찾을 수 있다고 보았다.

陈叶红(2006)은 '有'는 고대인들에게 일식, 월식과 같은 천문 현상의 객관적 '존재'를 나타내는 말을 본뜻으로 삼아 나타나게 되었다고 주장하였다. 王勇 · 周迎芳(2012)에서는 '有'는 고대중국어부터 '존재'와 '소유'의 의미를 가지고 있다. '존재'를 나타내는 '有'와 '소유'를 나타내는 '有'는 서로 구분하기 어려운 경우를 열거하였고, '有'의 원형의미는 '존재'라고 밝혔다. '소유'는 일종의 '존재'로 보고, '처소 성분' 대신에 '유정물의 주체'가 '有'의 앞에 출현한다. 또한, '소유'는 '제도화(institutionalization)', '세속화(secularization)'된 '존재'라고 간주할 수 있다고 하였다.

이상 분석한 내용을 통하여 '존재'는 '소유'보다 더 원형적이고 기본적인 인

---

67) '有'는 당연히 있어야 할 것이 아닌데 있는 것이다.『春秋传』에 이르기를: '해와 달에는 그것이 먹히는 일이 있다(일식과 월식이 있다)'라고 하였다. 뜻은 '月'을 따르고, 음은 '又'이다. 한국어 해석은 홍연옥(2014: 46)을 따른다.

지 기초라는 것을 추리할 수 있고 '존재'는 사람과 물체들 간의 상호작용의 기초라고 할 수 있다.

(4) 가. 有一位脸色苍白, 代表"知识"的小姐。〈BCC〉

(얼굴이 창백한 그녀는 '지식'을 대표하는 아가씨다.)

나. 有一幢房子。〈BCC〉

(집 한 채가 있다.)

다. 有一篇描写夜景的文章。〈BCC〉

(야경을 묘사한 글이 한편 있다.)

라. 有一个马耳他人和三个西西里人。〈BCC〉

(몰타 사람 한 명과 시칠리아 사람 세 명이 있다.)

실제 언어 사용에서 (4)와 같이 '有'의 앞에 성분이 결석하는 '존재'를 나타내는 구문이 발견된다. 서술어 '有' 뒤에 존재 대상 성분만 나타난다. 詹开第(1981)는 이런 문장 구조에서 '有'는 '소개', '도입'의 역할을 한다고 하였고, '有' 뒤에 있는 성분이 부정(不定) 성분이라고 주장한 바가 있다. 朱德熙(1982)에서 (4)와 같은 구문은 형식상 주어가 없는데 의미상 '有'의 뒤에 있는 성분이 논리적 주어라고 보았다. 高慎贵(1990)에서 (4)와 같은 구문은 '처소 성분'에 대한 요구가 높지 않아서 '有'의 앞에 처소 성분이 생략된 것이라고 주장했다. 이운재(2014)에서는 '존재'를 나타내는 '有'의 뒤에 위치하는 '존재 대상'은 비활성화된 정보로 보았다. 즉, '有'의 뒤에 있는 성분이 그 뒤에 이어진 문장의 타당성을 제공하는 역할을 한다는 것이다.[68]

---

68) (4다)에서 제시된 예문은 뒤에 이어진 문장들이 '有'의 뒤에 나타난 부정(不定) 성분에 대하여 설명하는 내용이다. 예를 들어, 有一篇描写夜景的文章, 是这样开头的 : "我走出门来, 抬头一看, 呵! 月圆如镜, 繁星满天, 这光明灿烂的夜景, 使我发生了无穷的喜悦…" (야경을 묘사한 글이 있다. 이렇게 시작 한다 "내가 문에서 나와 고개를 들어보니, 와! 달이 거울처럼 둥글고 무수한 별이 온 하늘에 가득하다. 이렇게 밝고 찬란한 야경은

'존재'를 나타내는 '有' 구문 내 '有' 뒤에 있는 존재 대상은 비활성화 성분이기 때문에 그것은 신정보이며, 이런 점에서 '존재'를 나타내는 '在' 구문과 달리 '在' 뒤에 있는 성분은 구정보이다. 이와 같이 '존재' 구문의 각 성분을 갖고 있는 정보성은 어순에 반영된다. 중국어 '존재'를 나타내는 '在'와 '有' 구문의 정보성 차이에 대한 대조 분석은 후술할 것이다(§제6장 참조).

5.3.2. '존재'의 실례화

5.3.2.1. 위치 추정

앞서 살펴 본 원형의미를 나타내는 구문들은 구체적인 존재 영역은 명시화되지 않고 단순히 대상의 '존재함'을 나타낸다. 다음 예문들을 통해 처소 성분이 명시화 될 때와 명시화되지 않을 때의 차이를 비교해 보자.

(5)　　가. 有一个马耳他人和三个西西里人。
　　　　　（몰타 사람 한 명과 시칠리아 사람 세 명이 있다.）
　　　　나. 房间里有一个马耳他人和三个西西里人。
　　　　　（방 안에 몰타 사람 한 명과 시칠리아 사람 세 명이 있다.）

(5가)에서는 '马耳他人和西西里人(몰타 사람과 시칠리아 사람)'의 '존재함'을 보여주지만 어디에 있는지에 대한 정보는 알려주지 않는다. 따라서 이 사람들이 존재하는 위치를 추정할 수 없다. 이런 단순한 '존재성'을 보여주는 구문에 '처소 성분'을 첨가하면 (5나)와 같다. (5나)에서 처소 성분 '房间里(방 안에)'를 통하여 '马耳他人和西西里人(몰타 사람과 시칠리아 사람)'의 위치를 파악할 수 있다. 개념화자가 처소 성분을 참조점으로 하여 그것을 통해서 대상에 접근한다. Langacker(2009: 107)에서 (5나)와 같은 문형을 가진 '桌子上有

나로 하여금 무한한 희열을 느끼게 한다…") <BCC>

一本书(책상 위에 책 한 권이 있다)'에 대하여 분석하였고 '존재'를 나타내는 '有' 구문이 소유 구문의 인지적 특징과 비슷하다고 제시하였다. 소유 관계에서 보여주는 참조점과 목표 관계성은 탄도체와 지표의 배열과 모순이 된다.

(6)   The house has a roof. → *The roof has a house.[69]
        (Langacker1987, 김종도 옮김, 1999a: 182)

(6)을 보면 'the house'는 소유자이고, 'roof'는 소유물이다. (6)과 같은 소유 구문을 '탄도체와 지표'로 해석하면 소유자 'the house'는 탄도체의 실례고, 소유물 'a roof'는 지표이다. 이럴 경우 'a roof'는 개념화자가 'the house'를 인지하는 관찰 지점이 된다. 이러면 개념화자의 관찰 지향은, 즉 정신적 경로는 'a roof'에서 'the house'로 가게 된다. 이런 인지 과정을 언어로 표현으로 바꾸면 'The roof has a house'라는 비문이 된다.

Langacker(1987: 182)에서는 소유자와 소유물 사이의 비대칭성은 탄도체와 지표 배열과 다르다고 제시하였다. Langacker(1987)에서 소유 관계는 추상적으로는 당구공 모형의 원리와 비슷하다고 밝혔다.[70] 우리가 세계를 개념화 할 때는 근본적인 이상화된 인지모형을 동원한다. 소유 관계가 의거하는 모형의 모체는 일부의 현저한 개체들을 참조하여 다른 개체의 위치가 잡힌다는 것이다.

'존재'를 나타내는 '有' 구문의 인지 특징은 '소유'의 인지 특징과 비슷한데, '존재'를 나타내는 '在' 구문과 다르다. '존재'를 나타내는 '在' 구문에서 문장 성분이 '모습/배경'이라는 인지 모형을 반영하여 비대칭성의 의하여 탄도체와

---

69) Langacker(1987), 김종도 옮김(1999a: 182)에서는 'the girl's neck와 *the neck's girl', 'the boy's knife와 *the knife's boy' 등을 예로 설명하였다. 일반적으로 전체가 부분의 소유자로 해석되고 그 역은 성립되지 않는 이유, 혹은 물체 그 소유자 사이의 연관성에서 소유자 지위가 거의 항상 후자에게 부여되는지를 설명하지 못한다고 제시하였다. 다시 말하면, 소유자의 의미 구조는 후행하지 못하고 소유자가 소유물에 접근하는 정신적 순서는 항상 소유자에서 소유물로 간다.
70) '당구공 모형'은 제2장에서 제시된 <그림 10>을 참조한다.

지표로 표시되는데, 탄도체와 지표는 내용이 아니라 현저성에 의해서 특징규명의 역할을 한다.

반면, '존재'를 나타내는 '有' 구문에서 참조점과 목표 관계를 나타낸다. 참조점과 목표는 우리의 심리적 경험에 근본적이고 이상화된 인지모형의 구성원으로 정의되며 문장 내용에 대하여 또 다른 비대칭성을 보여준다.

세계는 다양한 성질을 가진 무수한 물체들로 이루어진 것으로 생각될 수 있다. 이 물체들은 어떤 관찰자에게는 현저성에 있어서 매우 가변적이다.71) 그러므로 현저한 개체들이 참조점 기능을 하고 관찰자가 현저하지 못한 물체가 현저한 것 곁에 있다는 것을 알면 현저한 것에 주의를 돌려서 그것의 이웃에서 현저하지 못한 것을 발견할 수 있다. 이를 통하여 '桌子上有一本书(책상 위에 책 한 권이 있다)'의 인지 과정은 명확해진다. '桌子上有一本书(책상 위에 책 한 권이 있다)'의 인지적 해석은 〈그림 41〉과 같다.

〈그림 41〉 '桌子上有一本书'의 인지적 해석

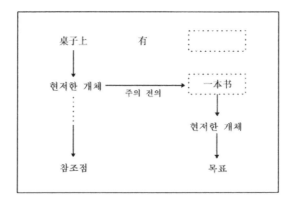

---

71) 예를 들어, 밤하늘의 별처럼 일부는 즉각 관찰자의 눈에 들어오는가 하면 반면에 다른 것들을 찾아내려면 특별한 노력을 기울여야 분명해진다.

〈그림 41〉에서 제시된 '桌子上有一本书'의 인지적 해석 도식을 보면 개념 화자가 발화 시작할 때 존재 대상이 비활성화 성분이다. 이때 처소 성분 '桌子上(책상 위)'는 현저한 개체이다. 개념화자가 존재 대상 '一本书(책 한권)'까지 지각하면 '주의 전의'가 일어난다. 이때는 존재 대상은 새로운 현저한 개체가 된다. 따라서 개념화자가 처소 성분을 참조점으로 간주하고 참조점을 통하여 존재 대상에 접근한다.

(6)　가. 屋里有十来个人。〈现代〉

　　　　　　(방 안에 사람 10여명이 있다.)

　　　나. 院子里有只狗。〈新华〉

　　　　　　(마당에 강아지 한 마리가 있다.)

　　　다. 解放初期我们故乡有一个大名赫赫的区长李满子。〈BCC〉

　　　　　　(해방 초기에 우리 고향에 명성이 자자한 구청장 이만자라는 사람이 있다.)

　　　라. 邮局门口有一只很大的蓝色信箱。〈BCC〉

　　　　　　(우체국 문 앞에 아주 커다란 파란색 우체통이 있다.)

　　　마. 身旁有一块面包, 还有一罐子水。〈BCC〉

　　　　　　(옆에 빵 한 조각, 물 한 항아리가 있다.)

(6가)에서 '有'의 앞에 처소 성분 '屋里(방 안)'은 대상 '人(사람)'이 존재하는 위치를 한정한다. (6나)에서 처소 성분 '院子里(마당)'은 대상 '동물'이 존재하는 위치를 한정한다. (6다)에서 대상 '区长李满子(구청장 이만자)'가 존재하는 공간적 위치(故乡: 고향)뿐만 아니라 시간적 위치(解放初期: 해방 초기)도 같이 한정된다. (6라)와 (6마)도 마찬가지, 처소 성분은 존재 대상의 위치를 한정해준다.

(6)에서 '有'의 앞에 있는 '처소 성분'은 '有' 뒤에 '존재 대상'의 위치를 추정

할 수 있게 한정해준 참조점의 역할을 한다. '위치 추정'을 나타내는 '有'의 도식적 표상은 〈그림 42〉와 같다.

〈그림 42〉 '위치 추정'을 나타내는 '有'의 도식적 표상

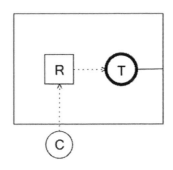

〈그림 42〉에서 '큰 사각형'은 위치 추정의 영역을 의미한다. 'T'로 표시되어 있는 '원'은 목표(Target)다. 'R'로 표시된 '작은 사각형'은 참조점(Reference point)이다. 'C'는 개념화자(Conceptualizer)다. 〈그림 42〉를 통하여 참조점과 목표는 서로 분리될 수 있는 개체라는 것을 알 수 있다. 참조점과 목표의 실례화에 의하여 분리할 수 없는 의미 양상도 나타날 수 있다.

5.3.2.2. 포함

'포함'은 '전체/부분'의 관계를 지닌다. 사전에서 '有'는 사람, 시기, 장소 앞에 쓰여 '일부분'의 뜻이 나타난다고 기록되어 있는데, 실제 언어 환경에서 나타난 '포함' 구문의 종류가 훨씬 많다.

(7)　　가. 云的种类很多, 有卷云, 积云, 层云等。〈实用现代汉语语法〉
　　　　　　（구름의 종류는 매우 많은데, 새털구름, 뭉게구름, 층운 등이 있다.）
　　　　나. 人造纤维有粘胶纤维, 铜氨纤维, 醋酸纤维等。

(인조 섬유에는 비스코스 섬유, 구리 암모니아 섬유, 초산 섬유 등이

있다.)

다. 人间的百姓用白面红糖烙成各式各样的'花儿', 有'猫'有'虎', 有'鸡'

有'鱼'。〈BCC〉

(인간의 백성들이 가루와 적사탕으로 여러 가지 '모습'을 구어서 만들

었다. '고양이'도 있고 '호랑이'도 있다. '병아리'도 있고 '생선'도 있다.)

라. 来客也不少, 有送行李的, 有拿东西的, 有送行兼拿东西的。

〈实用现代汉语语法〉

(온 손님이 적지 않은데, 짐을 갖다 주는 사람도 있고, 물건을 들어준

사람도 있고, 배웅할 겸 물건을 들어준 사람도 있다.)

(7가), (7나)에서는 '有'의 앞에 '云的种类(구름의 종류)', '人造纤维(인조

섬유)'는 '전체'가 되고 '有'의 뒤에 나타나는 존재 대상인 '卷云、积云、层云

(새털구름, 뭉게구름, 층운)'과 '粘胶纤维、铜氨纤维、醋酸纤维(비스코스

섬유, 구리 암모니아 섬유, 초산 섬유)'는 부분이 된다. 부분은 앞에 위치한

전체와 같은 종류에 속한다. 이런 문장에서 '有'의 뒤에 여러 성분이 열거하여

나타나 '전체/부분'의 관계를 이룬다.

(7다), (7라)에서는 '有+존재 대상'이 반복적으로 출현하였다. 동사 '有'의

앞에 있는 '各式各样的'花儿'(여러 가지 '모습')과 '来客(온 손님)'는 '전체'이

고, '有+존재 성분'인 "有'猫'有'虎', 有'鸡'有'鱼'('고양이'도 있고 '호랑이'도 있

다. '병아리'도 있고 '생선'도 있다)', '有送行李的, 有拿东西的, 有送行兼

拿东西的(짐을 갖다 주는 사람도 있고, 물건을 들어준 사람도 있고, 배웅할

겸 물건을 들어준 사람도 있다)'은 반복 등장하여 부분이 된다.[72] 이때 '有'는

---

72) 刘月华 등(2001: 696)에서는 (7다), (7라)와 같은 구문의 '有'의 목적어가 한 개가 아니고
나타난 목적어들이 '열거성(列擧性)'을 가진다고 하였다. 그리고 '有+목적어'의 형식으

'대상이 전체의 일부분으로 존재함'을 부각한다.

한편, '전체/부분'의 관계에서 '소유'의 의미도 나타날 수 있다. '소유'를 나타내는 '有'의 의미양상은 후술한다(§5.4. 참조).

'전체/부분' 관계에서는 '전체'가 참조점의 역할을 하게 되어 '부분'의 공간적, 시간적, 개념적인 위치를 추정할 수 있게 해준다. '포함'을 나타내는 '有'의 도식적 표상은 〈그림 43〉과 같다.

〈그림 43〉 '포함'을 나타내는 '有'의 도식적 표상

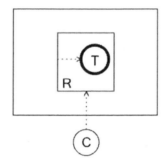

〈그림 43〉에서 '큰 사각형'은 위치 추정의 영역을 의미한다. 'T'로 표시되어 있는 '원'은 목표(Target)다. 'R'로 표시된 '작은 사각형'은 참조점(Reference point)이다. 'C'로 표시된 '큰 사각형' 밖에 있는 '원'은 개념화자(Conceptualizer)다. 〈그림 43〉은 참조점이 목표를 포함하고 서로 분리할 수 없는 의미 양상을 보여준다.

5.3.2.3. 응답

'응답'의 의미를 갖는 '有'는 자기 이름이 불려 그것에 응답할 때 사용한다.

_____

로 열거하는 구문도 이런 특징이 있다고 하였다.

(8)　가. 他唤到‥‥张班长！“有” 张班长忙跑过来, 立了个正。周立
波《暴风骤雨》〈大词典〉

(그가 '장반장'이라고 부른다. '네', 장반장이 뛰어와서 차렷했다.)

(8)에서 '有'는 독립적으로 사용되었고 응답하는 말이 된다. 이것은 특정한 언어 환경에서 대답하는 말로 참조점과 목표가 생략되어 나타나는 것이다. 특히 중국군대에서 '有'로 응답할 때가 많다. 한편 학교생활에서 '출석 체크'할 때는 중국어 '在', '到'를 많이 쓴다.

(9)　가. 记得小时老师点名, 我们一举手说: “在!”。〈BCC〉

(어릴 때 선생님이 출석을 부르면, 우리가 손을 들고 '네!'라고 대답한 것을 기억하고 있다.)

나. 老师点名的时候, 他答一声“到”。〈BCC〉

(선생님이 출석을 부를 때, 그가 '네'라고 대답한다.)

(9가), (9나)에서 각각 '在'와 '到'는 응답하는 말로 나타난다. (8), (9)에서 나타나는 '有', '在', '到'는 모두 '자기 이름을 불릴 때' 응답하는 말로 사용되어 이름을 불린 사람이 그 시간에 그 곳에 '존재하다'라는 뜻을 나타낸다. '到'는 '도착하다'의 뜻으로 '도착해서 일정한 곳에 존재하다'는 것을 보여준다.

5.3.2.4. 일반적으로 무엇을 가리킴

'일반적으로 무엇을 가리킴'의 의미를 갖는 '有'는 주로 비한정적인 것을 가리킬 때 쓰인다. '入学那天(입학하는 날)', '戴眼镜的人(안경을 쓴 사람)', '那个时间(그 시간)', '这个地方(이 곳)'과 같은 표현들이 한정적인 것을 가리키는 표현이다. 반면, '有一天(어느 날)', '有个人(어떤 사람)', '有时候(어떤 때)' 등은 비한정적인 것을 가리키는 표현이다.

(10) 가. 有一天他来了。〈现汉〉

(어느 날 그가 왔다.)

나. 有人看见他在书店。〈大词典〉

(어떤 사람이 그가 서점에 있었음을 보았다.)

다. 有一次, 我们发现一只山猫上树追逐一只山鸡。〈BCC〉

(한번은, 우리는 살쾡이 한 마리가 나무에 올라가서 꿩 한 마리를
쫓아 다닌다는 것을 보았다.)

라. 有两, 三次, 他低声同马克私下交谈。〈BCC〉

(두, 세 번은, 그가 소리를 낮춰서 마크와 사담을 나누었다.)

마. 有一阵子, 人们认为占卜妇人的预言已经实现。〈BCC〉

(한 동안, 사람들은 점치는 여인의 예언이 실현되었다고 여겼다.)

(10가)에서는 '有一天(어느 날)'은 '어느 날이 있다'로 해석되고, (10나)에서
는 '有人(어떤 사람)'은 '어떤 사람이 있다'로 해석된다. (10다), (10라)에서는
'有一次(한번이 있다)', '(두, 세 번이 있다)'로 이해할 수 있다. (10마)도 마찬
가지, '有一阵子(한참 동안이 있다)'로 해석된다.

'有'는 비한정적 성분의 '존재성'을 보여주는 역할을 하기 때문에 '有+비한
정적 성분'은 뒤에 이어진 내용, 예컨대: '他来了(그가 왔다)', '他在书店(그가
서점에 있다)' 등이 언급될 수 있게 해준다. 따라서 '有+비한정적 성분'은 보통
문두에 위치한다.

5.3.2.5. 출현, 발생

'출현, 발생'은 '무(無)'에서 '유(有)'로 가는 과정을 가리키며 '존재'의 첫 단
계로 간주된다. '무(無)'는 대상이 존재하지 않는 상태이고, '유(有)'는 대상이
존재하는 상태이다. '무(無)'와 '유(有)'는 공간 영역에서 정(靜)적인 상태를 보
여주지만 '출현, 발생'은 이 두 상태의 변화과정을 나타내는 동(動)적인 과정

으로 간주된다.

(11)　가. 在大家的帮助下, 他有了很大进步。〈现汉〉

(여러 분의 도움으로 그가 많은 발전을 할 수 있었다.)

나. 随着生产力的发展, 社会产品除了维持人们生活必需外, 开始
有了剩余。〈CCL〉

(생산력의 발전함에 따라, 상품은 사람들의 생활을 유지시켜줄 뿐
만 아니라 풍족함도 더해주기 시작했다.)

다. 在婴儿期, 孪生子的语言和认识能力就有了差异。〈CCL〉

(영아 시기부터 쌍둥이의 언어와 인지능력은 차이가 난다.)

라. 这个全新的制度, 在教师职务制度上有了新突破。〈CCL〉

(이 새로운 제도는 교사 직무 제도상 새로운 돌파가 되었다.)

마. 教堂的兴建和治安法官的宣判使他一下子恍然大悟, 他有了一
个念头。〈BCC〉

(교회의 건설과 치안 판사의 판결은 그에게 일깨움을 주었고, 그는
아이디어가 떠올랐다.)

(11가)에서는 '进步(발전)'가 출현했음을 나타낸다. '在' 개사구는 '进步(발
전)'가 출현하게 된 조건을 설명해준다. (11나)에서는 '剩余(풍족함)'가 생겼다
는 것을 알 수 있다. (11다)에서는 '差异(차이)'가 존재함을 보여주며 개사구
'在婴儿期(영아 시기)'는 뒤 문장이 서술한 사건의 시간적 구역을 제공한다.
(11라)와 (11마)에서는 '新突破(새로운 돌파)'와 '一个念头(아이디어 하나)'가
출현했음을 나타낸다.

(11)은 개념화자가 순차 방식(sequential mode)으로 대상을 관찰하여 '무
(無)'에서 '유(有)'의 과정을 거쳐 대상이 존재함을 보여준다. '출현, 발생'을 의
미하는 '有'의 뒤에 모두 시태조사 '了'를 붙여 출현이나 발생이 끝남을 표시하

며 대상이 존재한다는 결과 상태를 나타낸다. 대상은 개념화자가 접근하는 목표로 간주된다. '출현, 발생'의 도식적 표상은 〈그림 44〉와 같다.

〈그림 44〉 '출현, 발생'을 나타내는 '有'의 도식적 표상

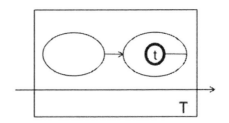

큰 사각형은 서술 대상이 출현하는 영역을 상징한다. 'T'는 시간을 가리킨다. 왼쪽에 있는 '타원'은 그 시점에 대상이 없는 상태를 표시한다. 오른쪽에 있는 '타원'은 대상이 존재하는 상태를 표시한다. 굵은 선으로 표시하는 것은 '출현, 발생'의 대상이고 동시에 개념화자가 접근하는 목표이다. 오른쪽 '타원'에서 '직선'은 대상이 그 시점에 존재함을 표시한다. 두 '타원'의 사이에 있는 '직선 화살표'는 개념화자가 장면을 관찰하는 심리적 경로를 상징하며 한 시점에서 다른 시점까지 관찰하는 유동(流動)성을 보여준다. 따라서 '출현', '발생'은 '개념화자의 순차적인 관찰방식'에 의하여 확장된 것을 알 수 있다.

5.3.2.6. 도달

'도달'은 비교를 바탕으로 비교 대상이 어느 정도에 도달한다는 것을 나타내는데, '비교'는 인간이 관찰을 통하여 외부 세계를 인식하는 수단으로 인식될 수 있으며, 인간은 '비교 과정'을 통하여 사물들이 존재하는 것을 인식한다. '비교'는 대상 간 '차이'에 의하여 실현된 개념이며, 따라서 '차이'에 대한 이해

는 '존재'를 인식하는 기초가 된다.

우리가 사물을 인식하고 그것을 언어 부호로 발화하기 전에 선행되는 것은 관찰이다. 예를 들어, 우리가 '책상', '책', '책의 위치는 책상 위이다'로 조직된 장면을 관찰하면 '桌子上有一本书(책상위에 책 한 권이 있다)'라고 발화할 수 있다. 이때 관찰자가 '책'의 존재함을 인지할 수 있는 기초가 바로 '책'과 '책상'을 비교하여 그것에 대한 차이를 발견하고 '모습/배경'이라는 인지적 모형이 호출되었기 때문이다.

그런데 인간의 감각은 외부 세계의 존재를 느낄 수 있지만 우리의 감각으로 인식된 외부 세계는 보는 대로 존재하지 않을 수도 있다. 예를 들어, 만약 책의 표지 색깔이 책상의 색깔과 구분 못할 정도로 일치하면 우리가 '책'의 존재를 느끼지 못하게 될 것이다. 이것은 눈으로 '책'과 '책상'의 형태를 구별하지 못하기 때문에 '모습/배경' 인지모형이 호출되지 못했기 때문이다. 이때 관찰자는 '책'의 존재를 느끼지 못하게 되고 존재 구문을 발화할 수가 없다.

Heidegger(1969: 62~65)에서는 '존재'는 '차이'고 '차이'를 통하여 대상을 발견할 수 있다고 제시하였다. Langacker(1987: 107)에서는 인지적 처리와 경험의 구조 짓기에 근본적인 것은 사물을 비교하여 그들 사이의 차이를 기록하는 능력이라고 제시하였다. 그리고 어두움을 배경으로 빛을 인식하는 과정(빛의 존재함을 나타냄)과 한 학생이 다른 학생보다 더 똑똑하다는 것을 관찰하는 경우는 비록 비교의 구체적 과정은 아주 다를지라도 무시할 수 없는 공통점을 가지고 있다고 하였다.

이를 통하여 우리가 '존재'와 '비교'를 인식하는 기초는 바로 '차이'라는 것을 알 수 있다. 비교할 때 차이가 많이 나면 비교 대상이 비교 기준에 도달하지 못한다. 반면에 차이가 크지 않으면 비교 대상이 비교 기준에 거의 도달할 수 있다. 후자의 경우 중국어는 '有'를 문장의 서술어로 사용하여 '도달'의 의미를 나타낸다.[73] 이런 문장은 '비교 대상이 어느 정도에 도달하다'라는 것을 의미한다.

(12)　가. 他有他哥哥那么高了。〈现汉〉

(그는 그의 형만큼 키가 컸다.)

나. 天花板有15英尺高。〈BCC〉

(천장은 15피트 높이가 있다.)

다. 那是一间大草棚, 有一个篮球场那么大。〈BCC〉

(그것은 커다란 띳집으로, 농구장만큼 컸다.)

라. 我在右边发现有一幢砖房, 那也许是牲口棚吧, 草长得有膝盖
那么深。〈BCC〉

(나는 오른쪽에 벽돌집이 하나 있는 것을 발견했는데, 그것도 축사일지
도 모르지만 풀은 무릎만큼 깊게 자랐다.)

마. 那些露出地面的长春藤的树干, 全都有一个人的身躯那么粗。

〈BCC〉

(바닥이 드러나는 등나무 줄기는 모두 한 사람의 몸집만큼 굵다.)

(12)에서 '크기', '높이', '무게', '폭' 등과 같은 사물의 속성은 어느 정도에 도
달한다는 것을 나타낸다. (12가)에서는 '형의 신장'을 기준으로 삼아 대상 '그
의 신장'과 비교한다. '他(그)'의 신장(身長)은 '他哥哥(그의 형)'만큼 도달한
다는 것을 나타낸다. (12나)는 표준 길이의 단위를 기준으로 '天花板(천장)'의
높이를 서술한다. (12다)는 '大草棚(커다란 띳집)'의 크기가 '篮球场(농구장)'
의 크기에 도달함을 표현한다. (12라)에서는 '사람 무릎의 높이'가 기준으로
삼아 '草(풀)'의 높이를 서술한다. (12마)에서는 '长春藤的树干(등나무 줄기)'
의 굵은 정도가 '人的身躯(사람의 몸집)'과 비슷하다'라는 것을 표현한다.
(12)를 통하여 '도달'을 나타내는 구문에서 '有'가 비교 대상과 비교 기준의 관
계를 부각한다. 비교 기준은 개념화자와 대화참여자가 이미 파악하는 정보나

73) 刘月华(2005: 697)에서는 '도달'을 나타내는 '有' 구문에서 '有'는 서술어를 담당한다고
제시한다.

경험해 본 것이다.

앞서 살펴본 '존재'에서 실례화된 다른 의미와 달리 '도달'은 관계 서술을 부각한다. 관계 서술에서 비교 대상과 비교 기준 간의 비대칭성이 나타난다. '도달'을 나타내는 '有' 구문에서 '有'의 앞에 위치하는 비교 대상은 더 현저한 개체로 탄도체의 역할을 한다. 동시에 지표는 참조점으로 비교 대상을 상술한다. '도달'을 나타내는 '有'의 도식적 표상은 〈그림 45〉와 같다.

〈그림 45〉 '도달'을 나타내는 '有'의 도식적 표상

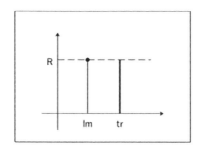

〈그림 45〉에서 '수직 좌표'는 사물이 가진 특징이나 속성의 정도를 표시한다. 탄도체와 지표는 각각 직선으로 표시되어 있다. 탄도체는 비교 대상을 상징한다. 지표는 비교 기준을 상징한다. 비교 기준의 종점은 참조 기준을 삼는다. 비교 대상은 참조점이 표시한 위치를 도달하면 '有' 구문으로 표현할 수 있다. 비교 대상은 참조점이 표시한 위치를 도달하지 못하면 언어적으로 부정적인 '沒有' 구문으로 표현할 수 있다.

'도달'을 나타내는 '有' 구문은 한 사물이 가진 어떤 특징이나 속성의 정도에 대한 측정하는 것을 나타낸다. 이런 점에서 '위치 추정'의 본질과 유사하다. '위치 추정'은 일반적으로 사물의 공간적 위치에 대하여 추정하는 것을 나타낸

다. 따라서 '도달'은 추상적인 영역에서 '어느 정도'에 도달한지를 추정한다는 것으로 볼 수 있다. '도달'은 '영역의 추상화'에 의하여 확장된 실례이라고 볼 수 있다.

5.3.3. '존재'의 의미망 조직

지금까지 '존재'를 나타내는 '有'의 원형의미, 확장의미와 실례 등을 살펴보았다. '존재'를 나타내는 '有'의 의미들로 이루는 의미망 조직을 도식화 하면 〈그림 46〉과 같다.

〈그림 46〉 '존재'를 나타나는 '有'의 의미망 조직

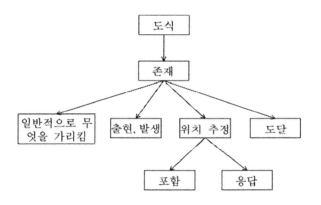

〈그림 46〉을 통하여 '존재'를 나타내는 '有'의 의미 실례들의 관계를 알 수 있다. 우선, 개념화자의 관점에 따라 처소 성분이 명시화되면 대상의 '위치 추정'을 가능하게 해준다. 그리고 '참조점과 목표의 실례화'로 인하여 '포함'과 '응답'이라는 의미 양상이 나타난다. 또한 '위치 추정'으로부터 '영역의 추상화'에 의하여 '도달'이라는 의미로 확장된다.

그리고 '개념화자의 관찰 방식'에 의하여 '출현, 발생'이라는 의미로 실례화

되며, '참조점과 지표의 실례화'에 의하여 '일반적으로 무엇을 가리킴'이라는 의미로 실례화된다. '존재'를 나타내는 '有'에서 실례화된 의미와 확장 방식을 정리하면 다음 〈표 17〉과 같다.

〈표 17〉 '존재'를 나타내는 '有'에서 실례화된 의미와 확장 방식

실례화	의미	확장 방식
1차 실례화	위치 추정	개념화자의 관점(원근법)
	도달	영역의 추상화
	출현, 발생	개념화자의 관찰 방식(원근법)
	일반적으로 무엇을 가리킴	참조점과 목표의 실례화
2차 실례화	포함	참조점과 목표의 실례화
	응답	참조점과 목표의 실례화

5.4. 확장의미 '소유' 및 실례화

5.4.1. '소유'

중국어에서도 '소유'라는 개념에서 부호화된 관계들이 많다. 이 장에서 살펴 볼 '소유 관계'는 '我有一百块钱(나는 100원이 있다)'와 같은 '有'에 의하여 '소유'를 나타내는 구문이다. '소유 관계'에서 '소유권'이라는 개념은 기본적이고 중심적이다. 앞서 제3장에서 언급한 것과 같이 '소유 관계'에서는 하나의 참조점이 다수의 목표에 잠재적으로 접근할 수 있는 특징이 있다. 이중에 참조점이 접근하는 목표와 '소유권' 관계가 생기면 '정신적 경로'가 이루어지고 소유 관계가 성립된다.

(13)　가. 我有《鲁迅全集》。〈现代〉

　　　　　(나에게 루쉰전집이 있다.)

　　　나. "她对国家民族, 是有强烈责任感的。" 孙犁『读萧红作品记』

　　　　　　　　　　　　　　　　　　　　　　　　　〈大词典〉

　　　(그녀는 국가, 민족에게 막중한 책임감이 있다.)

　(13)은 '소유 관계'를 나타낸다. '有'의 앞에 있는 성분은 '소유자'로 간주되고, 뒤에 있는 성분은 '소유물'로 간주된다. (13가)에서 소유자 '我(나)'는 소유물 '鲁迅全集(루쉰전집)'를 소유함을 나타낸다. 이런 소유 관계에서 소유자는 자신의 의지대로 소유물을 양도하거나 포기할 수 있다. (13나)에서 소유자 '她(그녀)'가 소유물 '责任感(책임감)'을 소유함을 나타내지만 소유자가 자신의 의지대로 소유물을 양도하거나 포기할 수 없다. (13가)와 (13나)의 '소유자'와 '소유물' 간의 내적 관계는 서로 다르다. (13가)는 소유자가 소유물을 양도할 수 있는 '지배 관계'를 지니고 있다. (13나)는 소유자가 소유물을 양도할 수 없는 '개체와 속성'의 관계를 지니고 있다.

5.4.2. '소유'의 실례화

5.4.2.1. 지배 관계

　'지배 관계'는 '소유자'가 '소유물'을 지배한다는 뜻이 아니고 '소유자'가 '소유물'에게 '지배 권리'가 있다는 것을 의미한다. 즉, 소유자가 소유물을 양도하거나 포기하는 권리를 실행할 수 있으며 소유자가 소유물과 서로 분리될 수 있기 때문에 소유물이 양보되거나 포기되어도 소유자의 존재성에는 영향을 미치지 않는다.

(14) 가. 我有《鲁迅全集》。〈现代〉

(나에게 루쉰전집이 있다.)

나. 女知青何丽萍有一块手表。〈BCC〉

(여성 지식 청년 하려평에게 손목 시계 하나가 있다.)

다. 她有一大笔财产, 而我的庄园却负债累累。〈BCC〉

(그에게는 많은 재산이 있는데 내 장원에는 부채가 산더미처럼 쌓였
다.)

라. 我有一个故事要告诉你。〈BCC〉

(나에게 이야기 하나가 있는데 너에게 말해줄게.)

(14가), (14나)에서 소유자는 '사람'이고 소유물은 '물체'이다. '사람'과 '물체'
는 지배관계를 나타낸다. (14다)에서 소유자는 '사람'이고 소유물은 '재산'이다.
'사람'이 '재산'을 소유하고 지배권을 갖는다. (14라)에서 소유자는 여전히 '사
람'이다. 소유물은 '故事(이야기)'가 된다. 이야기는 '정보'로 볼 수 있기 때문
에 소유자가 '일정한 정보'를 소유하고 다른 사람에게 알려주거나 퍼뜨릴 수
있는 권리가 있고, 혹은 무시하거나 다른 사람에게 알리지 않는 권리도 있다.
(14)에서 '지배 관계'를 지니는 '소유자'와 '소유물'은 서로 분리 가능한 개체이
며 '소유자'가 '소유물'을 양도하거나 포기할 수 있다.

'지배 관계'를 나타내는 '有' 구문에서 소유자는 참조점이고 소유물은 목표
이다. Langacker(2009: 82)에서 제시된 '소유'의 도식적 표상을 바탕으로 '지배
관계'의 도식적 표상을 제시하면 〈그림 47〉과 같다.

〈그림 47〉 '지배 관계'를 나타내는 '有'의 도식적 표상

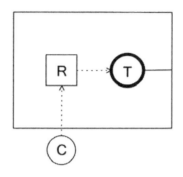

큰 사각형은 참조점과 관련된 소유 관계의 영향권(즉, 소유 영역)을 표시한다. 큰 사각형 밖에 있는 작은 원형은 개념화자(Conceptualizer)를 가리킨다. 큰 사각형 안에 있는 작은 사각형은 소유자를 상징한다. 소유자는 참조점(Reference point)이다. 작은 원형은 소유물을 상징하고 목표(Target)이다. 소유자와 소유물은 서로 분리될 수 있기 때문에 서로 접촉하거나 겹쳐진 부분이 없다는 것을 〈그림 47〉을 통하여 확인할 수 있다. 참조점과 목표 가운데에 있는 점선 화살표는 개념화자의 정신적 경로(mental path)를 상징한다. 정신적 경로를 통하여 개념화자가 참조점에서 목표로 접근하는 방향을 알 수 있다.

5.4.2.2. 개체와 속성

'개체와 속성'은 개체와 그것이 가지고 있는 속성의 소유 관계를 나타낸다. '개체와 속성'을 나타내는 소유자와 소유물은 서로 분리될 수 없다. 소유자와 소유물이 서로 분리되면 소유자가 가지고 있던 완전성이 사라진다. 이에 따라 소유자는 소유물을 포기하거나 양도할 수 없다. '개체와 속성'의 관계에서 소유자는 참조점이고 소유물은 목표다.

(15)　가. 不过这些人都有一个共同的特点: 至少酷爱一两门学问。〈BCC〉

　　　（그러나 이 사람들 모두에게 공통적인 특징 하나가 있다. 최소 한,

　　　두 가지의 학문을 매우 좋아한다는 것이다.）

　　나. 里索陶墨接口道: "是不是因为锅里和炉架里有一种内在性能和

　　　隐形特征。"〈BCC〉

　　　（리소다오모가 이어서 "냄비와 난로 받침대 안에 내재적인 성능과

　　　감추고 있는 특징이 있는 것이 아닌가"라고 말했다.）

　　다. 任何真理都有局限性。〈BCC〉

　　　（모든 진리에는 한계성이 있다.）

　　라. 吴升有一副天生乖巧的奴才相。〈BCC〉

　　　（우성은 선천적으로 타인을 따르려는 노예근성이 있다.）

　　(15가)에서 소유자는 '这些人(사람들)'이고 소유물은 '特点(특징)'이다. 소
유물은 소유자의 특징이다. (15나)에서 소유자는 '锅里和炉架(냄비와 난로)'
이고, 그것의 성능과 특성은 소유물이 된다. (15다)에서 소유자는 추상 사물
'真理(진리)'고 그것이 가진 '局限性(한계성)'은 소유물이다. (15라)에서는 소
유자는 사람이고 소유자의 모습이 소유물이 된다. (15)에서 소유물은 어떤 특
징이나 성능이다. 이런 '특징이나 성능'은 숙주(宿主)가 있어야 존재할 수 있
는 것이다. 소유자가 사람이면 '사람의 용모, 성격' 등이 소유물이 될 수 있다.
소유자가 '물체'나 '추상 개념'이면 '특징이나 성능' 등이 소유물이 될 수 있다.
소유자가 참조점이며 개념화자가 목표에 접근할 때 지정해준다. '개체와 속성'
을 나타내는 '有'의 도식적 표상을 그려보면 〈그림 48〉과 같다.

〈그림 48〉 '개체와 속성'을 나타내는 '有'의 도식적 표상

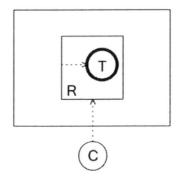

큰 사각형은 참조점의 영향권을 상징한다. 안에 있는 작은 사각형은 참조점(Reference point)을 표시한다. 작은 원형은 목표(Target)를 표시한다. 큰 사각형 밖에 있는 원형은 개념화자(Conceptualizer)를 상징한다. 소유자와 소유물은 서로 분리 불가능함으로 도식적으로 참조점과 목표는 하나의 개체로 상징하고 있다. 작은 사각형 안에 있는 점선 화살표는 정신적 경로(mental path)를 상징한다.

5.4.3. '소유'의 의미망 조직

지금까지 '소유'를 나타내는 '有'의 실례화 양상을 살펴보았다. '존재'에서 '소유'로 확장되는 과정과 '소유'를 나타내는 '有'에서 실례화된 의미 양상들이 이루어진 의미망 조직을 정리하면 〈그림 49〉와 같다.

〈그림 49〉 '소유'를 나타내는 '有'의 의미망 조직

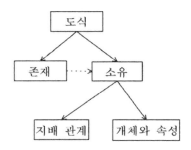

〈그림 49〉를 통하여 '有'의 원형의미와 확장의미 '소유', 그리고 '소유'에서 실례화된 각 의미간의 층위를 알 수 있다. '소유'는 '존재'에서 확장된 것이다. '소유'에서 '참조점과 목표의 실례화'에 의하여 다시 '지배 관계'와 '개체와 속성' 등 실례를 나타낸다. '소유'를 나타내는 '有'에서 실례화된 의미 양상과 확장 방식을 정리하면 〈표 18〉과 같다.

〈표 18〉 '소유'를 나타내는 '有'에서 실례화된 의미와 확장 방식

실례화	의미	확장 방식
1차 실례화	지배 관계	참조점과 목표의 실례화(분리 가능)
	개체와 속성	참조점과 목표의 실례화(분리 불가)

5.5. 동사 '有'의 의미망 조직

앞서 살펴본 동사 '有'의 도식적 표상, 원형의미, 확장의미와 각 실례들을 정리하면 〈그림 50〉과 같다.

<그림 50> 동사 '有'의 의미망 조직

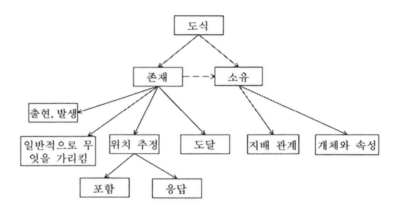

'존재', '소유'는 '有' 도식의 실례로 간주된다. '존재'는 원형의미이고 '소유'
는 확장의미다. '존재'를 나타내는 '有'에서 실례화 과정을 거쳐 '위치 추정',
'도달', '출현, 발생', '일반적으로 무엇을 가리키다' 등 의미 양상을 나타낸다.
'위치 추정'에서 다시 '포함', '응답' 등 실례를 나타낸다. '소유'를 나타내는 '有'
에서 소유자와 소유물이 서로 분리 가능한 여부에 따라 '지배 관계', '개체와
속성'으로 나뉘어 의미를 나타낸다. 동사 '有'의 의미 확장 방식을 정리하면
다음 과 같다.

<표 19> 동사 '有'의 의미 양상과 확장 방식

有	상위 의미	실례화 과정	의미	확장 방식
도식	존재	1차 실례화	위치 추정	개념화자의 관점(원근법)
			도달	영역의 추상화
			출현, 발생	개념화다의 관찰방식(원근법)
			일반적으로 무엇을 가리킴	참조점과 목표의 실례화

		2차 실례화	포함	참조점과 목표의 실례화
			응답	참조점과 목표의 실례화
	소유	1차 실례화	지배 관계	참조점과 목표의 실례화
			개체와 속성	참조점과 목표의 실례화

5.6. 부사 '有'

현대중국어에서 '有+VP' 형식은 두 가지 유형으로 나뉘는데, 하나는 '有'가 동사적 성격을 유지하여 뒤에 명사화된 동사가 목적어로 출현하는 유형이다. 다른 하나는 '有'가 완전한 부사의 역할을 하여 동태동사를 꾸며주는 유형이다. 부사의 성격을 나타내는 '有+VP' 형식에서 '有'의 의미는 허화 되어 동사적 성질에서 '상표지', '구문 성분을 강조하는 표지' 등 문법적 성분으로 확장된다.

(16)　가. 我们的关系稍有改善。

　　　　(우리의 관계는 약간 개선되었다.)

　　　나. 总经理今天上午有来。

　　　　(사장님은 오늘 오전에 왔다.)

　　　다. 我有去过首尔。

　　　　(나는 서울에 가본 적이 있다.)

(16가)에서 '有'의 뒤에 2음절 동사가 등장한다. '有'는 동사적 성격을 유지하며 결합된 동사 '改善(개선하다)'은 명사화되어 '有'의 목적어로 해석된다. '有'는 동사적 의미인 '존재'를 나타낸다. (16나)에서는 '有'의 뒤에 1음절 동사 '来'가 등장한다. 이때 동사 '来'는 명사화된 것으로 볼 수 없기 때문에 '有'는 허화 되어 부사의 성격이 나타내며, 부사의 성격을 갖게 되는 '有'는 뒤에 등

장하는 동작이 완료되었음을 나타내는 역할을 한다. (16다)도 마찬가지로 '有'는 부사의 성격을 나타내며, 뒤에 나타난 사건을 강조하는 역할을 담당하고 있다.

그리고 (16가)와 같은 '有' 구문은 현대 표준중국어에서 자연스럽게 사용되고 있지만 (16나), (16다)와 같은 문장은 표준중국어가 아닌 중국 남방 방언에서만 자주 사용되고 있다.[74] (16나)와 (16다)에서는 '有'가 동명사(動名詞)가 아닌 동사와 결합하는 구조로 남방 방언에 많이 존재한다. 이러한 부사로 쓰이는 '有'는 '존재'와 '소유'를 나타내는 '有'보다는 의미가 허화 되었다는 것을 확인할 수 있다. 다음으로 부사 '有'의 두 가지 용법에 대하여 살펴보고자 한다.

5.6.1. 강조

앞서 제시한 남방 방언에서의 쓰임이 영향을 끼쳐서 표준중국어에도 어기 표현에 '有'가 사용되고 있다.

(17)　가. 你有没有上过赌场? (네가 카지노에 간 적이 있어, 없어?)

　　　　→ a. 我有上过赌场。 (내가 카지노에 간 적이 있어.)

　　　　→ b. 我上过赌场。 (내가 카지노에 간 적이 있어.)

　　나. 你有没有问过她? (네가 그녀한테 물어본 적이 있어, 없어?)

　　　　→ a. 我有问过她。 (내가 물어본 적이 있어.)

　　　　→ b. 我问过她。 (내가 물어본 적이 있어.)

---

74) 손경옥(2004: 72~73)에서는 중국어 '粤语', '闽南语' 등 남부 방언에서는 영어 동사 'have'와 같이 '有'가 완료상 표지로 쓰인다고 하였다. 그리고 다음 예문을 제시하였다.
　가. 作业, 你有做完吗?/作业, 你有没有做完?
　나. 有(做完)。
　다. 没有做完。
　'有'는 완료 긍정, '没有'는 완료 부정을 나타낸다는 면에서 영어의 'have'처럼 긍정과 부정의 일관적 대칭성을 보여준다고 하였다. 그리고 같은 관점으로 홍연옥(2014: 142)에서도 언급한 적이 있다.

(17가a)와 (17나a)에서 '有'는 동작 발생의 진실 여부를 강조하는 역할을 하고 있다. (17가a)은 '카지노에 간' 사실을 강조한다. (17나a)은 '그녀한테 물은' 사실을 강조한다. (17가b)와 (17나b)에서는 '有'는 생략해도 문장의 기본의미에 크게 변화를 주지 않는다. '有'는 초점을 표기하는 역할로서 초점화를 일으키는 기능을 한다.[75] Langacker(1987)에 따르면, 두 개의 개체(entity)가 이루어지는 내부구조를 관계(relation)라고 하는데, 이 내부구조의 모사관계에 있어서 가장 두드러진 개체는 탄도체이고, 덜 두드러진 개체이며 탄도체의 참조점으로 생각되는 개체는 지표라고 한다. (17)의 대답하는 문장의 탄도체는 주어 '我(나)'이고 지표는 '上赌场(카지노에 가다)'라는 사건이다. '过(-해 본 적이 있다)'는 탄도체(사람)과 지표(사건)의 관계를 부각한다.

〈그림 51〉 '강조'를 나타내는 '有'의 초점 표지 도식

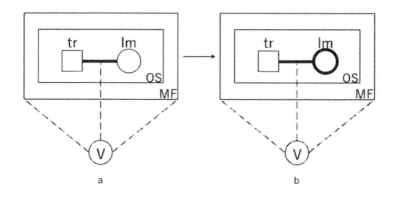

〈그림 51a〉에서 '过(~해 본 적이 있다)'는 탄도체와 지표의 관계를 부각하고 관찰자 'V(즉, 개념화자)'의 초점이다. 〈그림 51b〉에서는 '有'가 출현하기 때문에 '有过'라는 표현이 지표까지 부각하여 탄도체와 지표의 관계뿐만 아니라 지표도 초점이 된다.

한편, '有'는 '존재'라는 원형의미에서 확장된 것이다. '존재'를 나타내는 '有' 구문에서 '有'는 대상의 존재성을 부각한다. 이런 전제로 〈그림 51b〉에서 개념화자가 지칭하는 대상은 그 자체가 '有'의 빈어가 되기 때문에 존재 속성을 지니게 된다. 따라서 부사 '有'는 뒤에 성분을 문장의 초점 성분으로 부각하며 '강조'의 역할을 한다.

5.6.2. 완료

영어의 'have+과거분사' 구문에서 동사 'have'가 완료의 표지로 사용되는 것과 유사하게 중국어 남부 지방 방언에서는 '有'가 이러한 완료의 표지로 사용된 예시가 많다. 문장에서 다른 상표지가 없는 '有+VP' 형식에서 '有'는 완료를 나타내는 상표지 기능을 하기 때문에 '有'는 생략될 수 없다.

(18)　가. 那个电视剧我有看。〈BCC〉

　　　　→ 那个电视剧我看了。

　　　　(그 드라마를 나는 봤다.)

　　　나. 我哥哥有带伞, 我可以和他一起撑。〈BCC〉

　　　　→ 我哥哥带伞了。

　　　　(우리 오빠가 우산을 가지고 왔으니, 내가 오빠랑 같이 써도 된다.)

　　　다. 我有问你意见吗? 陈琳(2007: 11)

　　　　→ 我问你意见了吗?

　　　　(내가 당신에게 의견을 물었나?)

라. 你老婆有烧东西给他吃吗? 陈琳(2007: 11)

→ 你老婆烧东西给他吃了吗?

(너의 와이프는 그에게 음식을 만들어 주었니?)

(18)에서는 다른 상표지와 시간부사는 나타나지 않았다. '有'는 완료의 기능을 보여준다. 石毓智(2004)에 따르면 중국어에서 '有'가 동사와 결합하여 완료상의 의미를 나타내는 경우, 대부분 '了2'로 대체할 수 있다. 현대중국어에서 '有+VP' 형식은 'VP了2' 형식으로 호환하여 사용될 수 있다. 이러한 점에서도 '有'가 '완료'의 상적 의미를 나타낼 수 있다는 것을 검증할 수 있다.

홍연옥(2014: 167)에서는 '有'의 동사 성격이 점차 허화가 되면서 완료의 표지로서 자리를 잡게 된 것이라고 제시하였다. 이러한 문법화 과정에서 '有+VP' 형식의 변천 과정은 다음과 같다.

〈그림 52〉'有+VP' 형식의 변천 과정

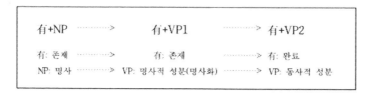

'桌子上有一本书(책상위에 책 한 권이 있다)'에서 동사로 쓰인 '有' 뒤에 등장하는 대상은 '지칭성'을 갖고 있는데, 이처럼 '존재'를 나타내는 '有' 뒤에 등장하는 성분은 일반적으로 '지칭성'이 요구된다. 때문에 초기 표준중국어에서는 명사화가 가능한 동사만이 '有' 뒤에 출현하였다. 이것이 점차 일반화 과정을 거쳐 중국남부지방에서 거의 모든 동사가 '有'와 결합할 수 있게 되었다.

완료상 표지로 쓰이는 부사 '有'는 동태동사와 결합하는 형식에서 동작 과정을 다루지 않고 단지 동작의 결과만을 지칭한다. 이런 용법이 광범위하게 사용되면서 현재 표준중국어에서도 '有+동태동사'의 형식이 사용되고 있다.

5.7. 소결

지금까지 중국어 '有'의 의미양상을 살펴보았다. 중국어 '有'는 동사, 부사의 성격을 가지고 있다. 앞서 우리가 동사 '有'의 의미양상, 도식적 표상과 각 의미 실례로 형성된 의미망 조직을 살펴보았고 부사 '有'의 상적 의미, 문법화 과정을 살펴보았다.

첫째, '존재'를 나타내는 중국어 '有'에 대하여 Langacker(1987), 김종도 옮김, (1999a: 228)과 Langacker(2009: 107)에서 언급한 적이 있는데, 표준중국어 '桌子上有一本书(책상 위에 책 한 권이 있다)'와 같은 '존재'를 나타내는 구문은 '소유 관계'를 나타내는 구문과 같이 '참조점/목표'의 인지모형으로 해석된다고 하였다.

둘째, '위치 추정', '포함', '출현, 발생' 등 '존재성'이 강한 실례는 '참조점→목표'라는 접근 관계를 보인다. 반면, '도달'의 실례는 '차이 비교'를 통하여 '모습/배경'의 인지모형으로 인식되기 때문에 오히려 '탄도체/지표'란 관계서술의 기제로 해석해야 된다.

셋째, '일반적으로 무엇을 가리킴'의 실례의 특징은 '有'의 뒤에 있는 비한정적 성분의 존재함을 인정해야 뒤에 이어진 내용을 도입할 수 있기 때문에 '有+비한정적 성분'이란 용법은 문두에 출현한다. 그리고 '응답'의 용법은 사용 환경에 특수성이 보인다. 이것은 보통 군대에서 출석을 부를 때 사용된다.

넷째, '소유'를 나타내는 '有'의 실례 양상은 '지배 관계'와 '개체와 속성'으로 나뉜다. 이것은 '소유'를 나타내는 한국어 '있다'가 보여주는 실례 양상과 유사하다. 동사 '有'의 확장 방식을 정리하면 〈표 20〉과 같다.

〈표 20〉 동사 '有'의 의미 확장 방식의 유형

의미	확장 방식	유형
포함	참조점과 목표의 실례화	구성 요소의 실례화
일반적으로 무엇을 가리킴	참조점과 목표의 실례화	
응답	참조점과 목표의 실례화	
지배 관계	참조점과 목표의 실례화	
개체와 속성	참조점과 목표의 실례화	
위치 추정	개념화자의 관점	원근법
출현, 발생	개념화다의 관찰방식	
도달	영역의 추상화	추상화

다섯째, 동사 '有'는 부사 '有'로 문법화 되기도 하였다. 부사 '有'의 용법은
사전에서는 보이지 않지만 선행 연구와 실제 언어 사용에서 부사 '有'의 실례
양상이 많이 발견된다. 부사로 쓰이는 '有'는 뒤에 위치하는 'VP'의 성격에 따
라 '강조', '완료' 두 가지 용법으로 사용되고 있다. '존재', '소유'를 나타내는
동사로서 '有'는 목적어의 지칭성을 요구하기 때문에 명사화 가능한 동사만이
'有'의 목적어가 되는 것이 보편적이었지만, 이것이 점차 일반화 과정을 거쳐
중국 남부지방에서 많은 동사가 '有'와 결합할 수 있게 되면서 지금까지 표준
중국어에서도 '有+VP'의 형식이 사용되고 있다. 문장에서 다른 상표지가 없는
경우에 부사 '有+VP'는 '완료함'을 나타낸다.

6. 한국어 '있다'와 중국어 '在', '有'의 대조 분석

한국어 '있다'와 중국어 '在', '有'는 인지적으로 유사한 부분이 있지만, 많은 차이점도 발견된다. 이 장에서 한국어 '있다'와 중국어 '在', '有'를 인지언어학의 관점에서 대조 분석해보고자 한다. 구체적인 내용은 도식적 표상, 원형의미, 확장의미, 그리고 다른 품사로 사용되고 있는 용법 등의 대조 분석을 포함한다.

6.1. 도식적 표상의 대조 분석

도식(schema)은 더 구체적인 단위, 즉 실례에 대한 추상화 과정으로부터 발생하는 상징 단위이다. 유사한 실례가 발화로부터 추상화될 때 정신적으로 도식적인 표상이나 상징 단위를 발생시킨다(Vyvyan · Melanie, 2006, 임지룡 · 김동환 옮김, 2008: 536). 앞서 한국어 '있다'와 중국어 '在', '有'의 기본 실례들을 분석하여 그들의 도식적 표상을 도출하였다. 그들의 도식적 표상에서 공통적으로 개체와 영역이 가진 일정한 '관계성'을 보여준다.

도식적 표상이 보여준 '관계성'으로부터 '존재', '소재', '소유'의 의미로 확장할 수 있다. 한국어의 경우 '있다'라는 언어적 표현이 '존재', '소재', '소유'의 의미를 모두 갖고 있지만, 중국어의 경우에는 '在', '有' 두 가지 언어적 표현으로 '존재', '소재', '소유'의 의미를 표현하고 있다. '在'는 '존재', '소재'를 나타내고, '有'는 '존재', '소유'를 나타낸다.

한국어 '있다'와 중국어 '在', '有'는 공통적으로 '존재'의 의미를 가지고 있다. '존재'는 바로 인간들이 외부 세계를 인식하는 '기초'로서 모든 것이 서로 상호작용을 할 수 있게 해주는 역할을 한다.

6.2. 원형의미 '존재'의 대조 분석

6.2.1. '존재'

한국어 '있다'와 중국어 '在', '有'의 원형의미는 모두 '존재'이다. 도식적 표상과 가장 가까운 원형의미 '존재'를 나타내는 한국어 '있다'와 중국어 '在', '有'의 구문에서 문장 성분의 정보성 차이가 보인다. 문장 성분의 정보성은 한국어 '있다' 구문에서 조사로 표시되어 있고, 중국어 '在', '有'의 구문에서 문장 성분의 위치로 구분되고 있다.

(1) 가. 날지 못하는 새도 있다. 〈표준〉

　　　→ 날지 못하는 새가 있다.

　나. 村里人都在。 〈BCC〉

　　　(마을 사람이 모두 있다.)

　다. 有一幢房子。 〈BCC〉

　　　(집 한 채가 있다.)

(1)의 한국어 '있다'와 중국어 '在', '有' 구문은 모두 처소 성분 없이 대상의 '존재함'을 나타낸다. 모두 같은 의미를 나타내지만 존재 대상이 보여주는 정보성은 다르다. 윤평현(2013: 217)에 따르면 한국어 조사 '-이/가'와 '-은/는'은 정보 표지로서 문장 성분의 정보성을 나타낸다. 신정보에는 주격조사 '-이/가'가 결합되고, 구정보에는 보조사 '-은/는'이 결합된다. (1가)의 '날지 못하는 새'의 정보성을 알아보기 위하여 '날지 못하는 새'의 뒤에 있는 보조사 '-도'를 주격 조사 '-이/가'로 대체할 수 있다. '날지 못하는 새가 있다'에서 '날지 못하는 새'는 청자에게 신정보이며 문장의 주어다. 동시에 문장에서 더 현저한 개체로서 탄도체로 간주된다.

한편, 이운재(2014: 163)에 따르면 중국어 '존재'를 나타내는 구문에서 대상의 정보성 차이가 어순으로 반영된다. (1나)와 같이 '在'의 앞에 있는 성분은 화자와 청자의 의식에서 미리 활성화된 정보로서 구정보이다. 동시에 관계 서술에서 더 현저한 개체로서 탄도체로 간주된다. (1다)와 같이 '有'의 뒤에 있는 성분은 청자의 의식에서 나중에 활성화된 정보로서 신정보다. 동시에 개념화자가 접근할 목표의 실례로 간주된다.

다음 (2)와 같은 '있다' 구문은 주로 '책 이름'과 '표어'에서 발견되었다.

(2) 가. 그래도 돈 버는 사람은 있다.
     나. 아이를 위한 나라는 있다.

(2)는 '돈 버는 사람'과 '아이를 위한 나라'가 존재함을 나타낸다. 존재 대상인 '사람'과 '나라'의 뒤에 보조사 '-은/는'이 표시되어 있는 것으로 보아 존재 대상이 구정보라는 것을 알 수 있고 주제로서[76] 부각된 대상이기 때문에 탄도체로 간주된다. (1가)와 (2)를 통해 신정보와 구정보가 모두 '있다' 앞에 올 수 있음을 알 수 있다.

(1), (2)를 통하여 한국어 '있다'와 중국어 '在', '有' 구문의 존재 대상의 정보성 차이와 인지적 역할의 차이를 파악해 보았다. 한국어 '있다'와 중국어 '在', '有'의 원형의미의 인지적 특징을 정리하면 〈표 21〉과 같다.

---

76) 남기심 등(2005: 155)에서 한국어 '는1'에 대한 첫 번째 해석은 '문장에서 다루는 내용어나 정보, 설명의 대상, 주제임을 나타내다'라고 제시하였다.

〈표 21〉 한국어 '있다'와 중국어 '在', '有'의 원형의미 대조 분석

항목 ＼ 존재 대상의 특징	정보성 표기	정보성	인지적 역할
있다	-이/가	신정보	탄도체
	-은/는	구정보	탄도체
在	'在'의 앞에	구정보	탄도체
有	'有'의 뒤에	신정보	목표

6.2.2. '존재'의 실례화 비교

한국어 '있다'와 중국어 '在', '有'는 공통적으로 '존재'를 원형의미로 갖는다. '존재'에서 시작된 실례화 과정은 앞서 살펴본 것과 같이 한국어 '있다'와 중국어 '有'에서만 일어난다. 우선 '존재'를 나타내는 한국어 '있다'와 중국어 '有'가 공통적으로 나타낸 실례부터 살펴보도록 하겠다. 이어서 한국어 '있다'와 중국어 '有'가 각자 갖고 있는 실례의 인지적 특징을 살펴보고자 한다.

6.2.2.1. 위치 추정

한국어 '있다'와 중국어 '有'가 실례화 과정을 거쳐 공통적으로 나타낸 첫 번째 실례는 '위치 추정'이다. '위치 추정'을 나타내는 구문에는 처소 성분이 명시화되어 존재 대상의 위치를 추정할 수 있게 해준다.

(3)　가. 책상 위에 책이 있다. 〈표준〉

　　　나. 屋里有十来个人。〈现代〉

　　　（방 안에 사람 10여명이 있다.）

(3)에서는 처소 성분이 명시화되었다. 한국어의 경우는 (3가)와 같이 처소 성분 뒤에 처격 조사 '-에'가 붙어 문두에 쓰이고 있고 존재 대상은 주격 조사 '-이/가'로 표기되어 있다. 중국어의 경우는 (3니)와 같이 문장의 주어가 명확하지 않다. '존재'를 나타내는 '有' 구문의 주어에 대하여 중국 학계에 여러 견해가 존재한다.[77] 高慎贵(1990), 文炼(1995)에 따르면 '有' 뒤에 있는 성분은 문장의 서술 대상으로 간주된다.

한편, 앞서 5.3.2.1에서 언급한 것과 같이 '존재'를 나타내는 중국어 '有' 구문의 서술 대상에는 '현저성 전이'가 일어나기 때문에 '소유' 구문과 비슷한 특징을 가지고 있다. 소유 관계가 의거하는 모형의 모체는 현저한 개체 일부를 참조하여 다른 개체의 위치를 파악한다는 것이다. Langacker(1987: 182)에서는 소유자와 소유물 사이의 비대칭성은 탄도체와 지표 배열과 다르고 '참조점/목표'라는 인지 모형에 부합한다.[78] 따라서 '존재'를 나타내는 '있다' 구문과 '존재'를 나타내는 '有' 구문에 접근하는 인지 특징에 차이가 난다.

'위치 추정'을 나타내는 한국어 '있다' 구문에서 존재 대상은 현저한 성분으로 주어 자리를 차지하고 있다. 그러므로 존재 대상과 처소 성분의 관계를 개념화할 때 존재 대상은 더 현저한 개체로 탄도체가 되고 좀 덜 현저한 개체인 처소 성분은 지표가 된다. Langacker(1987)에 의하면 지표는 탄도체의 위치를 잡아주고 참조점을 제공하는 역할을 한다. 이에 따라 '위치 추정'을 나타내는

---

77) 黎锦熙(1924), 高耀墀(1957), 张志公(1959) 등은 '有' 앞에 있는 성분을 '부사어'로 간주하고 이런 문장은 주어가 없는 구문이라고 주장한다. 马建忠(1898), 吕叔湘(1942), 丁声树(1961), 刘月华(1983) 등은 '有'의 앞에 있는 성분을 주어로 간주하고 뒤에 있는 성분을 목적어로 간주한다. 한편 高慎贵(1990), 文炼(1995) 등은 (3나)와 같은 구문에서 '有'의 앞에 있는 성분과 뒤에 있는 성분이 주어인지 목적어인지는 중요한 문제가 아니고 '有'의 앞에 있는 성분은 한정적이고 뒤에 있는 성분은 비한정적인 것이 중요하다고 밝혀냈다.
78) 탄도체와 지표가 내용이 아니라 현저성에 의해서 의미상으로 특징규명되기 때문에(특히 제일 관계 모습과 제이 관계 모습으로) 소유 구조들이 참조점과 목표에 교체적 방식들로 이러한 수준들이 현저성을 부과하는 것이 문제가 되지 않는다. (Langacker, 1987, 김종도 옮김, 1999b: 186)

'있다' 구문에서 관계 서술의 비대칭성은 '탄도체/지표'의 기제로 반영된다. '지표'는 이런 관계 서술에서 참조점의 역할을 담당한다. 개념화자의 정신적 경로는 지표에서 탄도체로 지향한다.

'위치 추정'을 나타내는 중국어 '有' 구문의 경우, 존재 대상은 문장의 서술 대상으로 간주되고 처소 성분은 참조점으로 목표인 존재 대상에 접근한다. 따라서 개념화자의 정신적 경로는 참조점에서 목표로 지향한다.

또한, '위치 추정'을 나타내는 '있다'와 '有' 구문에서는 처소 성분이 명시화되기 때문에 개념화자의 관점이 주관적(절대 존재)에서 객관적(위치 추정)으로 전이된다는 공통적인 확장 방식을 보인다.

'위치 추정'을 나타내는 한국어 '있다'와 중국어 '有' 구문의 인지적 특징을 정리하면 〈표 22〉와 같다.

〈표 22〉 '위치 추정'을 나타내는 한국어 '있다'와 중국어 '有'의 대조 분석

위치 추정	인지적 역할		정신적 경로	확장 방식
	처소 성분	존재 대상		
있다	지표(참조점)	탄도체	지표→탄도체	개념화자의 관점(원근법)
有	참조점	목표	참조점→목표	개념화자의 관점(원근법)

6.2.2.2. 포함

'포함'을 나타내는 구문 속 성분들은 서로 '전체와 부분'의 관계를 이루며 '어떤 것이 전체의 부분으로 존재하다'라는 것을 나타낸다. 즉, 구문 속 성분들의 실례화로 인하여 '있다'가 '포함'의 의미로 확장된다. 이런 양상은 한국어 '있다'와 중국어 '有' 구문에서 모두 찾을 수 있다.

(4) 가. 일자리를 얻기 위하여 이곳에 온 사람 중에는 박사 학위를 받은 사람
      도 있다. 〈표준〉

     나. 名单中就有1998年诺贝尔文学奖得主。〈BCC〉
      (명단에는 1998년 노벨 문학상 수상자가 들어 있다.)

(5) 가. 과일에는 사과, 배, 감, 오렌지, 따위가 있다. 〈고려〉

     나. 云的种类很多, 有卷云, 积云, 层云等。〈实用现代汉语语法〉
      (구름의 종류는 매우 많은데, 새털구름, 뭉게구름, 층운 등이 있다.)

(4), (5) 구문 속 성분들은 '전체와 부분'의 관계를 이룬다. (4)에서 '부분'의 실례는 하나만 제시되어 있는 반면 (5)에서 제시된 부분의 실례들은 여러 개가 나열되어 있다. 여기서 '전체와 부분' 관계를 지니는 실례들은 '소유 관계'가 아닌 '포함 관계'를 나타낸다.

한국어의 경우, (4가), (5가)와 같이 문장에서 부분의 실례가 주어 자리에 쓰여 더 현저한 개체로 관계 서술에서 탄도체가 된다. 전체는 좀 덜 현저한 개체로 관계 서술에서 지표가 된다. 개념화자는 전체를 이용하여 부분을 인식하는 정신적 경로를 확인할 수 있다. 따라서 전체가 참조점의 역할을 담당한다는 것을 알 수 있다.

한편, 중국어 '존재'를 나타내는 '有' 구문의 특수성으로 인하여 그것이 '탄도체/지표'라는 기제에 부합하지 않고 '참조점/목표'라는 관계로 '전체와 부분'을 나타내는 중국어 '有' 구문을 설명할 수 있다. '有'의 앞에 쓰이는 성분은 전체로서 참조점의 역할을 한다. '有'의 뒤에 오는 성분은 부분으로서 참조점이 접근하는 목표의 역할을 한다. 이를 통해 개념화자가 참조점을 이용하여 목표에 접근하는 정신적 경로도 알 수 있다.

'포함'을 나타내는 한국어 '있다'와 중국어 '有' 구문의 인지적 특징을 정리하면 〈표 23〉과 같다.

〈표 23〉 '포함'을 나타내는 한국어 '있다'와 중국어 '有'의 대조 분석

포함	인지적 역할		정신적 경로	확장 방식
	전체	부분		
있다	지표(참조점)	탄도체	지표→탄도체	탄도체와 지표의 실례화
有	참조점	목표	참조점→목표	참조점과 목표의 실례화

6.2.2.3. 출현, 발생

'출현, 발생'은 '존재'의 전반적인 단계로 볼 수 있다. '출현, 발생'은 '무(無)'에서 '유(有)'로 가는 과정을 나타낸다. 앞서 살펴본 '위치 추정'은 정(靜)적인 서술 대상의 존재 상태를 나타내기 때문에 개념화자가 개관 방식으로 관찰한다. 그러나 '출현, 발생'은 '동(動)'적인 과정을 의미하기 때문에 개념화자가 순차 방식으로 관찰한다. 한국어 '있다'와 중국어 '有' 구문에서 이런 의미를 찾을 수 있다.

(6)　가. 어머니는 며느리에게 태기가 있다고 무척 기뻐하셨다. 〈표준〉
　　　나. 这个全新的制度, 在教师职务制度上有了新突破。〈CCL〉
　　　　　(이 새로운 제도는 교사 직무 제도상 새로운 돌파가 되었다.)

(6)은 서술 대상이 '무(無)'에서 '유(有)'까지 출현하는 과정을 나타낸다. 한국어의 경우는 서술 대상은 문장의 주어 자리에 쓰여 더 현저한 개체로 관계 서술 중에 탄도체가 된다. '출현, 발생'의 서술 대상이 있는 영역에 따라 지표의 실례도 달라진다. (6가)의 경우 '며느리(사람)'는 서술 대상인 '태기'의 출현 위치이다. 관계 서술에 좀 덜 현저한 개체로서 지표가 된다.

한편, '출현, 발생'도 '존재'의 일부분으로 간주되기 때문에 '출현, 발생'을 나

타내는 중국어 '有' 구문에서 '有'의 뒤에 오는 서술 대상은 개념화자가 접근하는 목표의 역할을 한다. (6나)의 경우 '교사 직무 제도(教师职务制度)'는 목표인 '新突破(새로운 발전)'의 출현 위치이며 목표에 접근하는 참조점의 역할을 한다.

'출현, 발생'을 나타내는 한국어 '있다'와 중국어 '有' 구문의 인지적 특징을 정리하면 〈표 24〉와 같다.

〈표 24〉 '출현, 발생'을 나타내는 한국어 '있다'와 중국어 '有'의 대조 분석

출현, 발생	인지적 역할		정신적 경로	확장 방식
	출현 위치	서술 대상		
있다	지표(참조점)	탄도체	지표→탄도체	개념화자의 관찰 방식
有	참조점	목표	참조점→목표	개념화자의 관찰 방식

6.2.2.4. 시간 경과

'시간 경과'는 한국어 사전에 기술된 '있다'의 의미 항목에서 찾을 수 있지만 중국어 사전에 기술된 '有'의 의미 항목에서는 발견되지 않는다. 그러나 실제 언어 사용에서 중국어 '有'도 '시간 경과'를 나타낼 수 있다.

(7)　가.　再有14个星期就是大选。〈BCC〉

　　　　　(14주만 있으면 대선이다.)

　　　나.　我估计要达到目标, 还要再有三五年。〈BCC〉

　　　　　(나는 목표를 달성하려면 앞으로 삼오 년이 더 걸릴 것이라고 예상
　　　　　한다.)

(7)에서 제시된 중국어 '有' 구문은 '시간 경과'의 의미를 나타낸다. '有'의 앞에는 아무 성분이 없고 보통 문장에서 '再有'의 형식으로 '시간 경과'를 표현한다. '有'의 뒤에는 구체적인 시간 성분이 나타난다. '시간 성분'은 문장의 서술 대상으로 개념화자가 접근할 목표이다. 따라서 개념화자가 발화 시점을 참조점으로 간주하고 목표에 접근하는 인지 과정을 확인할 수 있다. 한편, '시간 경과'를 나타내는 한국어 '있다' 구문에도 비슷한 인지 과정이 보인다.

(8)   앞으로 사흘만 있으면 추석이다. 〈표준〉

(8)와 같이 한국어의 경우 서술 대상인 '시간 성분'은 문장의 주어이다. 그리고 '시간 성분'은 관계 서술에서 더 현저한 개체로 탄도체가 된다. 개념화자는 발화 시점을 참조점으로 탄도체를 상술한다.

'시간 경과'는 공간 영역에서 실현된 '위치 추정'과 달리 개념화자가 발화 시점부터 경과한 일정한 시간에 대한 시간 영역의 '위치 추정'으로 볼 수 있다. '영역의 추상화'에 의하여 '시간 경과'의 의미로 확장하는 양상은 한국어 '있다'와 중국어 '有'의 의미 확장 양상에서 나타날 수 있다.

앞서 논의된 '시간 경과'를 나타내는 한국어 '있다'와 중국어 '有' 구문의 인지적 특징은 〈표 25〉와 같다.

〈표 25〉 '시간 경과'를 나타내는 한국어 '있다'와 중국어 '有'의 대조 분석

시간 경과	인지적 역할		정신적 경로	확장 방식
	발화 시점	서술 대상		
있다	지표(참조점)	탄도체	지표→탄도체	영역의 추상화
有	참조점	목표	참조점→목표	영역의 추상화

6.2.2.5. 신분, 지위

'신분, 지위'는 '일정한 신분이나 지위를 갖고 있는 대상이 존재함'을 보여준다. '신분, 지위'의 의미는 한국어 '있다' 구문에서만 나타난다. 중국어에서는 '是+신분/지위'로 표현된다.[79]

(9) 　가. 그는 대기업의 과장으로 있다. 〈표준〉

　　　나. 앞으로 얼마나 더 노처녀로 있어야 하는지 걱정이다. 〈표준〉

(9)를 보듯이, '신분, 지위'의 정교화된 서술 대상은 더 현저한 부분으로 탄도체가 되고 명시적인 참조점은 필수 조건이 아니기 때문에 지표를 명시화하거나 잠재적으로 표현한다. '신분, 지위'를 나타내는 '있다' 구문의 인지적 특징은 〈표 26〉과 같다.

〈표 26〉 '신분, 지위'를 나타내는 한국어 '있다' 구문의 인지적 특징

신분, 지위	인지적 역할		정신적 경로	확장 방식
	처소 성분	서술 대상		
있다	지표(참조점)/∅	탄도체	지표→탄도체	탄도체의 정교화

6.2.2.6. 응답

'응답'은 특정한 언어환경에서 사용된다. 중국에서는 군대에서 이름을 부를 때 보통 有'로 응답한다. 그러나 한국어 '있다'에는 이런 용법이 없다.

---

79) 刘月华(2005: 680)에서는 '他是大企业的科长'와 같이 주어와 목적어가 서로 대응 관계가 아닌 구문의 목적어는 주어를 상술한다고 하였다.

(10)　　　他唤到···张班长！"有"张班长忙跑过来, 立了个正。周立波
　　　　　《暴风骤雨》〈大词典〉

　　　　　(그가 '장반장'이라고 부른다. '네', 장반장이 뛰어와서 차렷했다.)

(10)과 같이 '응답'을 나타내는 상황은 참여자가 같은 장소에 있고 발화 정
보를 서로 알고 있는 상태에서 일어난다. 이런 문맥에서 화자는 청자의 '존재
성'만 확인하고 싶어 한다. 청자가 '존재'를 나타내는 '有'로 응답하면 본인이
그 장소에 존재한다는 것을 보여줄 수 있기 때문에 기타성분이 생략되어도 의
사소통이 가능하다. 문장 성분의 생략도 실례화의 양상으로 간주된다. '응답'
의 용법을 나타내는 '有' 구문의 인지적 특징은 〈표 27〉과 같다.

〈표 27〉 '응답'을 나타내는 중국어 '有' 구문의 인지적 특징

응답	인지적 역할		확장 방식
	처소 성분	존재 대상	
有	∅	∅	참조점과 목표의 실례화

6.2.2.7. 일반적으로 무엇을 가리킴

'일반적으로 무엇을 가리킴'의 의미는 중국어 '有'의 의미 양상에서만 찾을
수 있다. 또한, '일반적으로 무엇을 가리킴'은 비한정적인 것을 가리킨다. 중국
어에서 '有一天(어느 날)', '有个人(어떤 사람)', '有时侯(어떤 때)'와 같은 '有+
비한정적 성분'은 항상 문장의 문두에 위치한다.

(11)　　　有一次, 我们发现一只山猫上树追逐一只山鸡。〈BCC〉
　　　　　(한번은, 우리는 살쾡이 한 마리가 나무에 올라가서 꿩 한 마리를
　　　　　쫓아 다니는 것을 보았다.)

(11)과 같이 '有+비한정적 성분' 뒤의 내용을 이어가기 위하여 '有'는 비한정적 성분의 '존재성'을 보여주는 역할을 한다. '일반적으로 무엇을 가리키다'의 용법을 나타내는 '有' 구문의 인지적 특징은 〈표 28〉과 같다.

〈표 28〉 '일반적으로 무엇을 가리킴'을 나타내는 중국어 '有' 구문의 인지적 특징

일반적으로 무엇을 가리킴	인지적 역할		확장 방식
	위치 성분	서술 대상	
有	∅	목표	참조점과 목표의 실례화

6.2.2.8. 도달

'도달'은 중국어 '有'의 의미 양상에서만 찾을 수 있다. '도달'은 비교 대상과 비교 기준의 관계를 부각한다. 비교를 통하여 대상과 기준 사이에 차이가 없다면 비교 대상이 비교 기준에 도달한다는 것을 의미한다. 이때 중국어 '有'는 문장의 서술어로 '도달'의 의미를 표현한다.

(12)　　他有他哥哥那么高了。〈现汉〉

　　　　(그는 그의 형만큼 키가 컸다.)

(12)를 보듯이, 비교 대상은 관계 서술에서 더 현저한 개체로 탄도체가 된다. 비교 기준은 좀 덜 현저한 개체로 지표가 된다. 동시에 지표는 참조점으로 비교 대상을 상술한다. '도달'은 '위치 추정'의 본질과 유사하고 추상적인 영역에서는 어느 정도까지 도달했는지를 추정한다. '도달'을 나타내는 '有' 구문의 인지적 특징은 〈표 29〉와 같다.

〈표 29〉 '도달'을 나타내는 중국어 '有' 구문의 인지적 특징

도달	인지적 역할		확장 방식
	비교 기준	비교 대상	
有	지표(참조점)	탄도체	영역의 추상화

여기까지 한국어 '있다'와 중국어 '在', '有'의 원형의미 '존재'와 그 실례를 살펴보았다. '존재'에서 실례화 과정은 한국어 '있다'와 중국어 '有'의 의미 확장에서 일어난다. 다음으로 확장의미 '소재'와 그 실례를 살펴보고자 한다.

6.3. 확장의미 '소재', '소유'의 대조 분석

6.3.1. '소재'의 실례화 비교

'소재'는 관계성 도식에서 실례화된 것이다. 한국어 '있다'와 중국어 '在'는 모두 '소재'의 의미를 갖고 있는데, '소재'는 대상의 위치성을 강조하기 때문에 '소재'를 나타내는 한국어 '있다' 구문과 중국어 '在' 구문은 공통적으로 처소 성분을 요구한다. 우선 '소재'를 나타내는 한국어 '있다'와 중국어 '在'가 공통적으로 나타낸 실례부터 살펴보도록 하겠다. 이어서 한국어 '있다'와 중국어 '在'가 각자 갖고 있는 실례의 인지적 특징을 살펴보고자 한다.

6.3.1.1. 위치 설명

'위치 설명'은 개념화자가 대상이 있는 처소를 밝히는 것으로 정의된다. '위치 설명'을 나타내는 한국어 '있다'와 중국어 '在' 구문은 모두 처소 성분을 요구한다.

(13)　가. 사무실은 서울 강남에 있다. 〈세종말뭉치〉

　　　나. 你的钢笔在桌子上呢。〈现汉〉

　　　　(너의 만년필은 책상 위에 있다.)

(13가)의 '사무실'은 문장의 주제이며 주어다. 뒤에 있는 처소 성분 '서울 강남'은 '사무실'의 위치에 대한 설명이다. (13나)에서 '在'의 앞에 있는 '你的钢笔(네 만년필)'은 문장의 주어다. '在'의 뒤에 있는 처소 성분 '桌子上(책상 위)'는 주어의 위치에 대한 설명으로 간주된다. 한국어는 중국어와 같이 문장의 처소 성분이 존재 대상의 위치를 설명하는 역할을 한다. 구문에서 나타나는 관계 서술에서 존재 대상은 더 현저한 개체로서 탄도체가 되고 처소 성분은 좀 덜 현저한 개체로서 지표로 간주된다. 개념화자의 관찰 지향은 모두 탄도체에서 지표로 향한다. '위치 설명'을 나타내는 한국어 '있다'와 중국어 '在' 구문의 인지적 특징은 〈표 30〉과 같다.

〈표 30〉 '위치 설명'을 나타내는 한국어 '있다'와 중국어 '在'의 대조 분석

위치 설명	인지적 역할		관찰 지향	확장 방식
	존재 대상	처소 성분		
있다	탄도체	지표	단도체→지표	개념화자의 관점
在	탄도체	지표	탄도체→지표	개념화자의 관점

6.3.1.2. 체류

'위치 설명'의 도식에서는 '탄도체와 지표의 실례화'에 의하여 '체류'로 의미 확장이 유발된다.

(14)　가. 그녀의 동생은 미국에 있다. 〈고려〉

　　　　나. 我今天晚上不在厂里。〈现汉〉

　　　　（나는 오늘 밤에 공장에 없다.）

(14)를 통하여 한국어와 중국어가 같은 특징을 갖고 있다는 것을 알 수 있다. 한국어와 중국어에서 '체류'의 의미를 나타내는 구문의 존재 대상은 사람이고 처소 성분은 사람이 머물 수 있거나 생활할 수 있는 장소다. '위치 설명'의 인지적 특징과 같이 개념화자의 관찰 지향은 존재 대상에서 그의 위치로 향한다. '체류'의 의미를 나타내는 한국어 '있다'와 중국어 '在' 구문의 인지적 특징은 〈표 31〉과 같다.

〈표 31〉 '체류'를 나타내는 한국어 '있다'와 중국어 '在'의 대조 분석

체류	인지적 역할		관찰 지향	확장 방식
	존재 대상	처소 성분		
있다	탄도체	지표	탄도체→지표	탄도체와 지표의 실례화
在	탄도체	지표	탄도체→지표	탄도체와 지표의 실례화

6.3.1.3. 어떤 상황이나 처지에 놓임

앞서 살펴본 실례들은 대상의 공간 위치를 설명하는 것이다. 공간 영역이 추상화 되면 '대상이 어떤 상황이나 처지에 놓이다'라는 실례가 나타난다. 한국어 '있다'와 중국어 '在' 모두 이런 양상을 보인다.

(15)　가. 도로 정비 공사가 마무리 단계에 있다. 〈고려〉

　　　　나. 他处在一个两难的境地。〈BCC〉

　　　　（그는 진퇴양난의 곤경에 처해있다.）

(15가)는 서술 대상 '도로 정비 공사'가 처하고 있는 단계(추상적인 위치)를 설명한다. (15나)는 서술 대상 '他(그)'의 처지(추상적인 위치)를 설명한다. (15)를 통하여 사람뿐만 아니라 사물도 대상이 될 수 있고 대상이 놓여 있는 추상적인 위치를 설명하는 것을 알 수 있다. 따라서 '위치 설명'이라는 의미가 '영역의 추상화'에 의하여 '어떤 상황이나 처지에 놓임'의 의미로 확장된다. 서술 대상은 관계 서술에서 더 현저한 개체로 탄도체가 되고 위치 성분은 지표로 간주된다. 개념화자의 관찰 지향은 탄도체에서 지표로 향하는 것이다. '어떤 상황이나 처지에 놓임'의 의미를 나타내는 한국어 '있다'와 중국어 '在' 구문의 인지적 특징은 〈표 32〉와 같다.

〈표 32〉 '어떤 상황이나 처지에 놓임'을 나타내는
한국어 '있다'와 중국어 '在'의 대조 분석

어떤 상황이나 처지에 놓임	인지적 역할		관찰 지향	확장 방식
	서술 대상	위치 성분		
있다	탄도체	지표	탄도체→지표	영역의 추상화
在	탄도체	지표	탄도체→지표	영역의 추상화

6.3.1.4. 근무

'근무'는 한국어 '있다'의 의미 양상에서만 찾을 수 있다. '있다'는 '근무'의 의미를 나타낼 때 서술 대상은 '사람'이고 처소 성분은 '직장'이 되어야 한다.

(16)　　남편이 제약 회사에 있어서 약 걱정은 안 하는 터였다. 〈연세〉

(16)에서 대상은 문장 내 주어로 관계 서술에서 더 현저한 개체로 탄도체가 된다. 처소 성분은 좀 덜 현저한 개체로 지표로 간주된다. 개념화자의 관찰

지향은 서술 대상에서 처소 성분으로 향한다. '근무'의 의미를 나타내는 한국어 '있다' 구문의 인지적 특징은 〈표 33〉과 같다.

〈표 33〉 '근무'를 나타내는 한국어 '있다' 구문의 인지적 특징

근무	인지적 역할		관찰 지향	확장 방식
	서술 대상	처소 성분		
있다	탄도체	지표	탄도체→지표	탄도체와 지표의 실례화

6.3.1.5. 담당

'담당'은 중국어 '在'의 의미 양상에만 찾을 수 있다. '在'가 '담당'의 의미를 나타낼 때 문장의 처소 성분은 '직무, 직위'가 되어야 한다.

(17)　　　就是他在任上的时候, 下决心… 〈BCC〉

　　　　　(바로 그가 재임하는 동안, 결심을 내렸다…)

(17)에서 '在'는 보통 '在任, 在位'의 형식으로 사용되고 있다. 서술 대상은 탄도체가 되고 처소 성분은 지표가 된다. 개념화자의 관찰 지향은 탄도체에서 지표로 향한다. '담당'의 의미를 나타내는 중국어 '在' 구문의 인지적 특징은 〈표 34〉와 같다.

〈표 34〉 '담당'을 나타내는 중국어 '在' 구문의 인지적 특징

담당	인지적 역할		관찰 지향	확장 방식
	서술 대상	처소 성분		
在	탄도체	지표	탄도체→지표	탄도체와 지표의 실례화

6.3.1.6. 가입

'가입'은 중국어 '在'의 의미 양상에서만 찾을 수 있다. 중국어 '在'가 '가입하다'의 의미를 나타낼 때 문장의 처소 성분은 '조직, 종교, 정당'이 되어야 한다.

(18)   "又过了不久, 传说菜虎一家在了教。" 孙犁《乡里旧闻》〈大词典〉
        (얼마 지나지 않아, 채호와 식구들이 교회에 가입했다는 소문이
        났다.)

(18)에서 '동사+了'는 앞에 동작이 이미 끝났음을 의미하고 '교회에 가입했다'는 것을 나타낸다. 서술 대상은 탄도체가 되고 처소 성분은 지표가 된다. 개념화자의 관찰지향은 탄도체에서 지표로 향한다. '담당'의 의미를 나타내는 중국어 '在' 구문의 인지적 특징은 〈표 35〉와 같다.

〈표 35〉'가입'을 나타내는 중국어 '在' 구문의 인지적 특징

가입	인지적 역할		관찰 지향	확장 방식
	서술 대상	처소 성분		
在	탄도체	지표	탄도체→지표	탄도체와 지표의 실례화

6.3.1.7. 원인 제시

'인과 관계'는 추상적 영역에서 실현된다. 중국어 '在'와 달리 한국어 '있다'가 나타내는 의미 양상에서는 '원인 제시'를 찾을 수 없다. '원인 제시'를 나타내는 '在' 구문에서 결과가 관계 서술에 더 현저한 개체로서 탄도체로 간주되고 원인은 지표로 간주된다.

(19)　　　学习好, 主要在自己努力。〈现汉〉

　　　　　(공부 잘하는 것은 주로 스스로 노력하기 때문이다.)

　(19)와 같이, 결과를 의미하는 서술 대상은 문두에 있다. 원인은 '在'의 뒤에 서술되고 결과에 대하여 설명하는 역할을 한다. 개념화자의 정신적 경로는 '결과'에서 '원인'으로 향한다. '인과 관계'도 역시 '영역의 추상화'에 의하여 확장된 실례이다. '원인 제시'를 나타내는 중국어 '在' 구문의 인지적 특징은 〈표 36〉과 같다.

〈표 36〉 '원인 제시'를 나타내는 중국어 '在' 구문의 인지적 특징

원인 제시	인지적 역할		관찰 지향	확장 방식
	결과	원인		
在	탄도체	지표	탄도체→지표	영역의 추상화

　여기까지 '소재'를 나타내는 한국어 '있다'와 중국어 '在'의 실례화 양상을 살펴보았다. '소재'로부터의 실례화 과정은 한국어 '있다'와 중국어 '在'의 의미 확장에서만 일어난다. 다음으로 확장의미 '소유'의 실례를 살펴보고자 한다.

6.3.2. '소유'의 실례화 비교

　'존재'에서 '소유'로 확장하는 과정은 한국어 '있다'와 중국어 '有'의 의미 확장 양상에서 보인다. '존재'에서 '소유'로 의미가 확장되면서 '존재성'이 약화되는 경향이 보인다. '소유'를 나타내는 한국어 '있다'와 중국어 '有' 구문이 나타내는 '소유 관계'는 '소유권'을 강조한다. '소유권'을 지니는 소유 관계는 소유자와 소유물이 서로 분리 가능한 것과 분리 불가능한 것으로 나눌 수 있다.

'소유 관계'는 인간들의 인지모형을 반영한다. Langacker(2009: 82)에 따르면 '소유 관계'를 확립하기 위하여 개념화자가 소유자를 통하여 소유물과 정신적 접촉을 시도하는 과정에서 '참조점 능력'이 호출된다. 소유자는 참조점으로 목표인 소유물에 접근한다. 개념화자의 정신적 경로는 참조점에서 목표로 향한다.

6.3.2.1. 지배 관계

'소유'를 나타내는 한국어 '있다'와 중국어 '有' 구문에서 '지배 관계'를 지니는 소유자와 소유물은 서로 분리 가능하다.

(18)　가. 나에게 1000원이 있다. 〈표준〉
　　　나. 我有《鲁迅全集》。〈现代〉
　　　　（나에게 루쉰전집이 있다.）

(18)과 같이 소유자는 자신의 의지대로 소유물을 소유할 수 있다. 소유자는 소유권을 포기하거나 양도할 권리가 있다. 일반적으로 소유자는 유정물이고 소유물은 물체이다. '지배 관계'를 나타내는 한국어 '있다'와 중국어 '有' 구문의 인지적 특징은 〈표 37〉과 같다.

〈표 37〉 '지배 관계'를 나타내는 한국어 '있다'와 중국어 '有'의 대조 분석

지배 관계	인지적 역할		정신적 경로	확장 방식	분리 여부
	소유자	소유물			
있다	참조점	목표	참조점→목표	참조점과 목표의 실례화	분리 가능
有	참조점	목표	참조점→목표	참조점과 목표의 실례화	분리 가능

6.3.2.2. 개체와 속성

'소유'를 나타내는 한국어 '있다'와 중국어 '有' 구문에서 '개체와 속성'을 지니는 소유자와 소유물은 서로 분리 불가능하다.

(19)　　가. 비타민은 활성이 있다. 〈세종말뭉치〉

　　　　나. 吳升有一副天生乖巧的奴才相。〈BCC〉

　　　　(우성은 선천적으로 타인을 따르려는 노예근성이 있다.)

(19)와 같이 소유자는 자신의 의지대로 소유물을 양도할 수 없다. 소유자에게서 소유물을 분리하면 소유자가 가지고 있던 완전성(完全性)이 사라진다. 소유자는 사람이나 사물이 될 수 있다. 소유자가 사람이면 소유물은 사람의 성격, 특징이다. 소유자가 사물이면 소유물은 보통 사물의 속성이나 특성이다. '개체와 속성'을 나타내는 한국어 '있다'와 중국어 '有' 구문의 인지적 특징은 〈표 38〉과 같다.

〈표 38〉 '개체와 속성'을 나타내는 한국어 '있다'와
중국어 '有'의 대조 분석

개체와 속성	인지적 역할		정신적 경로	확장 방식	분리 여부
	소유자	소유물			
있다	참조점	목표	참조점→목표	참조점과 목표의 실례화	분리 불가능
有	참조점	목표	참조점→목표	참조점과 목표의 실례화	분리 불가능

여기까지 '소유'를 나타내는 한국어 '있다'와 중국어 '有' 구문의 인지적 특징을 살펴보았다. 인지적 특징으로 양 국어의 '소유'에 대한 인지과정이 일치한다는 것을 알 수 있다.

앞서 대조 분석을 통하여 한국어 본용언 '있다'와 중국어 동사 '在', '有'의 의미 양상, 확장 방식 등의 측면에서 많은 공통점과 각각 고유한 특징을 갖고 있는 것을 알 수 있는데 다음 절에서 한국어 '있다'와 중국어 '在', '有'의 문법화 양상에 대하여 분석하도록 한다.

6.4. 문법화 양상의 대조 분석

한국어 '있다'와 중국어 '在', '有'는 기본적으로 문장의 서술어로 활용되고 있다. 나아가 한국어 '있다'는 '-어 있다', '-고 있다'의 형태로 보조용언의 성격도 갖는다. 중국어 '在'는 '개사(介詞)', '부사'의 성격도 가지고 있고 '有'는 '부사'의 성격도 갖는다. 한국어 '있다'는 본용언에서 보조용언으로, 중국어 '在'는 동사에서 개사와 부사로, '有'는 동사에서 부사로 가는 과정은 문법화를 거쳐 내용어가 기능어로 변화한 양상을 보여준다. 한국어 '있다'와 중국어 '在', '有'는 문법화 과정과 문법화를 통하여 나타난 용법의 기능에서 유사점과 차이점이 보인다. 다음으로 한국어 '있다'와 중국어 '在', '有'의 문법화 양상에 대하여 대조 분석을 하고자 한다.

6.4.1. 동작 진행

'진행'은 일정한 시작점과 종결점이 없고 미완료적 과정에 속한다. '진행'은 윤곽 부여된 시간 내에 동작이나 행위가 계속 움직이는 동태성(動態性)을 보여준다. 즉, 지속성을 갖는 동작과 반복할 수 있는 순간 동작은 진행과정에서 나타날 수 있다. 이러한 특징은 한국어 '-고 있다'과 중국어 부사 '在'의 실례에서 찾아볼 수 있다.

(20)　　가. 듣고 있다. 〈표준〉

　　　　나. 他在睡觉。〈新华〉

　　　　　　(그는 자고 있다.)

(21)　　가. 철수가 고개를 끄덕이고 있다. 〈이림용·한용수, 2019: 100〉

　　　　나. "一切都会变，一切都在变，我也在变。" 巴金《思想复杂》

　　　　　　　　　　　　　　　　　　　　　　　　　　　　〈大词典〉

　　　　　　(모든 것은 변할 수 있다. 모든 것은 변하고 있다. 나도 변하고 있다.)

　　(20)에서 동작은 균형을 유지하여 지속적인 동태성을 보여준다. 그러나 (21)에서는 순간성(瞬間性)을 갖는 동작이 반복되어 동태성을 보여준다. 전자는 균형적 진행이고 후자는 비균형적 진행이다. 한국어 '-고 있다₁'과 중국어 부사 '在'는 모두 '균형적 진행'과 '비균형적 진행'을 나타낼 수 있다.

6.4.2. 상태 지속

　　'상태 지속'은 한국어 보조용언 '있다'의 실례에서만 발견된다. '상태 지속'은 '동작이나 행동이 끝난 후의 상태'를 수식한다. 한국어 '-어 있다'와 '-고 있다₂'는 동작이나 행동이 완료된 뒤 그 변화로 인한 결과의 상태가 지속됨을 나타낸다.

(22)　　가. 앉아 있다. 〈표준〉

　　　　나. 넥타이를 매고 있다. 〈표준〉

　　'상태 지속'의 실현은 두 가지 단계를 포함하고 있다. 동작이나 행동의 변화가 일어나는 과정과 변화가 완료된 뒤 결과 상태가 유지되는 과정이다. (22가)의 경우, 동작 변화가 발생할 때 에너지의 전달을 동반하지 않는다. 이것은 사람과 같은 유정물이나 자연 환경에서 일어나는 현상은 자발적으로 발생할 수 있기 때문이다. 반면, (22나)와 같이 동작 변화는 에너지 전달을 동반한다.

따라서 첫 번째 단계에서 일어나는 동작 변화의 유형에 따라 '-어 있다' 혹은 '-고 있다₂'에 결합한다. 두 번째 단계에서 행동이나 변화가 끝난 뒤 그것의 결과 상태가 유지됨을 나타낸다. 두 단계의 연결점은 바로 행동이나 동작 변화의 종결점과 상태 지속의 시작점이다.

6.4.3. 서술 대상 한정

'서술 대상 한정'은 중국어 개사 '在'의 실례에서만 발견된다. '在' 개사구가 문장에서 차지하는 위치에 따라 한정하는 대상도 다르다.

(23)　가. 彼德在海员俱乐部工作。〈实用现代汉语语法〉
　　　　　（피터는 선원클럽에서 일한다.）
　　　나. 我一个人躺在屋里，开始认真思考大姊的人生。〈鸟的礼物〉
　　　　　（나는 방안에 혼자 누워 아줌마의 인생에 대해 곰곰히 생각하기 시작했다.）
　　　다. 在后来的日子里，我确实遇到了许多像福贵那样的老人。〈活着〉
　　　　　（그 후에 나는 확실히 푸꾸이 같은 그런 노인들을 많이 만나봤다.）

(23)을 살펴보면 '在' 개사구는 '서술어의 앞', '서술어 뒤' 그리고 '문장 주어의 앞'에 위치할 수 있다. '在' 개사구의 위치에 따라 구문에서 나타내는 인지적 특징도 달라진다. 개사 '在' 구문의 인지적 특징을 정리하면 〈표 39〉와 같다.

〈표 39〉 개사 '在' 구문의 인지적 특징

'在' 개사구 위치	개념화자의 심리적 경로	한정 대상	주의 창문
A: 서술어 앞	주어→행위 환경→행위	행위	서술어와 관련된 상술 정보
B: 서술어 뒤	주어→행위→행위 결과	행위 결과	주어와 관련된 상술 정보
C: 주어 앞	사건 환경→주어→행위	사건	사건과 관련된 상술 정보

6.4.4. 강조, 완료

중국어 부사 '有'의 용법은 사전에 기술되어있지는 않으나 선행 연구를 바탕으로 한 언어 자료를 통해 부사 '有'가 '강조'나 '완료'의 기능을 갖고 있음을 알 수 있다.

(24)   가. 我有上过赌场。 (나는 카지노에 간 적이 있어.)

    → 我上过赌场。 (나는 카지노에 간 적이 있어.)

    나. 那个电视剧我有看。 (나는 그 드라마를 봤었다.)

    → 那个电视剧我看了。 (나는 그 드라마를 봤었다.)

(24가)에서 '有'는 뒤의 성분을 문장의 초점 성분으로 부각하고 강조한다. 이때는 '有'를 생략해도 된다. (24나)에서는 다른 상 표지와 시간 부사가 나타나지 않으면 부사 '有'가 수식하는 사건은 완료를 나타낸다. 구문에서 부사 '有'는 '완망상'의 기능을 담당하기 때문에 생략할 수 없다.

6.5. 소결

지금까지 한국어 '있다'와 중국어 '在', '有'의 의미 양상, 확장 방식, 인지적 특징의 대조 관계를 모두 살펴보았다.

　도식의 측면에서 한국어 본용언 '있다'와 중국어 동사 '在', '有'는 모두 대상과 영역의 일정한 관계성을 나타낸다. 기본의미 측면에서 한국어 본용언 '있다'는 '존재', '소재', '소유' 세 가지 의미 실례를 가진다. 중국어에서는 동사 '在'와 '有' 두 가지 표현으로 그와 대응할 수 있다. 중국어 동사 '在'는 '존재', '소재'를 나타낼 수 있고 동사 '有'는 '존재', '소유'를 나타낼 수 있다. 한국어 본용언 '있다'와 중국어 동사 '在', '有'의 도식적 표상과 실례의 대응 관계를 정리하면 〈표 40〉과 같다.

〈표 40〉 한국어 본용언 '있다'와 중국어 동사 '在', '有'의
도식과 기본 실례의 대응 관계

도식	기본 실례	있다	在	有
관계성	존재	+	+	+
	소재	+	+	
	소유	+		+

　〈표 40〉에서는 한국어 본용언 '있다'와의 대응 관계에서 중국어 동사 '在', '有'가 상보적인 분포 특징을 가진다는 것을 알 수 있다. '존재', '소재', '소유'라는 세 가지 기본의미에서 실례화된 의미는 상당히 많고 한국어 '있다'와 중국어 '在', '有'의 대응 관계도 복잡하다.

　다음 〈표 41〉에서는 한국어 본용언 '있다'와 중국어 동사 '在', '有'의 의미와 실례화 양상의 대조 관계를 정리하였다.

<표 41> 한국어 본용언 '있다'와 중국어 동사 '在', '有'의 의미 대응 관계

도식		의미 실례		있다	在	有
관계성	원형 의미	존재		+	+	+
	실례	위치 추정		+		+
		포함		+		+
		출현, 발생		+		+
		시간 경과		+		+
		신분, 지위		+		
		응답				+
		일반적으로 무엇을 가리킴				+
		도달				+
	확장 의미	소재		+	+	
	실례	위치 설명		+	+	
		체류		+	+	
		어떤 상황이나 처지에 놓임		+	+	
		근무		+		
		담당			+	
		가입			+	
		원인 제시			+	
	확장 의미	소유		+		+
	실례	지배 관계		+		+
		개체와 속성		+		+

<표 41>을 통하여 한국어 본용언 '있다'와 중국어 동사 '在', '有'의 의미 대응 관계를 알 수 있다. 한국어 본용언 '있다'와 중국어 동사 '在', '有'는 공통적으로 갖고 있는 의미 실례는 많지만 같은 의미에서 나타내는 인지모형에는 차

이점이 존재한다. 한국어 본용언 '있다'와 중국어 동사 '在', '有'의 의미 대응 관계의 특징을 정리하면 다음과 같다.

첫째, 한국어 본용언 '있다'와 중국어 동사 '在', '有'는 도식과 원형의미에서 같은 양상이 보인다. 원형의미 '존재'를 나타내는 '있다'와 '在', '有'의 대응 관계는 문장 성분의 정보성과 관련이 있다. 존재 대상이 신정보면 '-이/가 있다'와 '有+대상'이 대응 관계를 이룬다. 존재 대상이 구정보면 '-은/는 있다'와 '대상+在'이 대응 관계를 이룬다.

둘째, '존재'의 실례화 과정은 한국어 본용언 '있다'와 중국어 동사 '有'의 의미 확장에서만 일어난다. '존재'를 나타내는 '있다'와 '有'의 실례에는 공통적으로 '위치 추정', '포함', '출현, 발생', '시간 경과' 등이 있다. '有'의 사전적 뜻풀이에 '시간 경과'는 없지만 실제 언어 사용에서는 발견되었다. 한편 '신분, 지위'는 '있다'의 실례에서 보이지만 '有'의 실례에서는 보이지 않는다. '응답', '일반적으로 무엇을 가리킴', '도달' 등은 '有'의 실례에서 보이지만 '있다'의 실례에서는 보이지 않는다.

한편, '존재'를 나타내는 '있다' 구문의 주어는 주격 조사 '-이/가'로 명시적으로 표시되어 있기 때문에 관계 서술의 비대칭성이 명확하다. 문장 성분을 분석할 때 '탄도체/지표' 기제로 접근할 수 있다. 주어 자리에 있는 존재 대상은 더 현저한 개체로서 탄도체가 된다. 처소 성분은 좀 덜 현저한 개체이기 때문에 지표로 간주된다. 동시에 지표는 참조점의 역할도 담당하여 탄도체의 위치를 잡아주고 축소시킨다.

그러나 한국어와 달리 '존재'를 나타내는 '有' 구문은 특수성을 가지고 있다. '존재'를 나타내는 '있다' 구문의 존재 대상은 주어로 표시되기 때문에 관계 서술의 현저성이 나타난다. 반면, '존재'를 나타내는 '有' 구문의 존재 대상은 주어 표시가 없고 인지과정에서 '현저성 전이'가 일어난다. 이러한 인지 특징은 '소유' 구문과 같이 참조점 능력에 의하여 실현된다. '존재'를 나타내는 '있다'

와 '有' 구문의 인지적 차이 분석을 정리하면 〈표 42〉와 같다.

〈표 42〉 '존재'를 나타내는 '있다'와 '有' 구문의 인지적 차이 분석

항목	서술 대상	주어 표기	현저성 전이	인지 특징	구문 성분의 인지적 역할	
					처소 성분	존재 대상
있다	존재 대상	+	-	현저성	지표(참조점)	탄도체
有	존재 대상	-	+	참조점 능력	참조점	목표

하지만 특수한 경우도 있다. '존재'의 실례인 '도달'의 본질은 '차이 비교'이다. '도달'에서는 '차이 비교'를 통하여 '윤곽/바탕'의 인지 모형이 작용하기 때문에 문장 성분의 현저성 차이를 나타낸다. 따라서 '도달'은 '존재'에서 실례화된 다른 의미와 달리 관계 서술로서 '탄도체/지표' 기제로 해석된다.

셋째, '소재'의 실례화 과정은 한국어 본용언 '있다'와 중국어 동사 '在'의 의미 확장에서만 일어난다. '소재'를 나타내는 '있다'와 '在'의 실례에는 공통적으로 '위치 설명', '체류', '어떤 상황이나 처지에 놓임' 등이 있다. '근무'는 한국어 '있다'의 실례에서 보이지만 중국어 '在'의 실례에서는 보이지 않는다. '담당', '가입', '원인 제시' 등은 중국어 '在'의 실례에서만 찾을 수 있다.

'소재'를 나타내는 한국어 '있다'와 중국어 '在'의 실례화 과정에서는 동일한 인지적 특징이 나타난다. '모습/배경'의 인지 모형이 작용하여 관계 서술에서 현저성 차이가 나타난다.

다섯째, '소유'의 실례화 과정은 한국어 본용언 '있다'와 중국어 동사 '有'의 의미 확장에서만 일어난다. '소유'를 나타내는 한국어 '있다'와 중국어 '有'의 실례에서는 '지배 관계(분리 가능소유)'와 '개체와 속성(분리 불가능소유)'을 모두 찾을 수 있다.

'소유 관계'를 나타내는 성분의 비대칭성은 관계 서술에서 나타나는 성분의 비대칭성과 다르다. '소유'를 인식할 때는 참조점 능력이 나타난다. '소유'를 개념화 과정에서 개념화자가 '소유자'를 참조점으로 삼아 목표인 '소유물'에 접근하는 과정을 나타낸다.

'존재', '소재', '소유'에서 실례화된 의미들은 다양하다. 의미들의 확장 방식은 그렇게 다양하지 않다. 실례들의 확장 방식을 정리하면 〈표 43〉과 같다.

〈표 43〉 한·중 '존재', '소재', '소유'의 실례들의 확장 방식

확장방식		실례
원근법	개념화자의 관점	위치 추정/위치 설명
	개념화자의 관찰 방식	출현, 발생
구성 요소의 실례화나 정교화	탄도체와 지표의 실례화	포함/체류/근무/가입/담당
	참조점와 목표의 실례화	일반적으로 무엇을 가리킴/지배 관계/ 응답/개체와 속성
	탄도체의 정교화	신분, 지위
추상화	영역의 추상화	어떤 상황이나 처지에 놓임/시간 경과/ 도달

한국어와 중국어의 '존재', '소재', '소유'의 의미에서 실례들로 확장되는 방식에는 '원근법', '구성 요소의 실례화나 정교화', '추상화'가 있다. '원근법'에는 개념화자의 관점과 관찰 방식이 포함된다. 실례들 중에 '구성 요소의 실례화나 정교화'를 통하여 확장되는 의미가 가장 많다.

한편, 한국어 보조용언 '있다'와 중국어 개사 '在', 부사 '在', '有'는 문법화 양상에서도 유사성을 보인다. '있다'와 중국어 '在', '有'의 문법화 양상을 정리

하면 〈표 44〉와 같다.

〈표 44〉 한국어 '있다'와 중국어 '在', '有' 문법화 양상의 대응 관계

항목	있다			在		有	
문법화 과정	본용언→보조용언			동사→개사→부사		동사→부사	
형태	-어 있다	-고 있다		在		有	
기능	상태 지속	-고 있다$_1$	-고 있다$_2$	개사	부사	有+동명사	有+동사
	상태 지속	동작 진행	상태 지속	서술 대상을 한정하기	동작 진행	강조	사건 완료
과정의 유형	완료적 과정	미완료적 과정	완료적 과정	-	미완료적 과정	-	완료적 과정
상의 유형	비완망상			-	비완망상	-	완망상

〈표 44〉를 통하여 한국어 '있다'와 중국어 '在', '有'의 문법화 양상을 파악할 수 있다. 한국어와 중국어에서는 모두 '존재'의 의미를 가지고 있는 내용어에서 상(aspect)적 의미를 가지고 있는 기능어로 변화하는 문법화 현상이 발견된다.

먼저, 한국어 '-고 있다$_1$'과 중국어 부사 '在'는 모두 동작의 진행을 부각할 수 있다. 동작의 진행은 지속 동사와 순간 동사에 따라 균형적 진행과 비균형적 진행으로 나뉜다. '진행'은 사건의 전개 양상을 보여주기 때문에 한국어 '-고 있다$_1$'과 중국어 부사 '在'는 모두 비완망상의 기능을 한다.

또한, 한국어 '-어 있다', '-고 있다$_2$'와 중국어 부사 '有'는 모두 '완료적 과정'을 표현할 수 있지만, 갖고 있는 상(aspect)적인 기능이 다르다. 한국어 '-어 있다', '-고 있다$_2$'는 사건의 내부 단계를 묘사하기 때문에 비완망상에 속한다. 반면, 중국어 부사 '有'는 사건을 한 덩어리로 간주하고 전체의 완료를 부각하

기 때문에 완망상에 속한다.

한편, 중국어 개사 '在'와 비슷한 용법이 한국어 '있다'에서는 발견되지 않는다. 중국어는 '고립어'이므로 문장 성분의 위치가 그것의 정보성, 시간 순서 및 도식성과 긴밀한 관계가 있기 때문에 개사 '在'는 문장 내 다양한 위치를 차지할 수 있다. 그리고 '강조'를 나타내는 부사 '有'와 유사한 용법도 한국어 '있다'의 용법에서는 보이지 않는다. '강조' 용법은 동사 '有'에서 부사 '有'로 가는 문법화 과정의 과도 단계로 간주할 수 있다.

7. 결론

본 연구는 한국어 '있다'와 중국어 '在', '有'를 대상으로 하여 인지언어학적 대조 분석을 하였다. 이를 위해 주로 개념화, 개념적 구조화 체계 모형, 도식적 표상, 의미망 조직, 의미의 확장, 인지문법(CG) 등의 이론을 도입하여 논의를 전개하였다.

7.1. 연구 결과

앞에 언급한 이론으로 한·중 언어 표현에서 공통적으로 '존재'를 나타내는 '있다'와 '在', '有'를 대조 분석하여 그의 대응 관계 및 인지적 특징, 그리고 문법화 양상 등에서의 공통점과 차이점을 밝히고자 하였다. 동시에 같은 의미를 나타내는 언어적 표현의 구문 특징을 통하여 인지적 차이도 발견하였다. 본 연구에서 논의한 주요 내용을 정리하면 다음과 같다.

첫째, 한국어 '있다'와 중국어 '在', '有'의 인지적 도식 표상은 공통적으로 일정한 관계성을 나타낸다. 이러한 관계성에서 '존재', '소재', '소유'의 의미로 실례화 할 수 있다. 한국어 '있다'가 이 세 가지 의미를 모두 나타낼 수 있는 반면, 중국어 '在'는 '존재', '소재'를 나타낼 수 있고 '有'는 '존재', '소유'를 나타낼 수 있다. 나아가 실례화를 통하여 '존재', '소재', '소유'에서 다시 여러 의미로 확장될 수 있다.

'존재'는 '위치 추정', '포함', '출현, 발생', '시간 경과', '신분 지위', '응답', '일반적으로 무엇을 가리킴', '도달' 등의 의미로 확장되었다. '소재'는 '위치 설명', '체류', '어떤 상황이나 처지에 놓임', '근무', '담당', '가입', '원인 제시' 등의 의미로 확장되었다. 그리고 '소유'는 '지배 관계', '개체와 속성'의 의미로 확장되었다.

의미의 확장과정에서는 주로 '원근법', '구문 요소의 실례화나 정교화', '추상화' 등의 확장 방식이 적용된다. '위치 추정', '위치 설명', '출현, 발생'은 '원근법'에 의하여 확장된 의미이다. '포함', '체류', '근무', '가입', '담당', '응답', '일반적으로 무엇을 가리킴', '지배 관계', '개체와 속성', '신분, 지위' 등은 '구문 요소의 실례화나 정교화'에 의하여 확장된 것이다. '시간 경과', '도달', '어떤 상황이나 처지에 놓임', '원인 제시' 등은 '영역의 추상화'에 의하여 확장된 것이다. 이 중, '구문 요소의 실례화나 정교화'가 의미 확장 방식 중 가장 많이 사용되는 보편적인 방식이라는 것을 '있다'를 통해서도 확인할 수 있었다.

둘째, '존재'를 나타내는 '있다'와 '有'의 실례에는 '위치 추정', '포함', '시간 경과', '출현, 발생'의 의미가 공통적으로 나타났으며, '신분, 지위'는 한국어 '있다'의 실례에서만 나타났다. '응답', '일반적으로 무엇을 가리킴', '도달'은 중국어 '有'의 실례에서만 나타났다. 이처럼 한국어 '있다'와 중국어 '有'는 기본의미에서는 유사한 점이 많지만, 실제 언어 환경에서 나타나는 실례에서는 차이가 있음을 인지적 분석을 통해 밝혀낼 수 있었다.

한국어의 문장 성분은 '조사'로 명확하게 구별되는 반면 중국어에서 문장 성분은 보통 어순으로 식별될 수 있다. 그러나 어순으로 문장 성분을 구별하는 방법에 관해서는 논쟁의 여지가 많다. 바로 '존재'를 나타내는 '有' 구문이 그런 실증이다. '존재'를 나타내는 '有' 구문은 인지 과정에서 '주의 전이'가 일어나므로 현저한 대상에 변동이 생긴다. 이러한 현상은 바로 '참조점 능력'이 작용한 결과이다. 따라서 '존재'를 나타내는 '有' 구문은 '참조점/목표'라는 인지 모형으로 해석할 수 있다. 이 점에서 '존재'를 나타내는 '有' 구문은 '소유' 구문과 유사하다.

한편, '존재'를 나타내는 '있다'의 실례에서는 이와 같은 현상이 발생하지 않는다. 문장에서 현저한 개체는 '주격 조사'로 고정되어 있어서 문장 성분의 비대칭성이 명확하다. 이러한 관계 서술의 비대칭성은 '탄도체/지표'라는 기제로 표시될 수 있다. 이를 통하여 개념화자가 한국어 '있다'로 '존재'의 의미를 표현할 때 그것의 상태 결과를 강조하는 반면, 중국어 '有'로 '존재'의 의미를 표현할 때는 '존재'의 인지 과정을 묘사하는 것을 알 수 있다.

이 외에도, 본 연구는 '전체/부분' 관계를 두 가지 유형으로 나누었다. 하나는 '존재'를 나타내는 '포함 관계'이고, 다른 하나는 '소유'를 나타내는 '소유 관계'이다. '포함'의 의미를 나타낼 때 개념화자는 '전체'를 통하여 '부분'의 위치를 추정해서 서술하지만, 이때 '전체'와 '부분'은 '소유 관계'를 나타내지는 않는다. '존재'를 나타내는 '포함 관계'는 한국어 '있다'와 중국어 '有'의 실례에서 공통적으로 찾을 수 있다.

또한, 본 연구는 '존재'와 '도달'의 관계성을 논의하였다. 인간은 '차이 비교'를 통하여 '존재'를 인식한다. '도달'의 의미는 역시 대상과 기준을 상호 비교하여 파악할 수 있다. '도달'은 서술 대상의 속성이나 특징이 기준에 도달한다는 것을 의미한다. 따라서 '도달'과 '존재'는 같은 인지 기초를 가지고 있다. '도달'은 중국어 '有'의 실례에서만 쓰인다. 한국어의 경우, 보통 조사 '만큼'과 형용사 서술어가 함께 쓰여 문장에서 '도달'의 의미를 실현할 수 있다.

셋째, '소재'를 나타내는 한국어 '있다'와 중국어 '在'의 실례에는 공통적으로 '위치 설명', '체류', '어떤 상황이나 처지에 놓임' 등이 있다. '근무'는 한국어 '있다'의 실례에서만 나타나며 '담당', '가입', '원인 제시' 등은 중국어 '在'의 실례에서만 나타난다. '소재'를 나타내는 구문은 서술 대상과 위치의 관계를 나타낸다. 이러한 관계 서술에서 대상은 좀 더 현저한 개체로서 탄도체가 되고 처소 성분은 좀 덜 현저한 개체로서 지표가 된다. '소재'를 나타내는 한국어 '있다'와 중국어 '在'의 실례는 모두 이 인지적 특징에 부합한다.

한편, '소재'의 실례인 '위치 설명'과 '존재'의 실례인 '위치 추정'을 나타내는 구문은 모두 '대상'과 '처소', 두 가지 성분을 포함한다. 한국어 '있다'와 중국어 '在'의 공통적인 의미 실례인 '위치 설명'과 한국어 '있다'와 중국어 '有'의 공통적인 의미 실례인 '위치 추정'은 다음과 같이 몇 가지 특징이 있다.

먼저, 개념화자가 '대상'과 '처소'를 관찰할 때 '관찰 지점'에 따라 관찰 지향과 언어적 표현이 달라진다. 여기서 '관찰 지점'은 개념화자의 의식에 있는 성분의 정보성과 관련이 있는데 이 정보성은 문장 성분의 역할에 반영된다. 인간이 외부세계를 인식할 때 이미 알고 있는 정보(구정보)를 통하여 새로운 정보(신정보)에 접근하는 것은 일반적인 현상이다.

따라서 문장 성분의 역할에 대한 분석을 통하여 역으로 인지 과정에 접근할 수 있다. '위치 추정'을 나타내는 한국어 '있다'와 중국어 '有' 구문의 존재 대상은 모두 신정보이고 처소 성분은 구정보이다. 이때 개념화자의 심리적 경로는 처소에서 대상으로 향한다. 반면, '위치 설명'을 나타내는 한국어 '있다'와 중국어 '在' 구문의 존재 대상은 구정보이고 처소 성분은 신정보이다. 이때 개념화자의 심리적 경로는 대상에서 처소로 향한다. 이를 통하여 한국어 '책상 위에 책이 있다'와 '책은 책상 위에 있다'라는 구문의 '있다'는 각각 '존재'와 '소재'의 의미를 나타내는 것을 알 수 있다.

넷째, 본 연구에서는 '소유'의 본질을 '소유권'으로 간주하여 '소유'를 나타내는 한국어 '있다'와 중국어 '有'의 공통적인 실례인 '지배 관계'와 '개체와 속성'을 살펴보았다. '지배 관계'에서는 '소유자'가 '소유물'을 양도하거나 '소유권'을 포기할 수 있으므로 서로 분리 가능한 관계이다. 반면, '개체와 속성'의 관계에서 '소유자'가 '소유물'을 자기 의지대로 양도하거나 '소유권'을 포기할 수 없으므로 서로 분리할 수 없는 관계이다.

한편, '소유'는 '소재'와 달리 관계를 위주로 묘사하는 것이 아니라 인지 과정을 강조한다. '소재'는 '대상'과 '처소'의 관계를 묘사하므로 관계 서술의 비대칭성을 나타낸다. 따라서 '소재'는 '탄도체/지표'라는 기제로 해석되는데 '소유'는 이와 다르다. '소유'는 '소유자'를 통하여 '소유물'에 접근하는 인지 과정이므로 '참조점/목표'라는 인지 모형에 부합한다.

다섯째, 보조용언 '있다'와 개사 '在', 그리고 부사 '在', '有'가 각각 근원 어휘(내용어)에서 기능어로 향하는 문법화 양상을 살펴보았다. 기능어로 사용되는 '있다'와 '在', '有'는 주로 상(aspect)적 의미를 나타낸다. 한국어 '있다'와 중국어 '在', '有'는 공통적으로 내용어에서 추상화 과정을 거쳐 기능어로 확장된다. 문법화 양상의 '-고 있다1'과 부사 '在'는 모두 동작의 '균형적 진행'과 '불균형 진행'을 나타낼 수 있다. '진행'은 사건의 내부 단계로 간주되므로 비완망상에 속한다.

한편, '-어 있다'과 '-고 있다2'는 동작의 변화가 완료된 뒤 결과 상태의 지속을 나타낸다. 그런데 이러한 용법은 중국어 '在', '有'에서는 쓰이지 않는다. '결과 상태의 지속' 역시 사건의 일부를 부각하므로 비완망상에 속한다.

또한, 개사 '在'는 중국어 문장에서 차지하는 위치가 다양하다. 중국어 문장 성분의 위치가 시간 순서의 도식성과 긴밀한 관계가 있으므로, 개사 '在'는 서술 대상을 한정하는 역할을 한다. 이와 비슷한 용법은 한국어 '있다'에서는 발견되지 않는다. '강조', '완료'를 나타낼 수 있는 부사 '有'와 유사한 용법 역시 한국어 '있다'의 용법에서는 발견되지 않는다. '완료'를 표기하는 부사 '有'는 전체 사건의 완료를 표시하는 것이다. 부사 '有'로 표시하는 사건을 하나의 덩어리로 간주하므로 전체 사건의 완료는 완망상에 속한다.

7.2. 연구 의의 및 전망

본 연구는 한국어 '있다'와 중국어 '在', '有'를 대상으로 인지언어학적 관점을 도입하여 대조 분석을 하였다. 논의를 통하여 한국어 '있다'와 중국어 '在', '有'의 의미적 측면뿐만 아니라 인지적 측면에서도 그들의 공통점과 차이점을 파악할 수 있는데, 이에는 다음과 같은 몇 가지 의의점이 있다.

첫째, 한국어 '있다'와 중국어 '在', '有'의 도식적 표상 원형의미, 확장의미의 양상을 제시하였다. 도식적 표상을 통하여 의미 추상화와 개념화의 과정을 직관적으로 인식할 수 있고 의미 실례 간의 관련성을 더 쉽게 찾을 수 있다. 특히 한국어 '있다'와 중국어 '在', '有'와 같은 다의어의 의미 양상에 접근할 때 인지언어학의 이론 기제는 비교적 우위를 차지한다.

둘째, 본 연구를 통하여 한국어 '있다'와 중국어 '在', '有'의 원형의미, 확장의미와 그것들의 의미 실례들이 갖고 있는 인지적 특징과 의미 대응 관계를 파악할 수 있다. 선행 연구는 의미 측면으로만 분석했기 때문에 의미적으로 대응 관계를 이룬 표현만 제시하여 의미 뒤에 숨겨져 있는 인지적 특징의 차이를 간과하였다는 한계점을 갖는다. 반면 본 연구는 의미 측면의 대응 관계뿐만 아니라 인지적 분석을 통하여 같은 의미를 갖고 있는 표현의 인지적 특징상의 차이도 밝혔다.

셋째, 본 연구는 인지적으로 문법의 의미에 접근함으로써, 같은 의미를 나타내는 한·중 양 국어에 존재하는 인지적 차이를 발견하였고 각 의미 실례들의 연관성을 의미망 조직 모형으로 도식화하였다. 한국어 학습자들이 다의어의 의미를 학습할 때 다의어 의미간의 연관성과 차이를 파악하는 것이 중요하다. 하지만 다수의 한국어 학습자들이 그 연관성과 차이를 파악하는 데 어려움을 겪고 있다. 본 연구에서 제시한 '인지적 도식'과 '의미망 조직'을 활용한다면 한국어 학습자들의 학습에 도움이 될 것이다. 본 연구는 '있다'와 같은 다의어를 분석하는 방법에 대한 새로운 시각을 제공하였다.

한편, 본 연구는 인지언어학의 관점에서 한국어 '있다'와 '在', '有'의 대응 관계에 대하여 전면적인 분석을 하였지만 다음과 같은 한계점도 있다.

본용언 '있다'의 실례에서 이중주어 현상에 대한 인지적 분석과 의미적으로 그것과 대응할 수 있는 중국어 구문의 인지적 특징에 대한 분석이 부족하다.

이외에 본 연구에서는 '-어 있다', '-고 있다'와 선행동사의 결합제약에 대한 인지적 분석을 다루지 못했다. 그리고 이와 같은 제약이 중국어에서는 어떻게 적용되는지에 대한 내용은 향후에 진행할 연구 과제로서, 한국어 '있다'와 대응할 수 있는 중국어 표현에 관하여 보다 다각적인 논의가 이루어지기를 기대한다.

참고문헌

고석주(1996), 『'있다' 구문에 대한 연구』, 태학사.

고석주(2007), '있다'의 의미에 대한 연두 -어휘개념구조 표상을 중심으로-, 『한말연구』 20, 한말연구학회, 1-25쪽.

구본과 등(2015), 『한국어 문법 총론 I / II』, 집문당.

국어국립원(2005), 『외국인을 위한 한국어문법 I / II』, 커뮤니케이션북스.

권순구(2003), 보조용언 '있다'에 관한 연구, 『인문학연구』 30, 충남대학교 인문과학연구소, 23-39쪽.

김동석 · 김용하(2001), '존재/소유' 구문의 논항 구조, 『우리말 글』 22, 우리말글학회, 67-83쪽.

김미영 · 김진수(2018), 한국어 '있다', '없다'의 의미 확장 연구, 『한국언어문화』 105, 한국언어문화학회, 40-70쪽.

김미영 · 김진수(2019), 정도반의어 '있다/없다'의 의미 확장 연구, 『어문학』 144, 한국어문학회, 57-83쪽.

김상대(1991), '있다'의 의미에 대하여, 『인문논총』 2, 아주대학교 인문과학연구소, 5-31쪽.

김영미(1995), '있다'의 의미에 대한 고찰, 전남대학교 석사학위논문.

김종태(1986), '-아 있다', '-고 있다' 조동사 구분에 대하여, 『한민족어문학』 13, 한민족어문학회, 479-499쪽.

김종훈 등(2008), 『한국어의 역사』, 집문당.

김차균(1980), '-아 있'과 '-고 있'의 의미, 『언어』 5, 한국언어학회, 41-54쪽.

김차균(1982), '있다'의 의미 연구, 『언어학』 5, 한국언어학회, 55-82쪽.

김현희(2006), 현대중국어 '在'에 대한 인지적 고찰, 연세대학교 석사학위논문.

나익주(1993), 다의어의 원형의미론적 분석: turn의 경우, 『영어영문학』 21-8, 21세기 영어영문학회, 231-260쪽.

남기심(1993), 『국어 조사 용법: '-에'와 '-로'를 중심으로』, 서광학술자료사.

남기심 · 고영근(2014), 『표준국어문법론』, 박이정.

박기현(2005), 다의어의 의미구조와 '有'의 의미망, 『중국어문논역총간』 15, 중국어문 논역학회, 253-269쪽.

박선옥(2005), 『국어 보조동사의 통사와 의미 연구』, 역락.

박양규(1972), 國語 處格에 대한 硏究, 서울대학교 석사학위논문.

박양규(1975), 所有와 所在, 『국어학』 3, 국어학회, 93-117쪽.

박영순(2007), 『한국어 화용론』, 박이정.

박종후(2016), 보조용언 '있다'의 결합 제약과 상적 의미 해석 -본용언의 개념구조와의 관계를 중심으로-, 『국어학』 77, 국어학회, 131-165쪽.

박진호(2011), 시제, 상, 양태, 『국어학』 60, 국어학회, 289-322쪽.

서정수(1994/2013), 『국어 문법』, 뿌리 깊은 나무.

서정수(2013), 『국어문법』, 집문당.

성광수(1976), 존재동사 '있다'에 대한 재고, 『우촌 강복수 박사 회갑기념 논문집』, 형설출판사, 109~124쪽.

손경옥(2004), 동사 '有'의 문법화 현상 연구, 『중어중문학』 34, 한국중어중문학회, 61-77쪽.

송병우(2004), '소유'와 '존재' 표현으로서의 '有', 『새얼어문논집』 16, 새얼어문학회, 321-338쪽.

송창선(2012), '-고 있-'과 '-어 있-'의 기능과 의미 연구, 『언어과학연구』 62, 언어과학회, 179-204쪽.

신선경(1996), '있다'의 소유 구문에 대한 소고, 『울산어문논집』 11, 울산대학교 인문대학 국어국문학과, 165-191쪽.

신선경(2002), 『'있다'의 어휘 의미와 통사』, 태학사.

양정석(2004), '-고 있-'과 '-어 있-'의 상보성 여부 검토와 구문 규칙 기술, 『한글』 266, 한글학회, 105-137쪽.

완난난(2015), 한 · 중 존재문의 구문 확장 대조 연구, 『국어교육연구』 58, 국어교육학회, 199-224쪽.

왕 위(2012), 한국어 '있다'와 중국어에서의 대응 연구, 연변대학교 석사학위논문.

유효홍(2009), 한국어 '있다'와 해당 중국어 표현의 대조 연구, 전북대학교 석사학위논문.

윤평현(2013), 『국어의미론 강의』, 역락.

이 숙(2003), 시상 구문 '-고/어 있다'의 의미적 분석, 『한국어학』 21, 한국어학회, 215-237쪽.

이기문(1998), 『국어사 개설』, 태학사.

이림용(2017), 『한국어 '있다'와 중국어 '在'의 대조 연구』, 동국대학교 석사학위논문.

이림용·한용수(2018), 利用'Stage Model'理论及意向图式分析韩·中存在句, 『중국인문과학』 68, 중국인문학회, 153-165쪽.

이림용·한용수(2018), 拟人隐喻的概念整合视角分析, 『한중인문학연구』 62, 한중인문학회, 97-110쪽.

이림용·한용수(2019), 한국어 상(Aspect)의 영상도식 분석 -'-어 있다'와 '-고 있다'를 중심으로-, 『철학·사상·문화』 30, 동서사상연구소, 89-106쪽.

이문화(2014), 한국어 '있다'와 '없다'에 대응하는 중국어 표현 연구 -한·중 드라마 병렬 말뭉치를 중심으로-, 『언어사실과 관점』 34, 연세대학교 언어정보연구원, 189-214쪽.

이상하(1998), 『문법화의 이해』, 한국문화사.

이수련(1986), '있다' 월의 의미 연구, 『새얼어문논집』 2, 새얼어문학회, 137-150쪽.

이수련(1997), 공간의 인지론적 해석, 『새얼어문논집』 10, 새얼어문학회, 313-338쪽.

이수련(2000), 풀이소유월의 도식 연구, 『한국어의미학』 7, 한국어의미학회, 115-148쪽.

이수련(2001), 소유의 개념화, 『새얼어문논집』 14, 새얼어문학회, 363-388쪽.

이수련(2002), 양도, 비양도성 소유 표현의 원형성 -X에 Z가 있다'를 중심으로-, 『새얼어문논집』 15, 새얼어문학회, 231-261쪽.

이수련(2003), '있다'의 문법화에 대한 의미·화용적 연구, 『국어학』 42, 국어학회, 177-205쪽.

이수련(2010), 주관화와 의미 해석 -개념화자를 중심으로-, 『우리말연구』 27, 우리말학회, 29-54쪽.

이숭녕(1975), 15세기 국어의 쌍형어 '잇다', '시다'의 발달에 대하여, 『국어학』 4, 국어학회, 1-23쪽.

이안구(2001), '있다'와 '없다'의 활용양상에 대하여, 『관악어문연구』 26, 서울대학교 국어국문학과, 341-361쪽.

이안구(2002), '있다'와 '없다'에 대한 통시적 연구, 서울대학교 석사학위논문.

이운재(2014), 『인지언어학과 중국어 어순』, 역락.

이익섭(2011), 『국어학개설』, 학연사.

이춘근(1997), '있다'의 의미·통어, 『국어국문학』 34, 부산대학교 국어국문학과, 297-317쪽.

이희승(1956), 存在詞 '있다'에 對하여 -그 形態要素로의 發展에 對한 考察-, 『論文集』, 서울대학교, 17-47쪽.

임지룡(1993), 원형 이론과 의미의 범주화, 『국어학』 23, 국어학회, 41-68쪽.

임지룡(1996), 다의어의 인지적 의미 특성, 『언어학』 18, 한국언어학회, 229-261쪽.

임지룡(2009), 다의어의 판정과 의미 확장의 분류 기존, 『한국어 의미학』 28, 한국어의미학회, 193-226쪽.

임지룡(2017), 『인지의미론(개정판)』, 한국문화사.

임지룡·김동환 옮김(2013), 『어휘의미론의 연구 방법』, 경북대학교 출판부.

장미라(2005), '있다'의 의미 확장과 다의어 체계, 『인문학연구』 9, 경희대학교 인문학연구소, 95-120쪽.

장호득(2006), 존재·소유 관계에 대한 통사 및 의미구조의 한·중 대비 연구, 『동북아 문화연구』 11, 동북아시아문화학회, 291-312쪽.

전영철(2000), 한국어 존재문의 구성, 『언어학』 27, 한국언어학회, 261-280쪽.

정태구(1994), '-어 있다'의 意味와 論項構造, 『국어학』 24, 국어학회, 203-230쪽.

정태구(2007), 국어 존재구문의 의미와 사건구조, 『언어』 32, 한국언어학회, 779-801쪽.

지노성(2014), 한국어와 중국어 진행상 표지 '-고 있다'와 '在'의 대조 연구, 한양대학교 석사학위논문.

진리하(2014), 한국어 보조용언 구성 '-고 있다', '-어 있다'와 중국어 대응 양상 연구, 경희대학교 석사학위논문.

최현배(1937/1965), 『우리말본』, 정음사.

허성도(2014), 『현대 중국어 어법의 이해』, 사람과 책.

홍달오(2015), 보조동사 의미의 인지언어학적 분석, 『담화와인지』 22, 담화인지언어학회, 99-123쪽.

홍연옥(2013), '有'의 의미기능과 문법화 연구, 서울대학교 박사학위논문.

홍연옥(2014), 『소유동사 '有'와 문법화』, 역락.

고려대학교 민족문화연구원 편집부(2009), 『고려대 한국어대사전』, 고려대학교 민족
　　　　문화연구원.

연세대학교 언어정보연구원(1998), 『연세한국어대사전』, 두산동아.

국립국어원, 『표준국어대사전』 web 사전: https://stdict.korean.go.kr/main/main.do

고려대학교 민족문화연구원 물결 21 코퍼스: http://corpus.korea.ac.kr/

국립국어원 언어정보나눔터 말뭉치:

　　　　　https://ithub.korean.go.kr/user/corpus/corpusSearchManager.do

蔡　玮(2003), '有'字句中的预设, 『修辞学习』 2, 复旦大学, 11-13页。

陈　琳(2007), 论现代汉语中的'有+VP'句式, 暨南大学 硕士学位论文。

陈梦霞(2016), 汉语'有'字存在构式的构式化和构式变化, 湖南大学 硕士学位论文。

陈月明(1999), 时间副词'在'与'着1', 『汉语学习』 4, 延边大学, 10-14页。

崔希亮(1996), '在'字结构解析-从动词的语义, 配价及论元之关系考察, 『世界汉语
　　　　教学』 37, 北京语言学院, 32-42页。

范继淹(1982), 论介词短语'在+处所', 『语文研究』 1, 山西省社会科学院, 71-86页。

冯雪东(2009), 时间副词'在'语法化历程考察, 『宜宾学院学报』 1, 宜宾学院,
　　　　109-110页。

葛　玉(2008), 汉语'有'字存在句的语义分析, 湖南大学 硕士学位论文。

顾　琼(2014), 汉语'在NP+V'与'V+在NP'的比较研究, 南京师范大学 硕士学位论文。

何　瑛(2010), 在: 从'存在'义动词到时间副词 -兼论'正在'之形成-, 『新疆大学学报』
　　　　2, 新疆大学, 131-136页。

侯　敏(1992), '在+处所'的位置与动词的分类, 『求是学刊』 6, 黑龙江大学, 87-92页。

胡裕树(1995), 『现代汉语』, 上海教育出版社。

黄蓓 译(2016), 『认知语法导论上/下』, 商务印书馆。

贾成南(2018), '有'字存在句与'there be'结构互译的原型效应, 『重庆交通大学学报』
　　　　3, 重庆交通大学, 137-142页。

贾真珠(2012), 汉韩存现句比较研究, 扬州大学博士毕业论文。

金　樱(2009), 汉语存在句在汉语中的对应形式, 东北师范大学硕士学位论文。

金明艳(2013), 韩汉语存现句对比研究, 吉林大学博士毕业论文。

李　航(2016), 现代汉语'在'字句逻辑语义分析, 四川师范大学硕士学位论文。

李春林(1984), '在'和'在'字句的语义, 语法分析, 『合肥教育学院学报(哲学社会版)』
　　　1, 合肥教育学院, 77-87页。

李福印(2008), 『认知语言学概论』, 北京大学出版社。

李林珊(2015), 现代汉语部分'有'字比较句的逻辑语义分析, 『重庆理工大学学报』
　　　7, 重庆理工大学, 9-13页。

林　奇(2013), '在'的历史演变与词性界定, 渤海大学硕士学位论文。

林齐倩(2006), 'NP+在NL+VP'与'NL+NP+VP', 『暨南大学华文学院学报』1, 暨南大学
　　　华文教育研究所, 41-49页。

刘宁生(1984), 句首介词结构'在-'的语义指向, 『汉语学习』2, 延边大学, 27-31页。

刘秀英(2015), 上古汉语'有'字句研究, 湖南大学硕士学位论文。

刘月华 等(2001), 『实用现代汉语语法』, 商务印书馆。(김현철 등 옮김(2005), 『실
　　　용현대한어어법』(개정증보판), 송산출판사.)

罗自群(1998), 论'N(处所词)+VP', '在+VP'的关系, 『语言研究』2, 华中科技大学中
　　　国语言研究所, 59-61页。

吕吉宁(2004), '有'字句的语法化考察, 北京语言大学硕士学位论文。

吕叔湘(1942), 『中国文法要略』, 中华书局。

吕叔湘(2005), 『现代汉语八百词』, 商务印书馆。

彭　飞(2014), 汉语常用介词的认知和功能研究, 南开大学博士学位论文。

彭朝霞(2013), '有+VP2'格式中'有'的性质和功能, 『中国教育与研究』17, 韩国中国
　　　语教育学会, 209-220页。

彭利贞 等 译(2013), 『认知语言学导论(第二版)』, 复旦大学出版社。

朴起贤(2004), 现代汉语动词 '有'的语义功能, 『南开语言学刊』1, 南开大学, 71-76页。

齐沪扬(1994), 'N+在+处所'句式语义特征分析, 『汉语学习』6, 延边大学, 21-28页。

齐沪扬(1998), 动作'在'字句的语义, 句法, 语用分析, 『上海师范大学学报(哲学社
　　　会科学版)』2, 上海师范大学, 61-67页。

齐沪扬(1999), 表示静态位置的状态'在'字句, 『汉语学习』2, 延边大学, 2-8页。

申敬善(2006), 现代汉语'在'字句研究, 复旦大学 博士学位论文。

施栋琴(2012), 汉语静态介词的位移表达功能, 『兰州学刊』10, 兰州社科院, 185-189页。

史冬青(2010), 介词'在'的历史演变, 『枣庄学院学报』27, 枣庄学院, 98-102页。

王寅 主编(2006), 『认知语法概论』, 上海外语教育出版社。

王还(1980), 再说说'在', 『语言教学与研究』3, 25-29页。

王烨婷(2018), 介词'在'的空间图式分析, 『校园英语』38, 河北阅读传媒, 248-249页。

王勇·周迎芳(2012), '有'字句的历史考察和横向比较, 『华中师范大学学报』 51, 华中师范大学, 91-99页。

吴 庸(2015), 汉语隐性比较构式的认知研究, 西南大学 博士学位论文。

萧 斧(1955), 在那里, 正在, 在, 『中国语文杂志社语法论集』2, 北京中华书局, 144-156页。

熊仲儒(2016), 汉语量度有字句的句法分析, 『语言教学与研究』4, 北京语言大学, 46-55页。

徐国玉(1988), 论介词短语'在+处所'补议, 『汉语学习』6, 延边大学, 19-20页。

徐建华(1991), 表示估量的'有'字句, 『逻辑与语言学习』6 河北师范大学, 38-39页。

杨 金(2006), '在'字句句式的语义分析, 『陕西教育学院学报』1, 陕西教育学院, 70-74页。

易正中(1994), '有'字句研究, 『天津师大学报』3, 天津师范大学, 74-77页。

尹钟宏(2001), '有'字句, 湖南师范大学硕士毕业论文。

于立昌(2018), 时间副词'在'的语法化, 『南京师范大学文学院学报』4, 南京师范大学文学院, 139-143页。

俞光中(1987), 'V在NP'的分析及其来源献疑, 『语文研究』3, 山西省社会科学院, 14-18页。

俞咏梅(1999), 论'在+处所'的语义功能和语序制约原则, 『中国语文』1, 中国社会科学院语言研究所, 21-2页。

徐成林(2011), 汉藏语系语言存在句研究, 中央民族大学博士学位论文。

喻遂生(2004), 甲骨文在字介词用法例证, 『古汉语研究』4, 湖南师范大学, 51-53页。

詹开第(1981), '有'字句, 『中国语文』1, 中国社会科学院, 27-34页。

张赪(1997), 论决定'在L+VP'或'VP+在L'的因素, 『语言教学与研究』2, 北京语言大学, 42-51页。

张　韧(2012), 参照点处理对概念内容的限制 -'有'字句的证据-,『外国语』35, 上海
外国语大学学报, 2-12页。

张　斯(2012), 表时间范畴的'在'字结构分析,『渤海大学学报(哲学社会科学版)』2,
渤海大学, 87-90页。

张宏胜(1997), 关于'在+NP+V'与'V+在+NP',『新疆大学学报』1, 新疆大学, 108-110页。

张亚军(2002), 时间副词'正', '正在', '在'及其虚化过程考察,『上海师范大学学报』
1, 上海师范大学, 52-61页。

张豫峰(1998), '有'字句研究综述,『汉语学习』3, 延边大学, 28-32页。

张豫峰(1999), '有'字句的语义分析,『中州学刊』3, 河南省社会科学院, 131-133页。

张豫峰(1999), '有'字句的语用研究,『河南大学学报(哲学社会科学版)』, 河南大学,
19-23页。

赵美娜(2005), 'NP在哪'和'哪有NP', 吉林大学 硕士学位论文。

朱　霞(2002), '有'字的虚化历程,『语文学刊』20, 内蒙古师范大学, 137-138页。

朱德熙(1981), '在黑板上写字'及相关句式,『语言教学与研究』1, 北京语言大学,
4-18页。

北京大学中国语言研究中心(CCL): http://ccl.pku.edu.cn:8080/ccl_corpus/

北京语言大学语料库中心(BCC): http://bcc.blcu.edu.cn/

辞海编委会(2009),『辞海(第6版)』, 上海辞书出版社。

古汉语大词典(2000), 古汉语大词典, 上海辞书出版社。

四川大学历史系古文字研究室, 方述鑫 等(1993),『甲骨金文字典』, 巴蜀书社。

中国社会科学院语言研究所(2016),『现代汉语词典(第7版)』, 商务印书馆。

现代汉语大词典编委会(2013),『现代汉语大词典』, 世纪出版集团汉语大词典出版社。

新华大字典编委会(2017),『新华大字典』, 商务印书馆。

Bybee, Joan L · Revere D. Perkins · William Pagliuca(1994), *The Evolution of Grammar:*
Tense, Aspect, and Modality in the Languages of the World, University
of Chicago Press.

Comrie(1976), *Aspect: An Introduction to The Study of Verbal Aspect and Related*

Problems, University of Cambridge Press.

Croft(2003), *Typology and Universals (2nd edn)*, University of Cambridge Press.

Heine(1994), *Some Principles of Grammaticalization*, Handout for 1992 Stanford/Berkeley Grammaticalization workshop.

Heine(1997), *Cognitive Foundations of Grammar*, Oxford University Press. (이성하 · 구현정 옮김(2004), 『문법의 인지적 기초』, 박이정.)

Heine · Claudi · Hünnemeyer(1991), *Grammaticalization: A Conceptual Framework*, University of Chicago Press.

Hopper · Traugott(1993), Grammaticalization, University of Cambridge Press.

Kuryłowicz(1975), The evolution of grammatical categories, In Coseriu, Esquisses Linguistiques Ⅱ, Munich: Fink, p38-54.

Lakoff(1987), *Women, Fire, and Dangerous Things: What Categories Reveal about the mind*, University of Chicago Press. (李葆嘉 · 章婷 · 邱雪玫 译(2017), 『女人, 火与危险事物: 范畴显示的心智』, 世界图书出版公司.)

Lakoff · Johnson(1980/2003), *Metaphors We Live By*, University of Chicago Press.

Langacker(1987), *Foundations of Cognitive Grammar. Vol. 1: Theoretical Prerequisites*, Stanford University Press.(김종도 옮김(1999), 『인지문법의 토대Ⅰ』, 박이정.)

Langacker(1990), *Concept, Image, and Symbol: The Cognitive Basis of Grammar*, Mouton de Gruyter. (나익주 옮김(2005), 『개념, 영상, 상징-문법의 인지적 토대』, 박이정.)

Langacker(1991), *Foundations of Cognitive Grammar. Vol. 2: Descriptive Application*, Stanford University Press.(김종도 옮김(1999), 『인지문법의 토대Ⅱ』, 박이정.)

Langacker(1999), *Grammar and Conceptualization*, Mouton de Gruyter.(김종도 · 나익주 옮김(2003), 『문법과 개념화』, 박이정.)

Langacker(2008), *Cognitive Grammar: A Basic Introduction*, Oxford University Press. (나익주 등 옮김(2014), 『인지문법』, 박이정.)

Langacker(2009), *Investigations in Cognitive Grammar*, Mouton de Gruyter, Berlin.

Taylor(2002), Cognitive Grammar, Oxford University Press.(임지룡 · 김동환 옮김(2005), 『인지문법』, 한국문화사.)

Vyvyan · Melanie(2006), *Cognitive Linguistics: An Introduction*, University of Edinburgh Press. (임지룡 · 김동환 옮김(2008), 『인지언어학의 기초』, 한국문화사.)

이림용(LI LINRONG)

동국대학교 박사
현재 광동외어외무대학 외국언어문학연구센터
연구 분야: 인지언어학, 대조언어학

linrong.li@hotmail.com

한국어 '있다'와 중국어 '在', '有'의 인지언어학적 대조 연구

초판인쇄 2023년 8월 16일
초판발행 2023년 8월 31일

저   자 이림용
발 행 인 윤석현
발 행 처 박문사
책임편집 김민경
등록번호 제2009-11호

주소 서울시 도봉구 우이천로 353
전화 (02) 992-3253 (대)
전송 (02) 991-1285
전자우편 bakmunsa@daum.net
홈페이지 http://www.jncbms.co.kr

ⓒ 이림용 2023.

ISBN 979-11-92365-43-5 93700   정가 16,000원